皖南医学院马克思主义学院资助出版
安徽省人文社会科学重点研究基地开放基金项目“大学生思想政治教育与心理健康教育融合路径研究”（SJD201408）拓展成果
安徽高校人文社会科学研究项目“新时代中国特色社会主义思想铸魂育人‘三进三知’协同机制的构建研究”（SK2019A0222）阶段成果

新时代高校铸魂育人协同机制构建研究

闫莉玲◎著

安徽师范大学出版社
ANHUI NORMAL UNIVERSITY PRESS
·芜湖·

图书在版编目(CIP)数据

新时代高校铸魂育人协同机制构建研究 / 闫莉玲著 .— 芜湖：安徽师范大学出版社，2020.6

ISBN 978-7-5676-3502-9

Ⅰ.①新… Ⅱ.①闫… Ⅲ.①高等学校－思想政治教育－研究－中国 Ⅳ.①G641

中国版本图书馆CIP数据核字(2020)第078110号

新时代高校铸魂育人协同机制构建研究 闫莉玲◎著

责任编辑：汪碧颖 责任校对：胡志立
装帧设计：张 玲 责任印制：桑国磊
出版发行：安徽师范大学出版社
芜湖市九华南路189号安徽师范大学花津校区
网 址：http://www.ahnupress.com/
发 行 部：0553-3883578 5910327 5910310(传真)
印 刷：苏州市古得堡数码印刷有限公司
版 次：2020年6月第1版
印 次：2020年6月第1次印刷
规 格：700 mm×1000 mm 1/16
印 张：18.25
字 数：280千字
书 号：ISBN 978-7-5676-3502-9
定 价：68.00元

前 言

任何大变革时代都会有思想观念的巨大变化。当今国际风云变幻，人类生存面临的风险和挑战越来越多，世界格局呈现出政治多极化、经济全球化、文化多样化等复杂特点。当代中国正处于社会主义现代化建设和“两个一百年”奋斗目标交汇的关键历史时期，社会成员思维活跃、观念多元、思想多变，因此，铸魂固本、凝心聚力的任务十分繁重，迫切需要用社会主义意识形态铸魂育人，为国家立心，为民族铸魂。习近平总书记在众多场合多次强调了意识形态领域铸魂育人的重要性，并对铸魂育人工作做出了一系列重要部署。

高校是我国意识形态建设的前沿阵地，高校铸魂育人工作关系高校培养什么人、怎样培养人以及为谁培养人这个根本问题，必须坚持正确的政治方向。中国特色社会主义进入新时代，高校铸魂育人工作迎来了新任务，用习近平新时代中国特色社会主义思想铸魂育人，引导大学生增强中国特色社会主义道路自信、理论自信、制度自信、文化自信，厚植爱国主义情怀，把爱国情、强国志、报国行自觉融入坚持和发展中国特色社会主义事业、建设社会主义现代化强国、实现中华民族伟大复兴的奋斗之中。

近年来，协同理论被运用到教育领域，协同育人逐渐成为高校教育教学改革的一大热点。探讨如何增强铸魂育人的实效性和长效性是当前高校铸魂育人工作研究的重要课题。高校铸魂育人协同机制构建研究是通过运用协同理论进行机制建设来探讨如何增强高校铸魂育人实效性和长效性的有益尝试。本书以普遍联系观、历史合力论和人的全面发展理论为指导，以立德树人、“三全育人”为宗旨，首先探讨了新时代、铸魂育人、协同育人、协同机制等相关概念的内涵，旨在为新时代高校铸魂育人协同机制的构建奠定坚实的科学理论基础。然后针对目前高校铸魂育人工作所具备的理论基础和实践基础，较为全面地阐释了高校铸魂育人校内协同机制、校际协同机制、校外协同机制、课程协同机制、线上线下协同机制构建的内涵逻辑、运行机理和实践路径。最后，为了确保高校铸魂育人协同机制的良好运行及其长效性，还探讨了高校铸魂育人协同机制运行必须具备的相应的监督、评价、激励和保障等机制的构建问题。

本书的创新之处：一是把协同育人理念运用到高校铸魂育人工作实践之中；二是能够紧密结合当前党和国家对高校思想政治教育改革创新要求，深刻领悟全员育人、全过程育人和全方位育人的丰富内涵，在“大思政”框架体系内，探讨高校“十大”育人体系内部各育人要素的协同一致，高校之间的优势互补合作共享，高校与家庭、社会之间的目标一致协同联动，各类课程和思政课程同向同行，线上线下育人场域环境的无缝衔接，试图多角度多层次构建纵向到底、横向到边的立体化、网络化的育人体系机制，以确保育人效果；三是基于课程协同在高校铸魂育人协同机制中的核心地位和作用，对高校铸魂育人的主渠道课程育人给予了高度关注，对思政课程与课程思政的关系，思政课程到课程思政转变以及以课程思政建设为抓手的全课程协同育人机制的构建进行了较为全面科学的阐释。

本书的出版主要出于以下几点考虑：一是对近年来关于习近平新时代中国特色社会主义思想铸魂育人相关文献的理论学习进行概括总结；二是结合多年的教育教学工作经验，在立德树人和“三全育人”视域下对通过构建和完善协同机制来增强铸魂育人实效性方面阐述一些个人看法；三是通过深刻学习领会习近平总书记关于青年工作、意识形态工作、高校思想政治教育工作和人类命运共同体等方面的重要论述，就其思想智慧对高校铸魂育人工作的启发和影响，谈谈个人的认知。

由于才疏学浅，知识有限，加上时间比较仓促，本书中难免存在不恰当之处，敬请相关专家学者以及各位同仁不吝赐教，给予批评指正，不胜感激。

目 录

第一章　绪　论

第一节　研究背景

一、铸魂育人战略任务的提出

意识形态建设是党的一项极为重要的工作，我们党历来重视。党的十八大以来，习近平总书记作出一系列重要部署，多次发表重要讲话，深刻阐明新形势下意识形态建设的一系列重大问题。习近平总书记指出，“当代中国正经历着我国历史上最为广泛而深刻的社会变革，也正在进行着人类历史上最为宏大而独特的实践创新。”①当前，在国际形势复杂多变的背景下，以习近平同志为核心的党中央带领全国各族人民坚持和发展中国特色社会主义，统筹推进“五位一体”总体布局，协调推进“四个全面”战略布局，为全面建成小康社会，实现“两个一百年”奋斗目标和中华民族伟大复兴中国梦而不懈奋斗。

马克思、恩格斯曾经指出：“发展着自己的物质生产和物质交往的人们，在改变自己的这个现实的同时也改变着自己的思维和思维的产物。”②

① 习近平.在哲学社会科学工作座谈会上的讲话[N].人民日报,2016-05-19(2).

② 马克思,恩格斯.马克思恩格斯文集:第1卷[M].北京:人民出版社,2009:525.

历史事实表明，大变革时代，人们的思想会异常活跃，大变革会引起人们的理论思维和思想观念上的巨大变化。人们要正确认识自己所处时代的精神状况，要正确认识自己生命活动的价值意义，要正确认识当代中国发展的历史境遇和时代愿景。当今时代我国物质财富极大丰富，人们迫切需要精神文明建设的巨大发展来协同前行，用承接中国优秀传统、彰显中国自信、表征中国风格的国家精神和民族共识来对全社会进行凝魂聚气、价值导向和前行引领。

在大变革时代如何凝心聚力？习近平总书记发表了一系列的重要讲话和论述，如关于意识形态建设、理想信念教育、培育和践行社会主义核心价值观、精神文明建设、马克思主义理论教育、文艺铸魂工作、军队政治工作、网络思想政治工作等许多方面。有学者把习近平总书记的这一系列讲话精神加以提炼，概括为习近平铸魂育人思想，认为习近平铸魂育人思想系统而深刻地回答了在统筹推进“五位一体”总体布局和协调推进“四个全面”战略布局，贯彻落实创新、协调、绿色、开放、共享五大发展理念过程中，怎样实施和推进铸牢立国之本、铸塑兴国之魂、铸就强国之魄的铸魂育人战略工程，从而为坚持和发展中国特色社会主义，顺利实现“两个一百年”奋斗目标和中华民族伟大复兴中国梦这个总体问题。习近平铸魂育人思想系统回答了当代中国“铸什么魂”“育什么人”“怎样铸魂育人”三个重大问题，揭示了新形势下社会主义意识形态铸魂育人的本质要求和特征规律①。

2014年10月30日至11月2日，新时期全军政治工作会议在古田会议旧址——福建省上杭县的古田镇隆重召开，习近平总书记在会上发表了重要讲话，正式提出了“铸魂育人”战略任务，并明确将之作为新历史条件下军队政治工作的核心任务。

关于坚定理想信念、关于培育和践行社会主义核心价值观等问题，习近平总书记同样集中而频繁地提及并论述。党的十八大以来，习近平总书记在很多场合强调了“铸魂补钙”的重要意义，如2012年11月17日主持

① 钟启东.习近平铸魂育人思想研究[D].长春：东北师范大学，2017.

十八届中央政治局第一次集体学习，2012年11月29日参观《复兴之路》展览提出中华民族伟大复兴“中国梦”，2013年1月5日出席新进中央委员会的委员、候补委员学习贯彻党的十八大精神研讨班，2013年3月17日在第十二届全国人民代表大会第一次会议上发表讲话，2013年4月28日同全国劳动模范代表座谈，2013年5月4日同各界优秀青年代表座谈，2013年6月18日出席党的群众路线教育实践活动工作会议，2013年6月28日出席全国组织工作会议，2013年8月19日在全国宣传思想工作会议上提出意识形态工作极端重要，并对新时期加强和改进意识形态工作进行了总体部署。习近平总书记在不同场合面对不同群体多次讲话中都强调了坚定理想信念突出重要性这个重大时代命题。习近平总书记重视理想信念教育是如此，重视培育和践行社会主义核心价值观也是如此。正如他在2014年10月15日文艺工作座谈会上总结的那样：“这段时间，我集中强调了培育和践行社会主义核心价值观问题。今年2月，中央政治局专门就培育和弘扬社会主义核心价值观进行集体学习，我作了讲话，对全社会提了要求。五四青年节，我到北京大学去，对大学师生讲了这个问题。5月底，我在上海考察工作时，对领导干部弘扬和践行社会主义核心价值观提了要求。六一儿童节前夕，我在北京海淀区民族小学同师生们座谈时讲了这个问题。6月上旬，我在两院院士大会上对院士们也提了这方面要求。9月教师节前一天，我到北京师范大学同师生座谈，再次强调了这个问题。”①

习近平总书记对“铸魂育人”时代命题不仅高度重视，而且给出了明确深刻的理论内涵，逐渐成为引领党和国家意识形态工作的重大理论问题和现实问题。培育和践行社会主义核心价值观，就是在铸牢当代中国意识形态建设特别是文化软实力建设的灵魂。高校担负着大学生意识形态教育工作的主体责任，铸魂育人高校责无旁贷。李忠军认为，铸魂育人是思想政治教育本质核心内涵的准确表达，思想政治教育的内容应围绕铸魂育人开展价值理想信念教育，当代思想政治教育应以铸魂育人为自身使命与任

① 习近平．在文艺工作座谈会上的讲话[N]．人民日报，2015-10-15(2)．

务[①]。陈占安认为，用习近平新时代中国特色社会主义思想铸魂育人是新时代高校思想政治理论课（思政课）[②]的历史使命。“高校思想政治理论课在大学生立德树人方面承担着最艰巨和最重要的任务。我们可以将这个任务分解为四个方面，即：用习近平新时代中国特色社会主义思想武装大学生，对大学生进行系统的马克思主义立场观点方法的培养，帮助大学生养成社会主义事业所需要的思想道德品质，使大学生具有对各种错误社会思潮的识别和抵御能力。”[③]“铸魂育人”作为实现马克思主义理论成果入脑入心的灵魂工程、固本工程和战略工程，是当前意识形态建设的核心命题和重要任务。高校要充分发挥思想政治理论课铸魂育人的关键作用，以习近平新时代中国特色社会主义思想为指导，引导青年学生树立正确的世界观、人生观和价值观。思想政治理论课教师要发挥好铸魂育人的关键主导作用，在与大学生进行心灵与心灵的沟通、灵魂与灵魂的交融、人格与人格的对话时，要做有信仰、有格局、有境界、有担当的领头雁，要做有温度、有情怀、有人格、有魅力的燃灯者，要做有内涵、有思想、有视野、有深度、有造诣的导航人，真正把铸魂育人工作落到教育教学的具体实践，帮助大学生一路成长成才报效国家。

二、学习贯彻落实习近平新时代中国特色社会主义思想

党的十八大以来，国内外形势变化和我国各项事业发展都给我们提出了一个重大时代课题，这就是必须从理论和实践结合上系统回答新时代坚持和发展什么样的中国特色社会主义、怎样坚持和发展中国特色社会主义。围绕这个重大时代课题，我们党坚持以马克思列宁主义、毛泽东思想、邓小平理论、“三个代表”重要思想、科学发展观为指导，坚持解放思想、实

---

① 李忠军.“铸魂育人”是思想政治教育本质核心内涵的探讨[J].思想理论教育导刊，2015(10)：104-108.

② 为表述简便和符合日常习惯，全书中“思想政治理论课”也多表述为“思政课”。

③ 陈占安.用习近平新时代中国特色社会主义思想铸魂育人——论新时代高校思想政治理论课的历史使命[J].思想理论教育，2019(5)：4.

事求是、与时俱进、求真务实，坚持辩证唯物主义和历史唯物主义，紧密结合新的时代条件和实践要求，以全新的视野深化对共产党执政规律、社会主义建设规律、人类社会发展规律的认识，进行艰辛理论探索，取得重大理论创新成果，形成了习近平新时代中国特色社会主义思想。习近平新时代中国特色社会主义思想，是对马克思列宁主义、毛泽东思想、邓小平理论、“三个代表”重要思想、科学发展观的继承和发展，是马克思主义中国化最新成果，是党和人民实践经验和集体智慧的结晶，是中国特色社会主义理论体系的重要组成部分，是全党全国人民为实现中华民族伟大复兴而奋斗的行动指南，必须长期坚持并不断发展。

中国特色社会主义进入新时代，我国高校也迎来了大学生思想政治教育的新形势和新任务。理论创新每前进一步，理论武装就要跟进一步，用马克思主义最新理论成果武装全党全军和全国人民，是新时代党和国家的重要任务，各行各业都要行动起来，广泛宣传党的十九大精神，深入推进习近平新时代中国特色社会主义思想的理论武装工作。习近平总书记主持十九届中共中央政治局第一次集体学习时，明确指出，学习宣传贯彻党的十九大精神是全党全国当前和今后一个时期的首要政治任务，要在“学懂”“弄通”“做实”上下功夫。2018年10月12日至14日，由《马克思主义理论学科研究》编辑部和福建农林大学马克思主义学院共同主办的“习近平新时代中国特色社会主义思想与高校思想政治理论课改革创新研究暨第七届全国高校中青年马克思主义学者高峰论坛”在福州召开。本届论坛以“习近平新时代中国特色社会主义思想与高校思想政治理论课改革创新研究”为主题，从学科建设、学术研究与思想政治理论课改革创新同向同行、协同发展的维度，通过深入交流研讨，展示学习研究成果，碰撞思想火花，产生了丰硕成果，为进一步推动习近平新时代中国特色社会主义思想研究，推动新时代高校思想政治理论课改革创新研究做出了贡献。

为进一步推进学习宣传贯彻各项工作落实落地，共青团中央于2017年12月10日至15日在中央团校举办团十七届中央委员、候补委员学习贯彻习近平新时代中国特色社会主义思想和党的十九大精神专题研讨班。研讨班期间，学员集中系统地学习了习近平新时代中国特色社会主义思想和党的十九大精神。学习贯彻党的十九大精神中央宣讲团成员徐绍史作首场辅导报告，中央党校、国家行政学院、国防大学、中央团校的专家学者围绕“成就、变革和新论断”“习近平新时代中国特色社会主义思想”“全面建设社会主义现代化国家战略部署”“加强党的领导和党的建设的新要求”四个专题和习近平总书记关于青年工作的重要论述进行授课①。

天津市把学习宣传贯彻习近平新时代中国特色社会主义思想作为最重要、最重大、第一位的政治任务。天津市委领导认真落实“三个一”联系高校制度，带头为干部师生作党的十九大精神主题报告，高校党委书记、校长作专题形势与政策报告100余场，开展中心组学习1049次，基层党组织开展专题宣讲5000余场，组织专题活动8600余次，实现了全员全覆盖。开展学习贯彻习近平总书记给南开大学学生回信精神、中国人民大学建校80周年贺信精神和黄大年先进事迹重要批示精神学习活动，订购《习近平的七年知青岁月》13.1万册，发放至每个学生宿舍，将其作为高校开学典礼和新生入学教育的重要内容。为了全面提升高校思想政治理论课吸引力，天津市相关部门聘请26名专家学者、道德模范组成“教授团”，开展党的理论与政策宣讲300余场，并将授课内容网上传播、编辑出版，为广大师生提供美味可口的“精神大餐”。此外，天津市投入900万元支持三所重点马克思主义学院建设，以每个项目30万元支持五家思政课名师工作室建设，对领航学者择优培养、教学团队择优资助、教改成果择优推广、精品名课择优展示，推出了一批示范团队、拔尖人才、理论成果、精品课程。2017年年底，天津市启动习近平新时代中国特色社会主义思想“三进”②教案编写工作，组织成立了“三进”工作领导小组和“三进”教案编写组。按照市委部署，市教育两委从南开大学、天津大学、天津师范大学、天津工业大学抽调49名全市知名的思想政治理论课专家，组成编写团队，快速

① 团中央举办团十七届中央委员、候补委员学习贯彻习近平新时代中国特色社会主义思想和党的十九大精神专题研讨班[EB/OL].(2017-12-19)[2020-03-10].http://dangjian.people.com.cn/n1/2017/1219/c415590-29716489.html.

② 进教材、进课程、进头脑简称“三进”。

推进4门课程的教学指导方案编写工作①。

2018年3月，"天津市高校习近平新时代中国特色社会主义思想研究联盟"成立，通过设立专项课题、举办研究论坛、开展专题培训等形式，在学科发展、人才培养、咨政服务、学术交流等方面为天津乃至全国高校提供服务，共同促进习近平新时代中国特色社会主义思想的宣传研究阐释和"三进"工作，着力开创全市高校学习宣传贯彻习近平新时代中国特色社会主义思想新局面②。

河北省出台《关于习近平新时代中国特色社会主义思想"进教材、进课堂、进头脑"工作实施方案》，省领导先后到河北医科大学、河北科技大学、河北师范大学调研，召开座谈会，与师生共同学习领会习近平新时代中国特色社会主义精神。组织大学生"学习新思想"在线答题活动，百万大学生在线全覆盖。连续举办四届大学生"学习习近平总书记系列重要讲话精神"知识竞赛。推广石家庄铁道大学坚持《习近平谈治国理政》第一、二卷研读选修集体备课和教学制度。指导石家庄邮电职业技术学院开展红色专题教学，先后开发"西柏坡现场教学""白求恩精神现场教学""习近平在正定"等实践课程，并结合课程制作3D视频③。全国其他各省、自治区、直辖市以及各单位学习贯彻习近平新时代中国特色社会主义思想和党的十九大精神的各类活动也是如火如荼。

高校是党和国家培养人才的重要阵地，加快推进新思想"三进"工作，加强习近平新时代中国特色社会主义思想的理论武装工作，是高校新时代教育教学工作的重要任务。全国教育系统通过"写好教育奋进之笔行动""百千万宣讲对谈"等形式多样的宣讲活动和载体，迅速掀起广大干部师生学习贯彻习近平新时代中国特色社会主义思想的热潮，教育引导大家牢固

① 天津高校思想政治工作取得新突破 编写使用"三进"教案[EB/OL].(2018-03-16)[2020-03-10].http://tj.people.com.cn/n2/2018/0316/c375366-31349733.html.

② 唐心怡，王浩.天津高校习近平新时代中国特色社会主义思想研究联盟揭牌[EB/OL].(2018-03-21)[2020-03-10].http://tj.people.com.cn/n2/2018/0321/c375366-31368473.html.

③ 陈濛濛.河北省扎实推进习近平新时代中国特色社会主义思想"三进"扎根工程[EB/OL].(2018-11-13)[2020-03-11].http://www.tibet.cn/cn/edu/201811/t20181113_6392689.html.

树立为实现中华民族伟大复兴的中国梦不懈奋斗的理想信念，把思想和力量凝聚到落实党的十九大确定的各项部署任务上来。2018年5月，教育部、中宣部举办了全国高校思想政治理论课四种新教材使用培训，全国共有66365名思想政治理论课教师参加培训，共同研究、推动、落实习近平新时代中国特色社会主义思想教学工作，“三进”工作实现由编教材向进课堂的重大转移①。

高校是国家高层次人才成长的摇篮，是党和国家培养中国特色社会主义建设者和接班人的重要阵地，在深入学习、研究和宣传习近平新时代中国特色社会主义思想过程中，理应走在前头，落在实处。高校思想政治理论课作为大学生思想政治教育的主阵地和主渠道，站在新时代的历史节点，面对新形势、新任务、新要求，当前首要任务就是深刻把握习近平新时代中国特色社会主义思想的理论内涵，发挥思想政治理论课的主渠道作用、课程思政的主阵地作用、实践环节的主战场作用，积极推动习近平新时代中国特色社会主义思想“三进”工作，用习近平新时代中国特色社会主义思想来教育学生，武装学生。党的十九大以后，全国各高校迅速掀起一个学习、研究和宣传习近平新时代中国特色社会主义思想的工作热潮，如丰富多彩的教学宣讲活动、专门编写习近平新时代中国特色社会主义思想“三进”教案（如天津大学）、10家（中央党校、教育部、中国社会科学院、国防大学、北京市、上海市、广东省、北京大学、清华大学和中国人民大学）“习近平新时代中国特色社会主义思想”研究中心相继建立②，以及各种习近平新时代中国特色社会主义思想与高校思想政治理论课改革创新研究的学术交流研讨活动，等等。

① 谢沂楠.用好讲好高校思政理论课教材 用中国特色社会主义最新理论成果武装大学生头脑——全国高校思想政治理论课2018版教材使用培训班开班[EB/OL].(2018-05-15)[2020-03-10].http://www.moe.gov.cn/jyb_xwfb/gzdt_gzdt/moe_1485/201805/t20180515_336124.html.

② 陈振凯，侯颗，桑珊珊.中央批准的10家习近平新时代中国特色社会主义思想研究中心(院)相继成立[EB/OL].(2018-04-18)[2020-03-10].http://theory.people.com.cn/n1/2018/0418/c40531-29932832.html.

三、高校学习贯彻习近平总书记思想政治理论课教师座谈会精神

2019年3月18日，习近平总书记主持召开学校思想政治理论课教师座谈会时指出，办好思想政治理论课，最根本的是要全面贯彻党的教育方针，解决好培养什么人、怎样培养人以及为谁培养人这个根本问题。青少年是祖国的未来、民族的希望。我们党立志于中华民族千秋伟业，必须培养一代又一代拥护中国共产党领导和我国社会主义制度、立志为中国特色社会主义事业奋斗终生的有用人才。

习近平总书记强调，思想政治理论课是落实立德树人根本任务的关键课程，青少年阶段是人生的“拔节孕穗期”，最需要精心引导和栽培。我们办中国特色社会主义教育，就是要理直气壮开好思想政治理论课，用新时代中国特色社会主义思想铸魂育人，引导学生增强中国特色社会主义道路自信、理论自信、制度自信、文化自信，厚植爱国主义情怀，把爱国情、强国志、报国行自觉融入坚持和发展中国特色社会主义事业、建设社会主义现代化强国、实现中华民族伟大复兴的奋斗之中。

习近平总书记强调思政课教师，要给学生心灵埋下真善美的种子，引导学生扣好人生第一粒扣子。推动思想政治理论课改革创新，要不断增强思政课的思想性、理论性、亲和力和针对性，坚持“八个统一”，实现全员全程全方位育人。

习近平总书记还对全国高校思想政治理论课以及思想政治理论课教师提出了“八个统一”和“六要”的目标要求。之后全国各地高校迅速开展了贯彻落实习近平总书记学校思想政治理论课教师座谈会精神的系列活动。比如，2019年4月3日，山东省加强学校思想政治理论课工作座谈会在青岛大学举行；2019年5月8日，云南省学校思想政治理论课教师座谈会在昆召开。与此同时“用习近平新时代中国特色社会主义思想铸魂育人”的相关理论研究工作也在同步火热进行，成果颇丰，其中，《思想理论教育》期刊推出的文章最为突出，如2019年陈占安的《用习近平新时代中国特色

社会主义思想铸魂育人——论新时代高校思想政治理论课的历史使命》，2019年李红权的《用习近平新时代中国特色社会主义思想铸魂育人的内在机理分析》，2020年沈壮海、王芸婷的《用习近平新时代中国特色社会主义思想铸魂育人》，2020年钟启东的《用习近平新时代中国特色社会主义思想铸魂育人的内容范畴与精神实质》等文章对于高校深入推进“用习近平新时代中国特色社会主义思想铸魂育人”的理论研究和实践探索有重要的指导意义。

2019年4月23日，教育部党组书记、部长陈宝生就深入学习贯彻习近平新时代中国特色社会主义思想，在《人民日报》（2019年4月23日第9版）专门撰文《用习近平新时代中国特色社会主义思想铸魂育人》，特别强调指出，习近平总书记在学校思想政治理论课教师座谈会上的重要讲话，深刻回答了学校思政课建设一系列重大理论和实践问题。教育系统要坚持用习近平新时代中国特色社会主义思想铸魂育人，以“三巡六创优”为抓手，全力办好新时代学校思政课。“三巡”是指教育部已经开展的优秀思政课示范巡讲、思政课建设优秀成果巡礼、思政课建设巡察三项工作，是在教育战线深入学习宣传贯彻习近平新时代中国特色社会主义思想的创新模式。“六创优”是指思路创优、师资创优、教材创优、教法创优、机制创优、环境创优，是全国高校思想政治工作会议召开以来教育部党组抓思政课建设的工作思路和经验总结。两年多的实践表明，这个工作思路符合中央精神，取得了显著成效，要继续坚持和完善。其中，教法创优、机制创优、环境创优对于高校铸魂育人协同机制构建研究具有极大的启发意义。

陈宝生强调，教育系统深入学习贯彻落实习近平总书记在学校思想政治理论课教师座谈会上的重要讲话精神，要在“实”字上狠下功夫，把学习这一重要讲话精神的认识体会转化为提高思政课质量和水平的实际举措和扎实成效，更好发挥思政课作为立德树人关键课程的不可替代作用，用习近平新时代中国特色社会主义思想铸魂育人，引导广大学生树牢“四个意识”、坚定“四个自信”、坚决做到“两个维护”，从而培养一代又一代拥护中国共产党和我国社会主义制度、立志为中国特色社会主义事业奋斗终生的有用之才。

四、新时代高校思想政治工作改革新要求

中国特色社会主义进入新时代，高校思想政治工作也面临新的挑战和新的任务要求。高校思想政治工作系统要素繁多，包括工作主体、对象、内容、载体、环境等，提高思想政治工作的实效性，离不开不同要素之间的相互配合和彼此协调。所谓相互配合和彼此协调，主要是指在共同推进高校思想政治工作时，各要素不能彼此孤立脱节，而要根据实际工作需要有机衔接，相互作用。一旦其中某一要素出现协同断裂，会极大地影响协同效果。思想政治工作协同现状中存在系统内部诸多要素之间彼此孤立脱节的现象，系统内部没有形成明显的优势互补；思想政治教育主要依靠思想政治理论课“单打独斗”“孤军奋战”的“孤岛效应”仍然存在，对思想政治工作规律、教书育人规律、学生成长规律认识不够深刻等。社会环境日趋复杂，学生家庭环境差异较大，网络环境复杂易变，高校思想政治工作的内容有待协同融合，工作方式有待协同创新，工作队伍有待协同建设，工作制度有待协同完善。

高校铸魂育人工作成效如何，直接关系到高校培养什么人、怎样培养人以及为谁培养人这个根本问题。习近平总书记在2016年全国高校思想政治工作会议上，首先要求“要坚持把立德树人作为中心环节，把思想政治工作贯穿教育教学全过程，实现全程育人、全方位育人，努力开创我国高等教育事业发展新局面”；然后给予方法上的指导，“要因事而化、因时而进、因势而新。要遵循思想政治工作规律，遵循教书育人规律，遵循学生成长规律，不断提高工作能力和水平”，“要用好课堂教学这个主渠道”，并且针对不同课程分别提出不同的要求，“思想政治理论课要坚持在改进中加强，提升思想政治教育亲和力和针对性，满足学生成长发展需求和期待”，“其他各门课都要守好一段渠、种好责任田，使各类课程与思想政治理论课同向同行，形成协同效应”。对于有着明显育人功能的哲学社会科学

课程，则要求“要加快构建中国特色哲学社会科学学科体系和教材体系，推出更多高水平教材，创新学术话语体系，建立科学权威、公开透明的哲学社会科学成果评价体系，努力构建全方位、全领域、全要素的哲学社会科学体系”；对于校园环境要求是“要更加注重以文化人以文育人，广泛开展文明校园创建，开展形式多样、健康向上、格调高雅的校园文化活动”；对于社会实践教学提出要“广泛开展各类社会实践”；对于现代化教学手段则“要运用新媒体新技术使工作活起来，推动思想政治工作传统优势同信息技术高度融合，增强时代感和吸引力”①。

习近平总书记的这段讲话对高校思想政治教育主渠道和主阵地的思想政治理论课教育教学改革有着重要意义。首先是课程协同，思想政治教育与其他各门课都要守好一段渠、种好责任田，各类课程要同向同行；其次是教育教学的空间场域领域协同，文明校园创建、各类社会实践与课程教学目标协同一致；最后是传统教学手段和现代化信息技术相结合的教学方法协同。

习近平总书记在2018年全国宣传思想工作会议上指出：“中国特色社会主义进入新时代，必须把统一思想、凝聚力量作为宣传思想工作的中心环节。”“我们党要团结带领人民实现党的十九大确定的战略目标，夺取中国特色社会主义新胜利，更加需要坚定自信、鼓舞斗志，更加需要同心同德、团结奋斗。”“建设具有强大凝聚力和引领力的社会主义意识形态，是全党特别是宣传思想战线必须担负起的一个战略任务。”“要把培养担当民族复兴大任的时代新人作为重要职责。重中之重是要以坚定的理想信念筑牢精神之基，坚定对马克思主义的信仰，对社会主义和共产主义的信念，对中国特色社会主义道路、理论、制度、文化的自信。”②

习近平总书记在2018年的全国教育大会上指出，“办好教育事业，家庭、学校、政府、社会都有责任。家庭是人生的第一所学校，家长是孩子

① 习近平．把思想政治工作贯穿教育教学全过程 开创我国高等教育事业发展新局面[N].人民日报,2016-12-09(1).

② 习近平．举旗帜聚民心育新人兴文化展形象 更好完成新形势下宣传思想工作使命任务[N].人民日报,2018-08-23(1).

的第一任老师，要给孩子讲好‘人生第一课’，帮助扣好人生第一粒扣子。教育、妇联等部门要统筹协调社会资源支持服务家庭教育。全社会要担负起青少年成长成才的责任。各级党委和政府要为学校办学安全托底，解决学校后顾之忧，维护老师和学校应有的尊严，保护学生生命安全”①，明确具体地强调了青少年成长过程中各个阶段各个场域的各育人主体的教育责任，家庭、学校、政府以及社会其他育人力量在青少年的教育问题上各自发挥育人优势，协同一致，同向同行，确保青少年的成长过程中享受到相应的教育保障。

2019年3月，习近平总书记在主持学校思想政治理论课教师座谈会时，基于教师在青少年成长和学校教育中的关键作用，对思政课教师提出了政治要强、情怀要深、思维要新、视野要广、自律要严、人格要正”的“六要”要求，以确保教师对学生的正面引导和影响。同时，对思想政治理论课教育教学改革创新，提出了要坚持政治性和学理性相统一、价值性和知识性相统一、建设性和批判性相统一、理论性和实践性相统一、统一性和多样性相统一、主导性和主体性相统一、灌输性和启发性相统一、显性教育和隐性教育相统一的“八个相统一”要求，从教学内容到教学方法，从教学思维到教学主体，较为全面地阐述不断增强思想政治理论课的思想性、理论性、针对性和亲和力的路径和渠道。在阐述“要坚持显性教育和隐性教育相统一”时，再次强调了挖掘其他课程和教学方式中蕴含的思想政治教育资源，实现全员育人、全过程育人和全方位育人。

在协同育人方面，习近平总书记专门强调了各级党委要把思想政治理论课建设摆上重要议程，抓住制约思想课建设的突出问题，在工作格局、队伍建设、支持保障等方面采取有效措施，要建立党委统一领导、党政齐抓共管、有关部门各负其责、全社会协同配合的工作格局，推动形成全党全社会努力办好思政课、教师认真讲好思政课、学生积极学好思政课的良好氛围。学校党委要坚持把从严管理和科学治理结合起来。学校党委书记、

① 习近平.坚持中国特色社会主义教育发展道路 培养德智体美劳全面发展的社会主义建设者和接班人[N].人民日报,2018-09-11(1).

校长要带头走进课堂，带头推动思政课建设，带头联系思政课教师。要配齐建强思政课专职教师队伍，建设专职为主、专兼结合、数量充足、素质优良的思政课教师队伍。要把统筹推进大中小学思政课一体化建设作为一项重要工程，推动思政课建设内涵式发展。要完善课程体系，解决好各类课程和思政课相互配合的问题，鼓励教学名师到思政课堂上讲课。各地区各部门负责同志要积极到学校去讲思政课。

习近平总书记在学校思想政治理论课教师座谈会上的讲话为新时代高校思想政治教育以及思想政治理论课教育教学改革提供了保障，指明了方向。高校思想政治理论课教育教学改革，离不开协同育人这一重要课题，协同机制的构建正是为了更好地实现协同育人的目标和要求。

北京师范大学中国教育与社会发展研究院副研究员杨玉春认为，铸魂育人需要创新内容、形式、渠道和载体等，习近平总书记对思想政治理论课改革创新提出的“八个相统一”基本要求，指明了学校思想政治教育的方向与路径。提高哲学社会科学研究水平，为思想政治理论课建设提供保证，提高教师队伍总体素质，以身作则为学生树立榜样，深入了解新时代学生特点，充分利用信息化手段因材施教，思想政治理论课应弘扬优秀传统文化，为新时代学生培根铸魂①。

2019年9月，教育部印发的《关于深化本科教育教学改革　全面提高人才培养质量的意见》提出，把思想政治教育贯穿人才培养全过程。用习近平新时代中国特色社会主义思想铸魂育人，加快构建高校思想政治工作体系，推动形成“三全育人”工作格局。推动思想政治理论课改革创新，充分发掘各类课程和教学方式中蕴含的思想政治教育资源，建成一批课程思政示范高校，推出一批课程思政示范课程，选树一批课程思政优秀教师，建设一批课程思政教学研究示范中心，引领带动全员、全过程、全方位育人。《关于深化本科教育教学改革　全面提高人才培养质量的意见》指出，在深化创新创业教育改革方面要挖掘和充实各类课程、各个环节的创新创

① 杨玉春.铸魂育人，创新思想政治教育[EB/OL].(2019-03-21)[2020-03-10].https://theory.gmw.cn/2019-03/21/content_32666587.htm.

业教育资源，强化创新创业协同育人；在稳妥推进跨校联合人才培养方面，要支持高校实施联合学士学位培养项目，发挥不同特色高校优势，协同提升人才培养质量。

五、人类命运共同体思想对高校铸魂育人协同机制构建的启示

人类命运共同体思想是习近平新时代中国特色社会主义思想的重要组成部分。2013年3月，习近平在莫斯科国际关系学院发表演讲，首次向国际社会发出构建人类命运共同体的倡议，此后，他多次在国内外的重要场合上提到、阐释并进一步构想人类命运共同体思想。人类命运共同体思想的提出，是基于复杂多变的国际形势和全人类共同面临的生存和发展问题，是中国对世界各国纷繁复杂历史差异的新认知、新思考，是基于维护中国核心利益的新要求、新主张，是基于全人类共存的新逻辑、新智慧。

人类命运共同体思想具有丰富的内涵，把“建设持久和平、普遍安全、共同繁荣、开放包容、清洁美丽的世界”作为人类社会发展的理想目标；为了理想目标的实现，就必须消除阻碍、破坏构建人类命运共同体的一些不利因素，如“世界经济增长动能不足，贫富分化日益严重，地区热点问题此起彼伏，恐怖主义、网络安全、重大传染性疾病、气候变化等非传统安全威胁持续蔓延”[①]等，而霸权主义是构建人类命运共同体的最根本、最严重的威胁。构建人类命运共同体的国际伦理原则是共同生存、共同管理、共同发展。人类命运共同体思想强调，中国共产党是为中国人民谋幸福的政党，也是为人类进步事业而奋斗的政党，始终把为人类做出新的更大贡献作为自己的使命。中国将永远高举和平、发展、合作、共赢的旗帜，率先恪守自己倡导的国际伦理原则，坚持在和平共处五项原则基础上发展同各国的友好合作，推动建设相互尊重、公平正义、合作共赢的新型国际关系。

人类命运共同体思想是对马克思主义国际战略思想的继承和发展，其

① 王公龙等.构建人类命运共同体思想研究[M].北京：人民出版社，2019：前言1.

理论来源是马克思的共同体理论、世界历史理论、世界交往理论、社会有机体理论、“类”哲学理论、物质统一性理论等。人类命运共同体思想是对中华民族传统文化的创造性转化和创新性发展，传承了中华优秀传统文化中“和合共生”“天下为公”“海纳百川”“天人合一”等思想的精华，超越了中华传统文化的平等观、指导观、交往观、发展观和义利观等。

人类命运共同体思想用世界性的眼光来观视中国特色社会主义道路的命运，“中华民族共同体”如何在历史的拐点上通过“亚洲命运共同体”的纽带而走向“人类命运共同体”。人类命运共同体思想为思考人类重大问题提供了思维方式，用中国智慧化解人类生存发展危机，引领国际关系新秩序，开启了人类发展的新模式。人类命运共同体思想对新时代高校思想政治教育协同铸魂育人工作具有极其重要的启发意义。

随着人类命运共同体思想的学习和研究的深入，在教育领域出现了一系列相关共同体的提法，如“职业教育共同体”“终身教育共同体”“教师教育共同体”“思想政治教育共同体”等。“共同体”源于希腊语，释义为“社区”“团体”“社团”“社会”“共享”等，指的是人们基于共同需要而结成的社会组织。德国社会学家滕尼斯认为，共同体是基于情感、习惯、记忆以及地缘和精神而形成的一种社会有机体，每个共同体成员具有共同的传统和价值观，彼此相互依存，亲密互动形成共同成长的整体。关于“教育共同体”，不同的学者有不同的观点，有学者认为教育共同体是指在同一种教育范式中的教育工作者群体，包括从事理论研究、模式建构、应用推广和教育教学实践的工作人员①。有学者认为，“教育共同体”是基于一致的教育信仰，为了共同的教育目标，在培养人的社会实践活动中形成的有责任感的个体联合，或称之为教育者共同主体形态，是一个精神共同体②。还有学者认为，“教育共同体”是基于一致的教育信仰，为了共同的教育目标，在培养人的社会实践活动中教师或组织基于一定的行业规范，

① 严亚梅，梁保国.教育范式与教育共同体[J].洛阳工学院学报（社会科学版），2000(4)：82-87.

② 林上洪.“教育共同体”刍议[J].教育学术月刊，2009(10)：20-21.

在充分合作的基础上形成稳定的、志同道合的团体①。

虽然学者们对于"教育共同体"的概念有不同的理解，但是，共同生存、共同管理、共同发展的理念是一致的。可以说，"教育共同体"是人类命运共同体大系统内部的一个小小的子系统，而"职业教育共同体""终身教育共同体""教师教育共同体""思想政治教育共同体"等又是"教育共同体"系统内部一个个更小的子系统。从教育主体角度来说，高校铸魂育人协同机制的构建，实际上就是要构建运行良好、更加高效的"思想政治教育共同体"。因为育人主体协同，就是为了共同的教育目标，所有教育工作者相互配合、协同一致，通力合作，从而形成一个有机的整体。有学者认为，"思想政治教育共同体"就是由众多的思想政治教育工作者（包括思想政治教育研究者、实际工作者）在长期专业实践中逐步形成的具有宏观组织形态的有机体②。因此，高校铸魂育人协同机制的构建研究是在人类命运共同体思想的指导下进行的。

基于此，新时代高校思想政治教育尤其是思想政治理论课教育教学改革势在必行，高校铸魂育人协同机制构建研究有了权威的政策指引和有利的环境条件必将进展顺利并收获满满。

① 何红娟."思政课程"到"课程思政"发展的内在逻辑及建构策略[J].思想政治教育研究，2017(5)：60-64.

② 戴锐.思想政治教育共同体的可能、现实与前景——以场域为基本视角的研究[J].思想理论教育，2012(17)：40-45.

第二节　研究意义

一、理论意义

(一)有助于厘清理论研究的概念边界,找准研究重点

学术界关于高校思想政治教育工作的理论研究成果十分丰富，涉及的角度、层次、领域较为多元。随着2016年全国高校思想政治工作会议、2018年全国教育大会等重要会议的召开，党和国家再次强调了高校育人工作尤其是思想政治工作的极端重要性，对新时期高校立德树人、铸魂育人工作提出了新的目标、内容和要求。用习近平新时代中国特色社会主义思想铸魂育人，在此基础上，厘清高校铸魂育人、“三全育人”、协同育人、课程思政等理论研究边界，找准课题研究重点，强化高校铸魂育人工作系统内各要素或各子系统之间的协同理念，完善铸魂育人、“三全育人”、协同育人、课程思政等有关理论探索，就显得尤为重要和迫切。将学界中碎片化的、零散的相关研究集中起来，形成适应于时代发展以及党和国家需要的高校铸魂育人、“三全育人”、课程思政等思想政治教育工作协同机制理论，能够丰富过往研究中不够全面和完善之处，一定程度上能够推动高校铸魂育人工作理论研究的创新和发展。

(二)有助于探索高校铸魂育人工作理论创新的时代路径

随着信息技术的日新月异和新时代高校立德树人、铸魂育人、“三全育人”、课程思政任务的提出，我国高等教育改革进入了攻坚克难的深水区，如何实现高校铸魂育人工作的理论创新和实践创新，已成为高等教育管理者与工作者的重要议题。本书尝试以协同机制的构建来打造“三全育人”

的“大思政”格局，从而推动高校铸魂育人工作的协同创新。新时代高校肩负着培养社会主义合格建设者和可靠接班人的重担，要真正实现“三全育人”，应该致力于寻求一条全方位的改革发展道路，这就需要高校思想政治教育参与主体不断发挥自身功能。而协同育人机制正是搭建了这样一种融合的平台，使单一的线性的思想政治教育思维空间和场域走向多元立体，把思想政治教育理论与实践有机联系，全方位地落实新时代高校立德树人、铸魂育人目标。

(三)有助于思想政治教育理论与现代管理理论的交叉发展

本书充分借鉴和运用了系统论、协同论等理论成果，这一尝试与探索将有助于思想政治教育理论与系统论、信息论、控制论、协同学等交叉学科的发展。铸魂育人工作系统是一个非线性的开放性系统，而协同理论具有很强的包容性，把协同育人理念与铸魂育人实践活动相结合，剖析高校铸魂育人工作机制中各子系统之间的内在逻辑关系，构建铸魂育人工作协同机制，可以更准确地把握与铸魂育人协同机制相关的理论，能够在完善已有的思想政治教育工作运行模式的基础上，推动整个学科相关理论的创新与发展。

(四)有助于推动铸魂育人工作的理论研究

结合思想政治教育的现实发展和最新育人理念来探索铸魂育人工作的有效路径是一种全新的尝试，是马克思主义理论一级学科下展开的融合思想政治教育二级学科、马克思主义中国化二级学科和马克思主义基本原理二级学科等多个二级学科理论视阈和研究方法的综合性理论实践课题研究。学习和研究新时代铸魂育人工作理念，对于加强和改进马克思主义理论教育，推动思想政治教育创新发展的有一定意义。

二、实践意义

(一)有助于突破传统思想政治教育育人模式

传统的育人模式是相对孤立和封闭的，各育人主体、育人单位、育人学科之间单打独斗，没有良好的沟通与协调，使得思想政治教育缺乏协同联动的合力效应。通过协同机制的重构和再造可以改变这种局面，形成体系健全、有机融合、运行高效、整体发展的新局面，对育人机制的改革有重要意义。在当今社会这个大融合、大开放的时代背景下，高校思想政治教育学科的建设在理论研究和实践探索上都面临着严峻的考验，学科分化、育人目标不统一、思想政治理论课往往与实践相脱离等问题不断出现。因此，我们应该立足“大思政”观念，以更大的格局拓展思想政治教育的广度、宽度和深度，直面社会现实问题，增强学科的弹性、拓展学科的深度和广度。

(二)促进思想政治教育学科的进步和发展

“和而不同”是中国传统文化的核心价值观，它具有协调、平衡、秩序的意义。这与协同育人机制的建立初衷不谋而合。协同的效能在于一个有机整体中，各协同主体追求相同的目标，通过构建有效的协同机制，从而形成一个资源共享、诉求一致、互相协助的超越原有价值效应作用的新的有机体。协同机制突破了传统线性的、指责性的模式，激发了各主体多角色、互动性的特点，这符合思想政治教育发展多元化、多领域的发展趋势，这种机制运用在思想政治教育工作中是符合内在统一逻辑关系的，对中国传统文化是一种发展与继承。高校铸魂育人协同机制的构建有助于中国优秀传统文化的传承与弘扬。所以，本书既是思想政治教育学科内容的学习和拓展，也是思想政治教育学科教育教学方法路径的探讨和研究，是教育内容与育人形式相结合的全新尝试，对于促进思想政治教育学科的进步与发展有重要意义。

(三)有助于实现高校立德树人的重要使命

习近平总书记在全国高校思想政治工作会议上强调，要坚持把立德树人作为中心环节，把思想政治工作贯穿教育教学全过程，实现全程育人、全方位育人。这对我国高等教育事业的发展提出了新的目标和要求。立德树人不仅对大学生提出了树立优良思想道德的要求，对高校思想政治教育工作者自身素质以及人才培养的首要目标也提出了新的要求。当今时代，国际国内形势深刻变化，多元文化交织、思潮涌流。面临新的考验，如何把立德树人贯穿于高校思想政治教育工作的始终，使思想政治教育工作者能自觉贯彻和践行以立德树人、铸魂育人为首要目标的育人观，培养出德才兼备的中国特色社会主义事业的建设者和接班人，是高校思想政治教育工作要完成的使命。将高校思想政治教育工作中所涉及的各要素协同起来，所有要素优势互补与整合，能够有效发挥协同合力，共同推动高校立德树人重要使命的实现。

(四)有助于贯彻落实党和国家对人才培养的要求

从宏观方面看，通过构建协同育人机制，切实做好新时代高校铸魂育人工作，可以满足党和国家对高校人才培养的期望。高校是意识形态领域的前沿阵地，是中国特色社会主义事业高层次人才的培养基地。高校积极推动习近平新时代中国特色社会主义思想铸魂育人工作，旨在培养大学生正确的世界观、人生观和价值观，增强大学生对马克思主义中国化最新理论成果的认同感和使命感。

学校要时刻重视意识形态工作，强化阵地意识，不断加强理论教育与理论武装，积极推动习近平新时代中国特色社会主义思想入耳、入眼、入脑、入心，实现知行合一。

(五)有助于确保我国高校中国特色社会主义办学方向

习近平总书记在全国思想政治工作会议上指出，坚持走自己的高等教育发展道路，是由我国独特的历史、独特的文化、独特的国情决定的，必须坚持正确的政治方向。我国高校是中国共产党领导下的高等教育学校，是中国特色社会主义高校。要确保我国社会主义办学方向不偏离、不动摇，关键在于要坚持以马克思主义为指导，以党委统一领导，并且保障高校思想政治工作的平稳、有序、高效展开。在高校思想政治工作系统中，党委是所有工作的统领，是确保社会主义方向的领头羊，而教师和思想政治工作者是确保社会主义办学方向的拥戴者和执行者。他们既是传道者，更是信道者，只有成为先进思想文化的传播者、党执政的坚定支持者，才能更好地担起学生健康成长指导者和引路人的责任。因此，要做到始终在党委的领导下，各个部门、各位教师以及工作人员共同沿着办好社会主义高校，培育中国特色社会主义合格建设者和接班人的共同目标发展，离不开构建既能把握好主线又能发挥各方优势和能动性的协同机制。

(六)有助于高校教育教学改革的创新发展

切实做好新时代高校铸魂育人协同机制构建工作关系到高校教育事业的发展和高校教育教学的改革创新。把大学生培养成德智体美劳全面发展的社会主义事业建设者和接班人，为决胜全面建成小康社会、夺取新时代中国特色社会主义伟大胜利发挥关键支撑作用，是高等教育肩负的重大历史任务。高校思想政治理论课作为马克思主义理论传播的重要载体，要将习近平新时代中国特色社会主义思想贯穿到整个课程体系之中，渗透到各门思想政治理论课各个章节之中，要将最新的马克思主义中国化理论成果具体化到高校思想政治理论课的学科建设、课程建设、教材建设之中。要在习近平新时代中国特色社会主义思想的统领和指导下，促进大学生能够以更高的境界、更优的本领和更好的精神状态认识和参与到新时代中国特色社会主义建设的事业中来，把中国特色社会主义不断推向前进。

(七)有助于帮助大学生的全面发展和成长成才

青年是国家的未来，民族的明天。大学生必须坚定与祖国和人民共命运的决心，树立与时代和社会同前进的远大理想，才能不辜负党和政府的培养、不辜负家庭和社会的期望，真正成长为社会主义现代化建设的人才。这就需要大学生正确认识社会发展规律，认识国家的前途命运，认识自己的社会责任。高校思想政治教育工作要从培养什么样的人、怎样培养人以及为谁培养人这个根本问题出发，帮助大学生树立正确的世界观、人生观和价值观，积极弘扬和践行社会主义核心价值观，通过开展以爱国主义为核心的民族精神和以改革创新为核心的时代精神教育，增强大学生的爱国情感、强化国家、民族认同感；通过培养大学生的马克思主义唯物史观和科学辩证法，提高大学生的政治敏锐度和政治洞察力，坚定为实现中华民族伟大复兴的政治立场，从而投身于建设中国特色社会主义的伟大实践中。

切实做好新时代高校铸魂育人工作，是当前高校思想政治教育工作中一项极为重要的政治任务，不仅关系到党和国家对高校人才培养的期望，关系到高校教育事业的发展和高校思想政治理论课教育教学的改革创新，更关系到大学生个人的全面发展和成长成才。

对于高校思想政治教育工作来说，要帮助大学生成长成才，既要保证正常课堂教学任务的完成、课外活动的开展、心理和思想动态的关注与引导，还要做好与学生生活、学习相关的后勤保障工作。而这都离不开高校铸魂育人工作系统中各个子系统之间的有序协调和配合。因此，构建高校铸魂育人工作协同机制，对于帮助大学生成长成才具有重要且积极的作用。

第三节 研究现状

本书把协同育人理念引入高校铸魂育人工作，进而探索研究高校铸魂育人协同机制的构建，这一视角比较独特新颖，所以，在中国知网等数字平台检索时，还没有发现相似的研究文献。而以“铸魂育人”和“协同育人机制”为主题、篇名或关键词，却能检索到很多研究水平颇高的期刊论文和硕博士论文。我们将与本书研究密切相关的“习近平新时代中国特色社会主义思想‘三进’”研究现状、“习近平新时代中国特色社会主义思想铸魂育人”研究现状、高校思想政治教育“三全育人”研究现状以及“课程思政”研究现状，也逐一进行了概要梳理和分析。为了更加清晰明了，我们对相关研究现状进行了整合综述。研究现状综述主要从以下两个方面进行：一是关于铸魂育人的研究现状，二是高校思想政治教育协同育人机制研究现状。

一、关于铸魂育人的研究现状

2014年10月习近平总书记在“新古田会议”上第一次公开正式提出了“铸魂育人”战略任务，随之国内学术界掀起了关于“铸魂育人”的研究热潮；党的十九大胜利召开后，国内学术界掀起了习近平新时代中国特色社会主义思想“三进”研究热潮；2019年习近平总书记在学校思想政治理论课教师座谈会上的讲话提出了“用新时代中国特色社会主义思想铸魂育人”，学术界出现了“新时代中国特色社会主义思想铸魂育人”研究热潮。现将国内学术界关于“铸魂育人”研究的三次热潮简要梳理如下。

1.“新古田会议”之前的研究内容与特点

“新古田会议”前，关于铸魂育人的研究文献较少，且主要是思想政治工作经验介绍或实践探索总结等。在中国知网数字平台，以“铸魂育人”为篇名检索发现，早在1995年就有两篇关于“铸魂育人”的文章，分别是卫勤、曾庆丰在《现代企业》上发表的《抓好育人铸魂大工程——陕西省兴平化肥厂系列报道之三》和王孝弟在《学习与思考》上发表的《以爱国主义育人铸魂》，两篇文章都是介绍企业精神文明建设情况的。1999年有三篇文章发表，分别是高行军在《中外企业文化》上发表的《塑形　铸魂　育人——陕西送变电工程公司企业文化追踪》，李琨、张华礼在《北京教育》上发表的《潮白河畔千帆竞 铸魂育人五十春——顺义区基础教育五十年漫谈》和张光远在《企业文化》上发表的《企业文化 育人铸魂——黑龙江石油化工厂企业文化周侧记》，从篇名可以看出，三篇文章分别关于企业文化建设和基础教育总结的。2000年的两篇文章分别是沙龙云、王奎文在《辽宁经济》上发表的《用思想政治工作铸魂育人促发展》和高明德、郭文安在《政府法制》上发表的《铸魂育人，锻造一支过硬的员工队伍——工行临汾分行尧都办事处工作纪实》，这两篇文章都是关于行业思想政治工作的，都使用了“铸魂育人”一词。2001年两篇文章分别是王楚平在《政策》上发表的介绍城市精神文明建设的《用文明育人 为城市铸魂》和徐超在《中国经济快讯》上发表的先进人物介绍的《以德铸魂 建站育人——记章丘市卫生防疫站党总支书记兼站长时延申》。2002年两篇文章分别是何华春在《中国职工教育》上发表的《以人为本 铸魂育人——中国石油西南油气田重庆气矿党委加强思想政治工作的调查》和《教育探索》记者撰写的先进人物介绍的《开拓进取 铸魂育人——记哈尔滨市第十四中学校长赵世荣》。2003年《政工研究动态》上一篇《铸魂聚心 塑形育人——深化‘效益型’思想政治工作》没有注明作者的文章，同样是关于企业文化建设经验介绍的。2004年王宝生、戈春生的《军工文化建设要突出铸魂兴业育人》是《国防科技工业》杂志为推进军工文化建设，专门开设的“军工文化”栏目专文。

2008年的四篇文章，《铸魂·塑形·育人在创新中加强企业党建工作》《铸魂强基 育人创牌》《坚持用中国特色社会主义理论体系育人铸魂的教学实践》和《以突出军队特色为切入点提升〈中国近现代史纲要〉课程的育人铸魂功能》是结合具体实践谈对企业、军队思想政治教育具体看法的。2009年两篇没有署名的文章《用大庆精神育人铸魂——大庆油田中十六联合站思想政治工作调查》和《继承发扬大庆精神铁人精神 用先进的企业文化育人铸魂》是关于大庆油田思想政治工作调查和工作经验的。2010年的一篇是孔诤的发表在《高等教育研究学报》上的《围绕用党的创新理论育人铸魂 把建设学习型党组织落到实处》，它是关于建设学习型党组织的。2011年的两篇文章，王予波在《青海日报》上发表的《在铸魂和育人中服务和促进文化名省建设》是结合实践谈思想政治工作的，孙炳祥在《战士报》上发表的《铸魂育人是根本》已经从学习贯彻十七届六中全会精神开始走向理论探讨。2012年的九篇文章，除了一篇《铸魂育人引航向创先争优有成效——外贸党支部深入开展创先争优活动记实》是关于外贸企业思想政治工作，一篇《文化铸魂　质量立校　责任育人　白银市第十中学》是关于中学思想政治教育工作的，其余七篇《用先进校园文化育人铸魂》《用多彩文化铸魂育人　提升岗位建功的内在动力》《用雷锋精神铸魂育人》《倾力抓好铸魂育人这一基础工程》《充分发挥先进文化铸魂育人功能》《坚持用党的十八大精神铸魂育人》《发挥我军传统文化的铸魂育人功能》都是关于军队、军校思想政治教育工作的。2013年五篇文章，《核心价值体系铸魂　知行统一文化育人》是关于高校思想政治教育的，《着眼做好维护首都社会稳定工作　努力提升铸魂育人工作质量效益》和《用先进军事文化铸魂育人》是关于军队和军事院校思想政治教育的，《铸魂育人聚能量　塑形提质建襄阳》和《用"大庆铁人精神"的品牌文化育人铸魂——从"文化强国"到"文化强企"的几点思考》是关于企业思想政治教育。2014年七篇文章，《用"先锋精神"铸魂育人》《铸魂育人　聚力强军》和《尚武思战的不尽源泉——济南军区某防空旅运用军营特色文化手段铸魂育人纪实》是关于军队思想政治教育的，《固本铸魂　整体育人——访重庆市沙坪坝区教委主任肖长树》和《重庆市凤鸣山中学　群凤和鸣铸魂育人》是关于学校思想政治教育的，《用"巴山精神"铸魂育人》和《引领方向　铸魂育人　保障发展——山东能源新矿集团创新思想政治工作引领企业转型发展》是关于企业思想政治教育的。

纵观1995年至2014年这20年的研究文献发现，一方面每年发表的文章数量多则九篇少则一篇，一直没有突破个位数；另一方面，文章篇名中"铸魂育人"和"育人铸魂"都有使用，后来多使用"铸魂育人"。有些文章还把"铸魂"和"育人"分开使用，但是对于"铸魂育人"和"育人铸魂"的含义没有明确的区分，甚至"铸魂"和"育人"分开使用，也只是为了语言表达的需要，并没有对二者的含义进行理论上的探讨。

2.“新古田会议”之后的研究内容与特点

“新古田会议”至2020年5月，关于铸魂育人的研究，除了篇名基本统一使用“铸魂育人”和每年文献发表数量增多至十几、上百篇以外，还有三个显著变化。

（1）铸魂育人研究由先进事迹报道、实践总结、经验介绍等走向深层次的学术理论探讨，发表在核心期刊的高水平研究文献增多。比如，2015年李忠军在《思想理论教育导刊》上发表的《“铸魂育人”是思想政治教育本质核心内涵的探讨》认为，铸魂育人中的信仰、价值和精神构成思想政治教育意识形态性的核心要素，其“三位一体”构成思想政治教育意识形态性的基本结构。在当前，铸魂育人包含中国梦、社会主义核心价值观与中国精神“三位一体”的灵魂铸塑过程，是思想政治教育本质核心内涵所规定的时代任务①。2015年史巍在《思想理论教育》上发表的《铸魂育人中灵魂范畴的唯物主义解读》，在唯物主义语境下重新理解灵魂范畴，与灵魂的唯心主义理解方式相伴，唯物主义灵魂范畴也在历史发展中逐渐形成，朴素唯物主义和形而上学唯物主义以“概念诠释”为核心，对灵魂范畴做出依赖物质或肉体的整个精神或意识世界的实体性理解；马克思主义经典作家以“范式转换”为核心，确立起以实践论和生存论范式在人的社会历史生成中思考灵魂，并尝试廓清灵魂的性质内涵，逐渐形成铸塑灵魂基本方式的思路；伴随社会发展不断明确灵魂的时代内涵，探索不同群体铸塑灵魂的方式，使灵魂概念在时代发展中具象化和现实化，并不断实现拓展与深化②。

2016年《社会科学战线》上同期发表的4篇文章，李忠军的《当代中国铸魂育人问题论析》、史巍的《社会主义核心价值观：铸魂育人有效落实的整体统筹》、张利明的《中华优秀传统文化：铸魂育人的精神滋养》、杨

① 李忠军.“铸魂育人”是思想政治教育本质核心内涵的探讨[J].思想理论教育导刊，2015(10)：104-108.

② 史巍.铸魂育人中灵魂范畴的唯物主义解读[J].思想理论教育，2015(11)：49-56.

峻岭的《时代精神：铸魂育人的重要精神支撑》，以及2017年杨峻岭在《思想理论教育导刊》上发表的《试论弘扬雷锋精神在铸魂育人中的价值》，2019年刘健璋在《广西社会科学》上发表的《新时代铸魂育人的要素构成、现实表征与实践理路——基于习近平关于铸魂育人重要论述的探析》等，分别从不同角度对铸魂育人的内涵以及习近平关于铸魂育人的重要论述进行了理论探讨。而对“铸魂育人”内涵研究较为全面细致的，是2017年钟启东的博士论文《习近平铸魂育人思想研究》。

（2）党的十九大之后，关于铸魂育人的研究一方面沿袭2014年“新古田会议”之前的风格，较多集中在工作实践探索、宣传报道和事迹介绍等方面，另一方面，习近平新时代中国特色社会主义思想“三进”研究成为学校铸魂育人实践研究的主旋律。关于先进事迹报道、工作实践探索等的文章有很多，比如，2017年刘晓林、玉茗在《现代企业文化》（上旬）上发表的《铸魂育人聚能量　以文塑企促发展——访国美酒业集团、浮来春集团董事长武玉杰》，2017年曾建平在《江西日报》上发表的《创新思想政治工作模式　以弘扬井冈山精神引领铸魂育人工程》，2017年《当代兵团》发表的没有署名的文章《“四有”军人　铸魂育人　强军兴军》，2018年王娟在《经济研究导刊》上发表的《创新发展先进军营文化　持续强化铸魂育人功能》，2018年郭连云在《青海日报》上发表的《铸魂育人：师德建设的使命》，2019年王石在《中国职业技术教育》上发表的《用高职“思政金课”铸魂育人》，2019年邱水平在《人民论坛》上发表的《坚持立德树人　铸魂育人　深入推进思想政治理论课改革创新》，2019年周建松在《中国职业技术教育》上发表的《发扬伟大革命精神　引领新时代铸魂育人工程》等。

习近平新时代中国特色社会主义思想“三进”研究是党的十九大胜利召开后铸魂育人实践研究的一大热点。为了贯彻落实党的十九大精神，中共教育部党组于2017年底发布了《高校思想政治工作质量提升工程实施纲要》，强调深入推动习近平新时代中国特色社会主义思想进教材、进课堂、进头脑。根据“三进”工作实践的需要，国内学术界研究成果丰硕。截至

2020年5月，在中国知网数字平台，以“习近平新时代中国特色社会主义思想‘三进’”为篇名或主题进行搜索发现，党的十九大胜利闭幕之后的两年多时间，习近平新时代中国特色社会主义思想“三进”工作的研究成果丰富，而且高质量的研究成果也较多。基于文献数量较多，通过筛选，对部分具有代表性的质量较高的文献梳理分析发现，学者们的研究兴趣主要集中在习近平新时代中国特色社会主义思想“三进”的内涵、内在关系、重要意义等方面。

第一，学者们从两个角度对“三进”的内涵进行了界定。一是总体层面。比如，徐建飞在《习近平新时代中国特色社会主义思想“三进”的评估体系研究》中认为，习近平新时代中国特色社会主义思想“进教材、进课堂、进头脑”是党的理论创新由教材到课堂再到头脑的过程，是实现理论体系向教材体系转化，教材体系向教学体系转化，教学体系向知识体系、价值体系转化的层次推移①。王殿文在《推动习近平新时代中国特色社会主义思想“三进”工作的若干思考》中认为，推动习近平新时代中国特色社会主义思想“三进”工作，核心要义是通过“进教材、进课堂和进头脑”的方式，使当代大学生增强道路自信、理论自信、制度自信和文化自信，直面现实问题，从而在实现中华民族伟大复兴的征程中，为祖国和人民做出积极贡献②。二是具体层面。比如，周良发、余蕾、杨娜在《习近平新时代中国特色社会主义思想“三进”工作的困境与出路》中认为，进教材就是要把习近平新时代中国特色社会主义思想融入教材之中，实现理论体系向教材体系转变；进课堂就是打造有品质的思想政治理论课堂，将教材体系转化为教学体系；进头脑就是将教材体系和教学体系转化为广大师生的价值体系，使习近平新时代中国特色社会主义思想成为高校师生学习生活

① 徐建飞.习近平新时代中国特色社会主义思想“三进”的评估体系研究[J].渭南师范学院学报，2018(22):31-36.

② 王殿文.推动习近平新时代中国特色社会主义思想“三进”工作的若干思考[J].长春理工大学学报(社会科学版),2019(1):6-10.

的基本遵循[①]。吴爱萍在《推进习近平新时代中国特色社会主义思想“三进”的思考——以“概论”课为例》中认为，进教材就是要把马克思主义中国化最新的理论成果及时主动编入教案和课件中，将其主要思想和基本方略融入现有的教材体系中加以阐述；进课堂就是实现从教材体系向教学体系的转化；进头脑是指通过高校思想政治理论课教育教学，使学生在真正理解和领会习近平新时代中国特色社会主义思想的科学内涵和精神实质的基础上，能够自觉运用马克思主义科学的世界观和方法论分析问题和解决问题，能够自觉运用马克思主义中国化的最新理论成果武装自己的头脑，并回答和解决改革开放和社会主义现代化建设中出现的新问题[②]。唐小芹在《论习近平新时代中国特色社会主义思想“三进”的多维路径》中提出，“系统进教材”是指内容有机融入，推动理论体系转化为教材体系；“生动进课堂”是指学子喜闻乐见，推动教材体系转化为教学体系；“扎实进头脑”是指学生真信真用，推动教学体系转化为价值体系[③]。

第二，学者们研究较多的是“三进”之间的内在关系，主要有以下几种代表性观点：一是“基础—目的”说。比如，何文校、陈亚敏在《习近平新时代中国特色社会主义思想“三进”研究》中认为，在“三进”工作，应该把“进教材、进课堂、进头脑”看作是一件事情的三个方面，这三个方面同时存在，同时起作用，形成合力；进教材、进课堂是基础，进头脑是最终目的，三者之间有机结合，最终才能将习近平新时代中国特色社会主义思想转化为生活哲学、行动哲学[④]。二是“起点—关键环节—根本目标”说。比如，赵军武在《让习近平新时代中国特色社会主义思想照耀青年学子心田》中认为，进教材是整个“三进”工作的起点，为进课堂、进

① 周良发，余蕾，杨娜．习近平新时代中国特色社会主义思想“三进”工作的困境与出路[J]．昆明理工大学学报（社会科学版），2018(4)：47-53.

② 吴爱萍．推进习近平新时代中国特色社会主义思想“三进”的思考——以“概论”课为例[J]．学校党建与思想教育，2018(3)：62-64.

③ 唐小芹．论习近平新时代中国特色社会主义思想“三进”的多维路径[J]．湖南省社会主义学院学报，2018(4)：11-14.

④ 何文校，陈亚敏．习近平新时代中国特色社会主义思想“三进”研究[J]．常州大学学报（社会科学版），2018(5)：1-8.

头脑工作奠定基础；进课堂是“三进”工作的关键环节，是对进教材的延伸和落实，对“进大学生头脑”这一最终目标的实现具有重要作用；进头脑是进教材和进课堂所要实现的根本目标[①]。三是“前提（条件）—渠道（主阵地）—目的（落脚点）”说。比如，王建国在《扎实推进习近平新时代中国特色社会主义思想“三进”的思考》中认为，推进习近平新时代中国特色社会主义思想“三进”工作，进教材是重要前提，进课堂是重要渠道，进头脑是重要目的[②]。谢传仓、洪雅在《对习近平新时代中国特色社会主义思想“三进”的几点思考》中主张，习近平新时代中国特色社会主义思想进教材是前提条件，进课堂是主阵地，进学生头脑是落脚点[③]；肖旻在《对习近平新时代中国特色社会主义思想‘三进’的几点思考》中认为，“进教材”是“三进”的前提和基础，“进课堂”是“三进”的核心和关键，“进头脑”是目标和落脚点[④]。

第三，学者们探讨较多的是“三进”的重要意义。对于为什么要推进“三进”工作？它具有什么样的现实意义？学者们主要从四个视角进行阐述。一是基于高校发展的视角。比如，王建国在《扎实推进习近平新时代中国特色社会主义思想“三进”的思考》中认为，习近平新时代中国特色社会主义思想“三进”是高校坚持社会主义办学方向的根本保证，是高校培养担当民族复兴大任时代新人的时代需要，是高校加快建设中国特色世界一流大学的必然要求[⑤]。二是基于大学生发展的视角。比如，庞晶等在《习近平新时代中国特色社会主义思想在“概论”课中的供给理论与实施路

① 赵军武.让习近平新时代中国特色社会主义思想照耀青年学子心田[N].中国社会科学报，2017-11-29(6).

② 王建国.扎实推进习近平新时代中国特色社会主义思想“三进”的思考[J].国家教育行政学院学报，2017(12):3-8.

③ 谢传仓，洪雅在.对习近平新时代中国特色社会主义思想“三进”的几点思考[J].学校党建与思想教育，2018(22):21-23.

④ 肖旻.对习近平新时代中国特色社会主义思想“三进”的几点思考[J].湖南省社会主义学院学报，2018(3):81-83.

⑤ 王建国.扎实推进习近平新时代中国特色社会主义思想“三进”的思考[J].国家教育行政学院学报，2017(12):3-8.

径》中认为，“三进”有助于：坚定青年学生的理想和信仰，坚持“四个自信”，沿着正确方向前行；激发青年学生投身于社会主义现代化建设的热情，紧跟理论前沿，将热情转化成行动；鼓舞青年学生对习近平新时代中国特色社会主义思想进行传播、继承和发展，推动马克思主义中国化的进程①。三是基于高校、思想政治理论课和大学生的综合视角。如赵军武在《让习近平新时代中国特色社会主义思想照耀青年学子心田》中认为，“三进”工作是巩固和加强高校意识形态工作的迫切需要，是充分发挥课堂育人主渠道作用的有效保证，是切实落实立德树人根本任务的重要途径②；吴爱萍在《推进习近平新时代中国特色社会主义思想“三进”的思考——以“概论”课为例》中认为，推进习近平新时代中国特色社会主义思想“三进”是用马克思主义中国化最新理论成果武装大学生头脑的重大举措，是加强和改进高校思想政治理论课教育教学的迫切需要，是助力大学生成长成才，培养合格的社会主义建设者和可靠接班人的必然要求③。四是基于“前提（基础）—核心（关键）—目标（根本）”教育教学体系视角。比如，杨晓军在《基于“三维协同”视角的习近平新时代中国特色社会主义思想“三进”研究》中指出，在“三进”工作中，进教材是前提和基础，进课堂是核心和关键，进学生头脑是目标和根本，从整体上构建了“三进”工作的总体布局④；周良发、余蕾、杨娜在《习近平新时代中国特色社会主义思想“三进”工作的困境与出路》中认为，“系统进教材”“生动进课堂”“扎实进头脑”三者既有其自身的相对独立性，又是一个密不可分的有机整体，其中“系统进教材”是前提，“生动进课堂”是关键，“扎实进头

① 庞晶，韩喜平，徐凤江．习近平新时代中国特色社会主义思想在“概论”课中的供给理论与实施路径[J]．学校党建与思想教育，2018(21)：59-62.

② 赵军武．让习近平新时代中国特色社会主义思想照耀青年学子心田[N]．中国社会科学报，2017-11-29(6).

③ 吴爱萍．推进习近平新时代中国特色社会主义思想“三进”的思考——以“概论”课为例[J]．学校党建与思想教育，2018(3)：62-64.

④ 杨晓军．基于“三维协同”视角的习近平新时代中国特色社会主义思想“三进”研究[J]．黑河学刊，2018(6)：80-82.

脑”是目标，三者相辅相成、相得益彰，构成一个完整的教育教学体系[①]。

在“三进”的保障机制方面，周良发、余蕾、杨娜在《习近平新时代中国特色社会主义思想“三进”工作的困境与出路》中具体建议，构建“三进”工作保障机制，需要把握三点：一是加强顶层设计，二是落实主体责任，三是组建师资队伍[②]。赵军武在《让习近平新时代中国特色社会主义思想照耀青年学子心田》中主张，构建“三进”工作保障机制，一要成立工作领导小组，全面部署和统筹安排“三进”工作，做好组织保障；二要成立研究中心，做好机构保障；三要建立“三进”团队，抓好师资保障[③]。吴爱萍在《推进习近平新时代中国特色社会主义思想‘三进’的思考——以“概论”课为例》中，从三个方面分析了“三进”的保障措施：其一，认真学习和深刻领会习近平新时代中国特色社会主义思想的精神实质和丰富内涵是推进“三进”工作的基础和前提；其二，加强高校思想政治理论课教师队伍建设，打造一支理想信念坚定、理论功底深厚、教学水平高的教师队伍是推进“三进”工作的重要环节；其三，坚持主渠道与多渠道相结合的原则，构建“大思政”教育体系，注重协同推进，是实现“三进”的必要条件[④]。王建国在《扎实推进习近平新时代中国特色社会主义思想‘三进’的思考》中强调，科学构建“三进”的保障机制应注意四点：一是以强化主体责任落实为“牛鼻子”，完善“三进”的组织保障；二是以做大建强各类机构为突破口，夯实“三进”的平台基础；三是以加强师资队伍建设为着力点，落实“三进”的人才支撑；四是以严格执行督查考评为主

① 周良发，余蕾，杨娜．习近平新时代中国特色社会主义思想“三进”工作的困境与出路[J]．昆明理工大学学报(社会科学版)，2018(4)：47-53.

② 周良发，余蕾，杨娜．习近平新时代中国特色社会主义思想“三进”工作的困境与出路[J]．昆明理工大学学报(社会科学版)，2018(4)：47-53.

③ 赵军武．让习近平新时代中国特色社会主义思想照耀青年学子心田[N]．中国社会科学报，2017-11-29(6).

④ 吴爱萍．推进习近平新时代中国特色社会主义思想“三进”的思考——以“概论”课为例[J]．学校党建与思想教育，2018(3)：62-64.

抓手，强化“三进”的激励与问责机制[①]。

此外，还有一些学者对“三进”的理论依据、基本原则、现实困境、协同机制、评估（评价）体系等方面也进行了研究和探讨，这些研究对于高校铸魂育人协同机构构建研究有着重要的启发和指导意义。

以上分析不难看出，从篇名看关于习近平新时代中国特色社会主义思想“三进”协同机制研究，目前只有杨晓军的《基于“三维协同”视角的习近平新时代中国特色社会主义思想“三进”研究》和周良发等的《习近平新时代中国特色社会主义思想“三进”协同机制探究》两篇文章。可见，关于习近平新时代中国特色社会主义思想“三进”协同机制研究方面还有很大的发展空间。

（3）2019年习近平总书记在学校思想政治理论课教师座谈会上讲话后，铸魂育人研究多以“用习近平新时代中国特色社会主义思想铸魂育人”为篇名。这一方面反映了学术界对习近平总书记在学校思想政治理论课教师座谈会上的讲话精神的宣传贯彻，另一方面也明确其研究铸魂育人的内容是习近平新时代中国特色社会主义铸魂育人，时代主题非常鲜明。

2019年3月18日，习近平总书记主持学校思想政治理论课教师座谈会时强调“用新时代中国特色社会主义思想铸魂育人”，总书记的讲话极大地推动了习近平新时代中国特色社会主义思想“三进”研究的进一步发展。截至2020年5月，在中国知网数字平台，以“习近平新时代中国特色社会主义思想铸魂育人”为主题，进行搜索发现，截至2020年5月，短短一年多时间，有几十篇高质量的文章发表。经过筛选，我们对部分具有代表性的成果进行概要梳理分析，发现学者们的研究具有以下特点：

第一，学习宣传贯彻落实习近平总书记在学校思想政治理论课教师座谈会上的讲话精神。比如，2019年《中国农村教育》上发表的《用新时代中国特色社会主义思想铸魂育人　贯彻党的教育方针落实立德树人根本任务》，2019年《人民教育》上发表的《用新时代中国特色社会主义思想铸

① 王建国.扎实推进习近平新时代中国特色社会主义思想“三进”的思考[J].国家教育行政学院学报，2017(12)：3-8.

魂育人　贯彻党的教育方针落实立德树人根本任务》，2019年《旗帜》上发表的《习近平：用新时代中国特色社会主义思想铸魂育人　贯彻党的教育方针落实立德树人根本任务》，2019年《新西藏》（汉文版）上发表的《用习近平新时代中国特色社会主义思想铸魂育人　努力培养担当民族复兴大任的时代新人》，2019年《西藏教育》上发表的《用习近平新时代中国特色社会主义思想铸魂育人——全区学校思想政治理论课教师座谈会在拉萨召开》等。这些文章对习近平总书记在学校思想政治理论课教师座谈会上的讲话内容进行宣传，同时对各地各单位学习贯彻习近平总书记在学校思想政治理论课教师座谈会上的讲话精神的活动进行报道。

第二，结合教育教学工作实际，论述学校思想政治理论课对“习近平新时代中国特色社会主义思想铸魂育人”的贯彻落实。比如，2019年陈占安在《思想理论教育》上发表的《用习近平新时代中国特色社会主义思想铸魂育人——论新时代高校思想政治理论课的历史使命》，从学生思想政治教育的客观规律和大中小学思想政治教育的分工角度，认为高校思想政治理论课立德树人任务最艰巨最重要，并认为可以分解为四个具体部分①。2019年姜琳琳、周盼盼在《长春理工大学学报（社会科学版）》上发表的《用习近平新时代中国特色社会主义思想铸魂育人的三维向度》认为，用习近平新时代中国特色社会主义思想铸魂育人是新时代的呼唤，要从提高政治站位、把握“三因”方式、推进“三进”工作维度入手，培养新时代中国特色社会主义事业的合格建设者和接班人②。沈千帆、杨蕾在《前线》上发表的《引导学生扣好人生第一粒扣子——用习近平新时代中国特色社会主义思想铸魂育人》提出，新时代办好思想政治理论课，把深入推进理论

① 陈占安.用习近平新时代中国特色社会主义思想铸魂育人——论新时代高校思想政治理论课的历史使命[J].思想理论教育，2019(5)：4-9.

② 姜琳琳，周盼盼.用习近平新时代中国特色社会主义思想铸魂育人的三维向度[J].长春理工大学学报(社会科学版)，2019(6)：1-4.

研究作为出发点、把改革创新思政课程作为着力点、把配齐建强教师队伍作为支撑点三点建议①。2020年狄涛在《思想教育研究》上发表的《牢牢抓住新时代学校思想政治理论课改革创新的纲　坚持不懈以习近平新时代中国特色社会主义思想铸魂育人》提出，做好“主心骨”，加强党对思想政治理论课建设的领导；驱动“主引擎”，增强思想政治理论课的思想性、理论性和亲和力、针对性；建强“主力军”，让有信仰的人讲信仰②。

第三，结合习近平总书记在学校思想政治理论课教师座谈会上的讲话精神，对“习近平新时代中国特色社会主义思想铸魂育人”的内涵进行了深刻的解读和探析。比如，2019年李忠军在《中国高校社会科学》上发表的《用习近平新时代中国特色社会主义思想铸魂育人》提出并深刻探析了思想政治理论课的本质在于铸魂育人、习近平新时代中国特色社会主义思想是思想政治理论课铸魂育人的根本遵循的观点，同时对“守好铸魂育人主阵地，推动思想政治理论课改革创新”给出了理论创新、教师队伍建设、遵循“八个统一”和坚持党的领导等四点建议③。2019年7月10日李红权、张春宇在《思想理论教育》上发表的《用习近平新时代中国特色社会主义思想铸魂育人的内在机理分析》认为，用习近平新时代中国特色社会主义思想铸魂育人，就是运用习近平新时代中国特色社会主义思想武装人的头脑，铸造人的理想信仰，培育人的精神世界，引领人的价值观念，通过科学真理的内化，实现人的思想到行为的整体转变，外化为科学真理指导下的实践行为。习近平新时代中国特色社会主义思想具有真理性，人的思想行为具有可铸塑性，是习近平新时代中国特色社会主义思想铸魂育人的逻辑基础和前提。铸魂育人的实现过程体现了理论与人的思维、利益、思想、

① 沈千帆，杨蕾．引导学生扣好人生第一粒扣子——用习近平新时代中国特色社会主义思想铸魂育人[J]．前线，2019(8)：74-76.

② 狄涛．牢牢抓住新时代学校思想政治理论课改革创新的纲 坚持不懈以习近平新时代中国特色社会主义思想铸魂育人[J]．思想教育研究，2020(3)：88-91.

③ 李忠军．用习近平新时代中国特色社会主义思想铸魂育人[J]．中国高校社会科学，2019(3)：7-11.

行为的统一[①]。2019年谷佳媚、周静在《思想教育研究》上发表的《习近平新时代中国特色社会主义思想铸魂育人的逻辑分析》认为，习近平新时代中国特色社会主义思想之所以能铸魂育人，不仅在于铸魂育人是意识形态的本质要求，还在于主流意识形态是个体政治灵魂生成的中介和社会共识凝聚的基础，更在于其继承了马克思主义的铸魂育人思想。习近平新时代中国特色社会主义思想因其秉承了传统文化和时代要求的统一、理想信念和现实状况的统一、远大理想和共同理想的统一，而具有了铸魂育人的可能性。推动习近平新时代中国特色社会主义思想铸魂育人，要在理念上实现理论认知向信仰实践转化，在方式上实现从现实社会空间向虚拟网络空间延伸、从整体性教育向点滴性渗透转化、从政治话语向生活话语转换[②]。

二、高校思想政治教育协同育人机制研究现状

将“协同育人”理念融入大学生思想政治教育工作研究，目前尚处于起步阶段。截至2020年5月，在中国知网数字平台上，分别以“协同育人”和“机制”为关键词进行检索，以“思想政治教育协同育人机制”为篇名进行检索，以“思想政治教育协同育人机制”为主题进行检索，以“思想政治教育协同育人”为主题进行检索，以“思想政治教育协同育人”为篇名进行检索，从发表年限看，文献主要发表在2014年至2020年，任何一种检索都是2019年文献发表最多。通过对文献分析发现，学者们的研究兴趣主要集中在高校思想政治协同育人的机制、模式、路径、机制构建、实践经验总结、原理理论、现存问题描述等几个方面。

1.高校思想政治教育协同育人机制研究

从文献数量上看，高校思想政治教育协同育人机制研究是“高校思想

① 李红权，张春宇.用习近平新时代中国特色社会主义思想铸魂育人的内在机理分析[J].思想理论教育，2019(7):43-48.

② 谷佳媚，周静.习近平新时代中国特色社会主义思想铸魂育人的逻辑分析[J].思想教育研究，2019(11):3-7.

政治教育协同育人”研究中最多的一个方面。从研究内容看，有总体上论述协同机制构建的，比如，2017年范芹发表的硕士论文《大学生思想政治教育协同育人机制研究》，从高校内部各育人主体相互协同、高校之间相互配合、高校与校外育人主体相互补充三个层面进一步拓宽了协同育人的领域，同时配以激励机制和保障机制，力求形成一套较为完整的大学生思想政治教育协同育人机制[①]；2014年孙健在《学校党建与思想教育》上发表的《论协同育人视角下高校思想政治工作机制及实践反思》强调，要在高校内部实现党委领导、内部目标统一[②]；2012年李祖超、梁春晓在《中国高教研究》上发表的《协同创新运行机制探析——基于高校创新主体的视角》强调，高校内各子系统之间要协调共振、相互配合、相互合作，总体效果要优于单独效果之和[③]；2019年任亮、朱飞在《中国高校科技》上发表的《供给侧改革下高校协同育人平台运行机制研究》，基于高校协同育人平台组织管理形态、运作模式、合作内容与程度、合作方式等不同维度，提出基于供给侧改革高校协同育人平台运行机制的四种类型，并从明晰协同育人发展理念、优化配置协同育人资源、完善协同育人实现方式方面探索高校协同育人平台运行机制的可为路径[④]。

此外，有一些高校思想政治教育与心理健康教育协同育人机制研究的文章。比如，2014年申青的硕士论文《高校思想政治教育和心理健康教育协同作用研究——以西北农林科技大学为例》，2016年刘薇在《黑河学院学报》上发表的《高校思想政治教育和心理健康教育协同探究》，2018年简福平在《重庆理工大学学报（社会科学版）》上发表的《新时代高校思想政治教育与心理疏导协同育人探析》，2019年齐桂林在《辽宁经济职业技术学院·辽宁经济管理干部学院学报》上发表的《高校思想政治教育与

① 范芹.大学生思想政治教育协同育人机制研究[D].天津:天津工业大学,2017.

② 孙健.论协同育人视角下高校思想政治工作机制及实践反思[J].学校党建与思想教育,2014(24):63-64.

③ 李祖超,梁春晓.协同创新运行机制探析——基于高校创新主体的视角[J].中国高教研究,2017(7):81-84.

④ 任亮,朱飞.供给侧改革下高校协同育人平台运行机制研究[J].中国高校科技,2019(6):47-50.

心理健康教育协同育人机制研究》，2019年刘洋在《中国成人教育》上发表的《高校心理健康与思想政治教育协同育人机制研究》，2019年付志伟在《福建茶叶》上发表的《高职院校思想政治教育与心理健康教育协同育人工作机制创新研究》，2019年李便在《吉林工程技术师范学院学报》上发表的《高校思想政治教育与心理健康教育协同探析》等。还有其他主体协同、渠道协同、领域协同等高校思想政治教育协同育人机制研究的文章。比如，2017年李春华在《北京印刷学院学报》上发表的《高校专业教师和思想政治教育工作者协同育人机制的探索》，2017年岳鹏、许庆荣在《学校党建与思想教育》上发表的《高校学生思想政治教育主渠道主阵地协同育人机制专题研讨会综述》，2018年余敏在《通化师范学院学报》上发表的《以导师团为契机专业教师与思想政治教育工作者协同育人机制研究》，2019年龙一菲在《创新创业理论研究与实践》上发表的《独立学院思想政治教育与职业生涯规划教育协同育人机制探究》等。

2.高校思想政治教育协同育人模式研究

第一是不同育人主体协同的思想政治协同育人模式研究。比如，2015年刘琳在《理论观察》上发表的《高校思想政治教育协同育人问题探讨——基于辅导员与思政课教师的视角》，针对两支队伍的工作现状，提出要在激发内生动力、打通课堂教学、开辟网络阵地、完善保障机制等四个方面着手，探讨思想政治教育协同育人问题，助推高校宣传思想工作大格局的构建①。2019年李渝萱的硕士论文《“三支队伍”整合视域下大学生思想政治教育协同育人模式研究》中，对学校党政干部和共青团干部，思想政治理论课和哲学社会科学课教师，辅导员和班主任“三支队伍”整合下思想政治教育协同育人模式的概念内涵、基本特征、构建意义、存在的问题、构建原则、效能等方面进行了较为具体全面的分析②。

第二是创新创业教育、党建、美育、大学生健康教育、安全教育、展

① 刘琳.高校思想政治协同育人问题探讨——基于辅导员与思政课教师的视角[J].理论观察，2015(10):128-129.

② 李渝萱.“三支队伍”整合视域下大学生思想政治教育协同育人模式研究[D].南充:西华师范大学，2019.

示设计专业课程等其他教育与思想政治教育协同育人模式的研究。比如，2014年袁小平在《教育评论》上发表的《高校思想政治教育与创新创业教育的协同育人模式研究》，2018年杨兆宇在《吉林工程技术师范学院学报》上发表的《思想政治教育与创新创业教育协同育人模式研究》，2018年左盼盼在《科技经济导刊》上发表的《高校党建工作与思想政治教育协同育人模式研究——以“三全育人”机制为构建模式》，2019年庄伟在《法制博览》上发表的《试论大学生党建与思想政治教育协同育人模式的构建》，2019年蒋长妮在《国际公关》上发表的《新时代高校思想政治教育与美育协同育人教育模式的探究》，2019年雷旭曦的硕士论文《大学生健康教育与思想政治教育协同育人研究》，2019年魏敏在《中国安全生产科学技术》上发表的《心理学视角下大学生安全教育与思政教育协同育人机制——评〈高校学生思想政治教育与心理健康〉》，2020年赵飞乐、李沅泽在《科技风》上发表的《展示设计专业课程与思想政治教育协同育人教学改革模式探究》等。

第三是高校思想政治教育不同形式和载体的协同育人模式研究。比如，2017年冯刚在《学校党建与思想教育》上发表的《思想政治理论课与日常思想政治教育协同育人的理论思考》，2014年龙妮娜在《思想理论教育》上发表的《大学生思想政治教育网上网下协同育人模式刍议》，2017年杨果、唐亚阳在《学校党建与思想教育》上发表的《网上网下思想政治教育协同育人的三重维度》，2018年徐妍艳在《法治与社会》上发表的《思想政治理论课与日常思想政治教育协同育人的理论思考》，2019年汪琼芝在《思想理论教育导刊》上发表的《思想政治教育全过程融入专业社会实践协同育人模式初探》，2019年卿云在《贵州广播电视大学学报》上发表的《高校思想政治教育的显性与隐性协同育人机制探析》，2019年郝健强在《产业与科技论坛》上发表的《高校宿舍管理与思想政治教育协同育人实践研究》，2020年姜鹏在《湖北开放职业学院学报》上发表的《网络思想政治教育协同育人模式的构建与完善》，等等。

3.高校思想政治教育协同育人路径研究

在高校思想政治教育协同育人路径研究方面有综合论述的文章，也有某两种教育路径融合或协同研究的文章。综合论述的文章，比如，2019年6月李亚丹的硕士论文《高校思想政治教育协同育人路径研究》，2019年王雪燕、张强、谢昌醒在《教育教学论坛》上发表的《高校思想政治教育协同育人机制构建路径探析》等；某两种教育路径融合或协同研究的文章，比如，2019年李淑娟在《学校党建与思想教育》上发表的《高校思想政治教育与创业教育协同育人路径探索》，2019年周士荣在《中国校外教育》上发表的《浅析高校创业教育与思想政治教育协同育人路径》，2020年张慧娟在《福建茶叶》上发表的《多元文化背景下高校思政教育融入茶文化的路径研究》，2020年郭雅菲、王小琴在《运城学院学报》上发表的《三晋家训文化融入高校思想政治教育研究》等。

此外，还有从协同理论视角对高校思想政治教育协同育人路径提出建议的文章。比如，2017年孙丽在《内蒙古财经大学学报》上发表的《整体协同性对高校思想政治教育的启示》中提出，立足整体协同性思维，进一步强化高校思想政治理论课教育教学在引领大学生思想中的主导作用；结合地方文化实际，系统探索网络环境下思想政治教育创新途径；积极创设条件推进系统化教师培养机制，进一步提高思想政治理论课教师的综合素质[①]。2017年朱险峰在《林区教学》上发表的《整体协同性对高校思想政治教育的启示》，通过对整体性与协同性在高校思想政治教育中的实际应用分析，探索整体协同性对高校思想政治教育工作带来的启示等[②]。

4.高校思想政治教育协同育人机制构建研究

高校思想政治教育协同育人机制构建研究方面文章也有很多。比如，2013年李成龙在《研究生教育研究》上发表的《研究生思想政治教育协同机制的构建》，2012年丁晓昌在《中国高等教育》上发表的《推进协同育人提升教学质量》，2014年王洪贤、杨越明在《重庆交通大学学报》（社会

① 孙丽.整体协同性对高校思想政治教育的启示[J].内蒙古财经大学学报，2017（1）：82–85.

② 朱险峰.整体协同性对高校思想政治教育的启示[J].林区教育，2017（10）：7–8.

科学版）上发表的《论大学生思想政治教育协同创新机制构建》，分别以实现教育主体协调、教育内容整合、教育载体配合，政府统筹、行业统筹、科教结合相协同，专业学科、管理制度、校园文化相结合的育人机制为目标，为构建大学生思想政治教育协同育人运行机制提供方法论指导。

5.高校思想政治教育协同育人实践工作经验总结

2018年盛立强、杨思东在《职教论坛》上发表的《职业院校校企合作协同育人的探索与实践——以苏州经贸职院物流管理专业“四进四化”模式为例》，从我国高等职业教育校企合作协同育人工作出发，对“四进四化”嵌入式人才培养模式进行了全面的总结和分析[①]。2018年方健、甄国红、邵芳在《职业技术教育》上发表的《“双融入式”产学研用协同育人人才培养模式探索与实践——以吉林工程技术师范学院汽车服务工程专业为例》，对于“双融入式”产学研用的协同育人人才培养模式进行了实践性的研究和探索[②]。2018年范大波、沈先荣、雷彩虹等在《职业技术教育》上发表的《高职市政专业“需求导向、双重主体”协同育人模式创新》，提出了需求导向、双重主体的协同育人模式，他们认为校企协同的合作育人模式既能培养学生的职业能力，又能强化教学效果，最终达到双赢[③]。2016年詹勇、王文婷在《中国高等教育》上发表的《建立基于供给侧改革的协同育人平台运行机制》认为，高校协同育人机制是一种教学组织形式的创新，高校通过与企业和科研单位等组织建立实体性平台，能够充分调动与发挥政策、人才、技术、资金、设备、信息等多方面资源在高校协同育人机制中的作用[④]。

① 盛立强，杨思东．职业院校校企合作协同育人的探索与实践——以苏州经贸职院物流管理专业“四进四化”模式为例[J]．职业论坛，2018(5)：113-118.

② 方健，甄国红，邵芳．“双融入式”产学研用协同育人人才培养模式探索与实践——以吉林工程技术师范学院汽车服务工程专业为例．职业技术教育[J]，2018(1)：35-38.

③ 范大波，沈先荣，雷彩虹等．高职市政专业“需求导向、双重主体”协同育人模式创新[J]．职业技术教育，2018(5)：26-30.

④ 詹勇，王文婷．建立基于供给侧改革的协同育人平台运行机制[J]．中国高等教育，2016(10)：24-27.

6.高校思想政治教育协同育人原理的理论研究

早在1995年郑永廷在《中国高教研究》上发表的《新形势下高校德育发展研究》，就德育与其他相关领域的整合发展提出了新观点，他认为这种整合发展未来主要集中在宏观、未来、交叉及微观等领域，而在交叉领域的整合发展上，主要是德育与智育及环境的整合①。2003年秦在东在论著《思想政治教育管理论》中认为，从某种意义上讲，意识形态工作就是思想政治教育工作，意识形态管理就是思想政治教育管理。强调意识形态的社会管理既是一个标准化的思想工程，也是一个科学化的系统工程，因此要加强意识形态社会管理过程的有序性和科学性②。2004年熊建生在《思想教育研究》上发表的《论思政教育内容的系统构建》，进一步探讨了思想政治教育内容的系统构建，他指出教育内容的系统性应该包括教育过程的协调性、教育内容的全面性及发展性③。

7.高校思想政治教育协同育人现存问题研究

2017年刘学忠在《国家教育行政学院学报》上发表了《地方应用型大学协同育人体制机制新探》，指出当前许多地方高校的协同育人存在主体单一、合作内容窄化、动力机制弱化、协作机制软化、评价机制匮乏等问题④。2018年武智在《教育与职业》上发表了《关于构建高职教育政企校协同育人共同体的思考》，分析了高职教育政企校协同育人存在的政府层面、企业层面、院校层面和高职教育教学管理层面的问题及原因⑤。2018年金爱国、吴加权、邢晖在《教育与职业》上发表了《对高职院校思政教育协同育人的思考》，指出当前高职院校的思想政治教育协同育人存在协同力度不够、功能不全、机制不完善、具体实施环节薄弱等现实方面的困境⑥。2017年孙红艳在《教育与职业》上发表了《论高职院校“校企”跨

① 郑永廷.新形势下高校德育发展研究[J].中国高教研究，1995(5)：17-23.

② 秦在东：思想政治教育管理论[M].武汉：湖北人民出版社，2003：265.

③ 熊建生.论思政教育内容的系统构建[J].思想教育研究，2004(3)：2-5.

④ 刘学忠.地方应用型大学协同育人体制机制新探[J].国家教育行政学院报，2019(9)：67-72.

⑤ 武智.关于构建高职教育政企校协同育人共同体的思考[J].教育与职业，2018(10)：49-52.

⑥ 金爱国，吴加权，邢晖.对高职院校思政教育协同育人的思考》[J].教育职业，2018(14)：105-108.

区域协同育人》，指出我国跨区域合作办学还存在行政指令导向明显、协同主体缺乏长效联动机制、合作办学层次浅以及合作内容较为单一等问题[①]。

以上文献对高校思想政治教育协同育人机制虽有多角度多层次的研究，但在广度、深度、全面性和系统性等方面还有进一步深入研究的必要。2016年郑春吉的《协同理论视域下的高校大学生思想政治教育工作机制优化研究》一文不仅对高校思想政治工作机制优化的背景、价值内涵、理论基础和构成要素进行了深入分析，还从树立理念、完善制度、构建平台和培育环境四个方面阐述了大学生思想政治教育工作机制优化的实现路径，可以说是较为全面、系统、深入地研究了高校思想政治工作的重点和落脚点。

第四节　研究思路与方法

一、研究思路

第一，通过文献研究，本书对新时代、铸魂育人、协同育人、机制、思想政治教育机制等内涵进行了界定和解读，深刻剖析高校铸魂育人协同机制构建的内涵、理论依据等。第二，通过问卷调查、实地访谈、网络搜索等途径对高校思想政治教育及其协同育人的现状进行调查研究，系统分析高校思想政治教育及其协同育人所取得的主要成就和存在的主要问题及其多层次原因。第三，立足当前高校铸魂育人协同机制构建的基础和条件，充分借鉴和运用系统论、协同论等相关理论，确立高校铸魂育人协同机制构建的指导思想和基本原则。第四，在明确了高校铸魂育人协同机制的指导思想和基本原则的前提下，从校内、校际、校外、课程、线上线下五个方面分别探索构建高校铸魂育人校内协同机制、校际协同机制、校外协同

① 孙红艳.论高职院校“校企”跨区域协同育人[J].教育与职业,2017(14):45-49.

机制、课程协同机制、线上线下协同机制。最后，为了确保高校铸魂育人协同机制的顺利构建和良好运行，还探讨了高校铸魂育人协同机制构建和运行的监督与评价机制和激励与保障机制。

二、研究方法

(一)文献研究法

通过网络、图书馆、资料室等途径检索、搜集和整理与本书研究相关的习近平新时代中国特色社会主义思想“三进”研究文献、习近平新时代中国特色社会主义思想铸魂育人研究文献、高校思想政治教育“三全育人”研究文献以及高校思想政治教育协同育人研究文献等资料，既有相关文件、会议报告、报纸文章、期刊论文，也有论著和会议文集等，从而较为全面正确地理解和掌握所要研究问题的现状和趋势，并在此基础上加以梳理、思考，去粗存精、批判借鉴、补其不足，从而进一步尝试探索创新。

(二)调查研究法

通过设计调查问卷和访谈提纲，以实地调查、深入访谈、座谈等方式，收集当前高校用习近平新时代中国特色社会主义思想铸魂育人、“三全育人”、协同育人等思想政治工作现状资料，通过对资料和数据进行统计分析，归纳出当前高校思想政治铸魂育人、协同育人工作中存在的问题，为进一步进行理论结合实际阐释高校铸魂育人协同机制构建的内涵和路径提供有力的支撑。

(三)系统分析法

系统分析法是指把要解决的问题作为一个系统，对系统要素进行综合分析，从而找出解决问题的可行方案或方法。本书研究着眼于整体与层次、环境、功能、部分及结构等之间的关系，把涉及的育人板块进行整合，从而构建完整和谐、系统科学的新时代高校铸魂育人协同机制。

（四）跨学科研究法

跨学科研究法是指运用多学科的理论、方法和成果从整体上对某一课题进行综合研究的方法。本书研究中充分借鉴和运用了系统论、协同论等相关研究理论，力图进一步推进高校铸魂育人工作协同机制的创新研究。

（五）比较研究法

比较研究法是根据一定的研究标准，对不同国家或地区的教育机制或教育实践进行比较研究，运用纵向和横向两种比较方法，最终找出教育的普遍性和规律性的一种研究方法。本书运用比较研究法对不同地区高校的课程思政建设情况进行分析，以期得到有价值的铸魂育人工作经验总结。

第二章　新时代高校铸魂育人协同机制的概念、内涵和理论依据

第一节　新时代高校铸魂育人协同机制的相关概念

用习近平新时代中国特色社会主义思想铸魂育人是新时代高校大学生思想政治教育一项新的重要任务，而思想政治教育是一门理论性和实践性都较强的学科，是高校铸魂育人工作的重要载体，对其进行深层次研究必须对相关理论概念进行深入的理解和把握。因此，对新时代、铸魂育人、协同育人、思想政治教育机制等相关概念的探究和辨析，就是为新时代高校铸魂育人协同机制的构建奠定坚实的科学理论基础。

一、新时代

马克思在《〈政治经济学批判〉序言》中指出："我们判断这样一个变革时代也不能以它的意识为根据；相反，这个意识必须从物质生活的矛盾中，从社会生产力和生产关系之间的现存冲突中去解释。"[①]历史唯物主义认为，社会主要矛盾是时代变革的基本动力和显著标识，构成时代划分的根本尺度。社会主要矛盾不变，则时代不变，社会主要矛盾发生变化，时

① 马克思，恩格斯．马克思恩格斯文集：第2卷[M]．北京：人民出版社，2009：592.

代必然发生变化[①]。

2017年10月18日，中国共产党第十九次全国代表大会在北京开幕，在开幕式上习近平总书记代表第十八届中央委员会向大会作了题为《决胜全面建成小康社会　夺取新时代中国特色社会主义伟大胜利》的报告。在报告中，习近平指出，"经过长期努力，中国特色社会主义进入了新时代，这是我国发展新的历史方位。"这一个重大判断，以马克思主义时代观为理论指导，以党的十八大以来全方位的、开创性的成就和深层次、根本性变革为现实根据，实现了马克思主义同中国实际相结合的历史性飞跃，深刻认识这一重大判断的科学性，对于准确把握当代中国的历史方位，以坚定自信的姿态开启新时代中国特色社会主义建设的伟大征程，具有重要意义。

进入新时代，是从党和国家事业发展的全局视野、从改革开放40年历程和党的十八大以来取得的历史性成就和历史性变革的方位上，所作出的科学判断。从中华民族复兴历程进程来看，中国特色社会主义进入新时代，意味着近代以来久经磨难的中华民族迎来了从站起来、富起来到强起来的伟大飞跃，迎来了实现中华民族伟大复兴的光明前景。从科学社会主义的发展进程看，中国特色社会主义进入新时代，意味着科学社会主义在21世纪的中国焕发出强大生机活力，在世界上高高举起了中国特色社会主义伟大旗帜。从人类历史进程看，中国特色社会主义进入新时代，意味着中国特色社会主义道路、理论、制度、文化不断发展，拓展了发展中国家走向现代化的途径，给世界上那些既希望加快发展又希望保持自身独立性的国家和民族提供了全新选择，为解决人类问题贡献了中国智慧和中国方案。

在新的历史条件下，要不忘初心，牢记使命。实现中华民族伟大复兴是新时代中国共产党的历史使命，也是近代以来中华民族最伟大的梦想。进入新时代，实现伟大梦想，必须进行伟大斗争、建设伟大工程、推进伟大事业。这个新时代，是承前启后、继往开来，在新的历史条件下继续夺取中国特色社会主义伟大胜利的时代。

① 张锐.新时代的科学根据[EB/OL].(2017-11-06)[2020-04-11].http://theory.people.com.cn/n1/2017/1106/c40531-29628836.html

本书“新时代高校铸魂育人协同机制构建研究”中的“新时代”指的就是中国特色社会主义进入了新时代，旨在突出本书研究的时代背景和特征。高校铸魂育人的协同机制构建，适应了当前高校思想政治教育教学改革创新的要求。

二、铸魂育人

2018年习近平总书记在全国教育大会上强调，教师是人类灵魂的工程师，是人类文明的传承者，承载着传播知识、传播思想、传播真理，塑造灵魂、塑造生命、塑造新人的时代重任。我们的教育必须把培养社会主义建设者和接班人作为根本任务，培养一代又一代拥护中国共产党领导和我国社会主义制度、立志为中国特色社会主义奋斗终生的有用人才。

那么，何谓铸魂育人？怎样铸魂育人？为谁铸魂育人？为了更好理解铸魂育人的概念内涵以及新时代高校铸魂育人的新任务新要求，这里有必要在唯物主义语境下对“灵魂”的范畴进行简单解读。当然，灵魂范畴概念有着鲜明的唯心主义色彩，苏格拉底、柏拉图、亚里士多德、普罗提诺、托马斯·阿奎那、笛卡尔、康德、黑格尔等大哲学家，都对灵魂问题做出了丰富而精深的讨论，留下诸多影响深远的灵魂论断。马克思对他们的灵魂学说有过精辟的评判，即“能动的方面却被唯心主义抽象地发展了”①，所以，我们对于灵魂范畴的解读特别强调了是唯物主义解读，是马克思主义理论视阈下的内涵解读和概念把握。在马克思看来，“全部社会生活在本质上是实践的。凡是把理论引向神秘主义的神秘东西，都能在人的实践中以及对这个实践的理解中得到合理的解决”②。

党的十八大报告指出，对马克思主义的信仰，对社会主义和共产主义的信念，是共产党人的政治灵魂。所谓“铸魂育人”，简言之，是指通过铸魂实现育人，在育人中完成铸魂，铸魂和育人一体同构、互为前提。所铸

① 马克思，恩格斯.马克思恩格斯选集：第1卷[M].北京：人民出版社，1995：54.

② 马克思，恩格斯.马克思恩格斯选集：第1卷[M].北京：人民出版社，1995：56.

之魂是体现着意识形态本质内涵和精神原则的“思想灵魂”，所育之人是符合政权巩固和社会发展要求的“有用之人”。铸魂育人作为意识形态教育传播的根本形式，反映着一定社会意识形态存在和发展的本质追求，表征着思想政治教育存在和发展的本质内涵。有什么样的意识形态，就会要求形成和开展与之相匹配的铸魂育人社会实践活动①。

铸魂育人是思想政治教育本质核心内涵的准确表达。首先在于其“魂”之内容蕴含思想政治教育意识形态性的关键要素，即思想中对价值的强调、政治中对信仰的凸显以及品德中对精神的重视；其次在于其“魂”之结构构成思想政治教育意识形态性三个层面的动态关系，思想政治教育意识形态中的信仰是主宰、价值是中介、精神是基础，三者既各司其职，又共同铸魂，是思想政治教育意识形态性动态结构的准确体现；最后在于“铸魂育人”彰显思想政治教育意识形态的本质功能。思想政治教育的使命和任务不仅体现为与一般教育活动立德树人根本任务的一致性，更突显思想政治教育对人灵魂的引领性和塑造性，强调德中之“魂”的特殊功能。当代思想政治教育应以“铸魂育人”为自身使命与任务，切实推进思想政治教育意识形态性的有效发挥，真正实现思想政治教育“无处不在，无处不有”②。

铸魂育人就是要用融涵民族精神和时代精神的当代中国精神铸育具有中国特色、中国风格、中国气派的当代“中国魂”。当代中国铸魂融涵了马克思主义信仰、中国梦理想信念、社会主义核心价值观、中国精神等核心内涵，育人同样也要围绕这些核心内涵展开。

铸魂育人是坚持立德树人的本质要求，是新时代思想政治工作的核心任务。贯彻落实铸魂育人，应牢牢把握住信仰、信念、信心三个关键点位和必要环节。对马克思主义的信仰、对中国特色社会主义的信念、对实现中华民族伟大复兴中国梦的信心分别构成了新时代铸魂育人的政治灵魂、

① 钟启东.习近平铸魂育人思想研究[D].长春:东北师范大学,2017年.

② 李忠军,“铸魂育人”是思想政治教育本质核心内涵的探讨[J].思想理论教育导刊,2015(10):105,107-108.

观念支撑、心理基础，为新时代铸魂育人提供了根本遵循、指明了时代方向、注入了强劲动力。全面实施铸魂育人工程，必须坚持以理论武装固“三信”、以科学方式育“三信”、以心理认同成“三信”，构建相互支撑、相互贯通的铸魂育人机制，三位一体合力铸魂[①]。

高校铸魂育人要把握好五个着力点：第一，坚持以马克思主义为指导。高校应坚持以马克思主义为指导，保持中国特色社会主义高校的本色、特色和坚实底气，重点是用习近平新时代中国特色社会主义思想铸魂育人，深化学生对马克思主义原理的理解、对马克思主义中国化历史进程和理论成果内在逻辑的认识。第二，完善全面培养的育人体系。着力完善德智体美劳全面培养的育人体系，是新时代高校铸魂育人工作的重中之重。第三，打造师德一流的教师队伍。建设政治素质过硬、业务能力精湛、育人水平高超的高素质教师队伍，是大学建设的基础性工作。第四，形成立德树人的强大合力。高校只有以树人为核心，以立德为根本，才能真正做到以文化人、以德育人，不断提高学生思想水平、政治觉悟、道德品质、文化素养，做到明大德、守公德、严私德。第五，构建气质独特的大学文化。高校需要结合自身优势培育蓬勃向上的大学文化，培育和践行社会主义核心价值观，推动社会主义核心价值观内化为大学生的个体价值观，做到以文育人、以文化人[②]。

铸魂育人是思想政治理论课的根本遵循，思想政治理论课“铸魂育人”的基本范畴是育心与导行，思想政治理论课“铸魂育人”的根本任务是立德与树人，思想政治理论课“铸魂育人”的实践反思是育人与育己[③]。

① 李忠军，杨科．新时代铸魂育人的关键：信仰、信念、信心[J]．思想理论教育，2019(6)：56-62.

② 袁占亭．高校铸魂育人的着力点[N]．光明日报，2019-07-05(6).

③ 宋婷．铸魂育人是思政课的根本遵循[EB/OL]．(2019-05-10)[2020-04-12].http://theory.gmw.cn/2019-05/10/content_32823194.htm.

三、整体性、协同性与协同育人

（一）整体性

20世纪中叶，美籍奥地利理论生物学家贝塔朗菲建立关于生命组织的有机体论，并由此发展成一般系统论。系统由要素或子系统构成，且为各个要素组织起来具有特定功能的相互联系、相互作用的整体。而系统论作为对系统哲学抽象的产物，要求人们从整体视角出发，全面、综合地分析系统中要素之间、要素与系统、系统与环境、不同系统的关系，从而掌握其内部联系和规律，以实现对系统的有效控制和改造。系统的本质属性包括整体性、关联性、层次性和统一性，其中整体性是系统的重要特征，系统的整体性能一般大于各要素的性能之和，任何要素一旦离开系统整体，就不再具有它在系统中所能发挥的功能，这也是系统整体性思想广为运用的根源。系统思想的核心问题是如何根据系统的本质属性使系统最优化，为此需要有效协调系统要素之间的关联，在处理系统问题时注意研究系统的结构与功能的关系，重视提高系统的整体功能。

高校思想政治教育是一个涉及多部门、多单位、多主体等具有复杂构成的大系统，且各子系统之间存在着密切关联。首先，该系统的首要子系统就是高校思想政治理论课教育教学，同时，该系统还包括高校其他课程的教学。思想政治理论课教育教学是高校意识形态教育的主渠道和主阵地，培养大学生树立正确的世界观、人生观和价值观，高校思想政治理论课教育教学实践构成了大学生思想政治教育的核心内容。该任务主要由高校思想政治理论课教师完成，同时高校其他课程以及其他任课教师的言行也会对学生的思想、观念和行为产生重要影响。这种影响是潜移默化的，其影响力有时甚至超越了思想政治理论课及其教师队伍的直接影响。其次，该系统包含高校的学团组织各部门和单位。高校的学团组织各部门和单位在组织和管理大学生参与大学校园生活，影响其健康成长方面发挥着重要作用。最后，该系统包括高校除上述部门之外的几乎所有部门和单位。生活在大学校园里的学生无时无刻不受到校园环境的影响，除了校园生态环境之外，校园里其他所有学生可能接触到的部门和单位都会对其产生或大或小或好或坏的影响。

（二）协同性

《现代汉语词典》（第7版）中对“协同”的解释是：各方互相配合或甲方协助乙方做某件事。可见，协同主要是为了达到共同的目标，两个或两个以上主体相互作用、有效配合。德国学者哈肯首次提出了“协同”的概念，指系统中各子系统相互合作、相互协调、联合作用的集体行为，结果是产生1+1>2的协同效应。

所谓协同，指的是协调两个或者两个以上的不同资源或者个体，协同一致地完成某一目标的过程或能力。高校思想政治教育的系统整体性需要各子系统及各要素的协同配合才能实现，具体来说，要通过承担的思想政治理论课教学部门和其他教辅部门的整体协调，甚至还包括校园文化隐性环境因素的协同作用来达到某种目标。各相关部门和团体及个人要协调一致，集中攻关。

在解决了高校思想政治教育整体性问题之后，要协调各系统之间的关联，使之有效地服务和服从于铸魂育人工作，这种协同作业对于铸魂育人工作尤为重要。长期以来，在思想政治理论课教育教学实践中出现的教学与实践脱节现象，主要根源就在于思想政治理论课堂内外之间的不协同、不协调一致。因此，各方要协调一致同向同行进行铸魂育人才尤为关键，努力把习近平新时代中国特色社会主义思想的内涵和精髓贯穿和渗透大学生课堂和课外的各个生活环节，使学生生活在充满正能量的显性和隐性环境中。此外，必须将课上所学与社会现实接轨。对于社会上的一些不良现象以及负面信息的认知，思想政治理论课教师应正面引导学生，使之能够正确认识和理性分析，从容应对各方考验，逐步真正融入社会。

(三)协同育人

目前，学术界对“协同育人”虽有不少研究，但是对其概念还没有明确统一的界定。徐平利将协同育人诠释为“各个育人主体以人才培养和使用为目的，在系统内共享资源、积蓄能量的有效互动”①。袁小平将协同育人定义为“两个或两个以上的不同资源或个体……在系统内坚持资源共享、优势互补、责任分担、利益互赢、能量积蓄的原则，共同培养符合社会所需要的高技能人才的有效互动过程或活动”②。蔡志奇将其定义为“两个或两个以上的办学主体通过相互合作、互相配合，发挥各方优势，共同制定培养方案，充分利用各方教学资源，提高学生实践创新能力，培养能适应和满足经济社会发展需要的高级专门人才的一种人才培养模式。”③由此可见，协同育人理念强调的是各育人主体之间相互配合、互通有无，从而实现整体效能的提高，这样不仅能够有效地避免各育人主体单兵作战的局面，而且对于提升教育水平、实现教育目标有重要的促进作用。

四、机制与思想政治教育机制

(一)机制

机制一词来源于希腊文，这一概念最初运用在自然科学领域，指事物或自然现象的作用原理、作用过程及其功能。随着自然科学的不断发展，机制一词逐渐进入了社会科学领域，意指构成社会的各要素之间的相互关系、运行过程及其运行原理。简言之，机制强调的是一种相互适应、相互制约和自行调节的关系，以及在各要素之间发生的运行过程和相互作用的方式。机制一词既包含静态的内部各子系统自身以及这些子系统之间的相

① 徐平利.试论高职教育“协同育人”的价值理念[J].职教论坛，2013(1):21.

② 袁小平.高校思想政治教育与创新创业教育的协同育人模式研究[J].教育评论，2014(6):100.

③ 蔡志奇.应用型本科协同育人模式多样化刍议[J].教学研究，2014(4):5.

互关系，又包含动态的相互作用方式和运行过程。

机制的构建是一项复杂的系统工程，各项体制和制度的改革与完善不是孤立的，也不能简单地以“1+1=2”来解决，不同层次、不同侧面必须互相呼应、相互补充，这样整合起来才能发挥作用。同时，体制与制度不能完全分离，而应相互交融。制度可以规范体制的运行，体制可以保证制度落实。综上所述，机制在社会科学中的内涵可以表述为：在正视事物各个部分的存在的前提下，协调各个部分之间关系以更好地发挥作用的具体运行方式。

（二）思想政治教育机制

思想政治教育机制是思想政治教育学理论体系的重要构成部分，也是思想政治教育活动必须解决的一个实践问题，研究思想政治教育机制是丰富思想政治教育学理论的需要。对于思想政治教育机制内涵的界定，学者们从不同的角度对其进行阐释。陈淑丽、罗洪铁在《思想政治教育机制及相关概念辨析》中对思想政治教育机制的内涵进行界定时，在解读机制概念的基础上，指出思想政治教育机制是指“思想政治教育系统各构成要素在遵循一定机理的基础上相互作用所形成的比较稳定的关系及其内在运行过程和方式”[①]。赵志军、于广河和李晓元的《思想政治教育管理学》一书在研究思想政治教育机制的过程中，则将重心放在了思想政治教育的管理机制上，他将思想政治教育机制的管理功能作为重点对这一概念进行界定。邱伟光、张耀灿在《思想政治教育学原理》一书中对思想政治教育机制进行了进一步解析，思想政治教育机制的内涵包含三个层面：即它是一种由各个要素构成的整体运行状态，其功能是各相关因素功能的耦合，它不是静止的而是按照既定规律运行的动态过程[②]。

陈秉公在《21世纪思想政治教育工作创新理论体系》一书中认为，思想政治教育机制是在思想政治教育工作矛盾转化过程中，其内在各构要素

① 陈淑丽，罗洪铁.思想政治教育机制及相关概念辨析[J].思想理论教育导刊，2012(2)：79.

② 邱伟光，张耀灿.思想政治教育学原理[M].北京：高等教育出版社，1999：206.

由于某种机理的作用而产生的趋向教育目标的有效性因果联系或运作方式①。还有学者从思想政治工作实践的角度，认为思想政治教育机制是思想政治工作者在一定决策机构指挥下，在一定目标指引下，在一定动力驱动下，在一定体制条件保障下，共同协调，实现思想政治工作整体目标和功能的工作程序与工作方式②。这个界定将思想政治教育机制看作思想政治工作系统的一部分客观存在，反映了学界对思想政治教育机制的界定由侧重学理趋向具体实践的转变。

思想政治教育作为一个大系统，它是由多个小系统构成的一个集合体，这些小系统既彼此孤立又相互作用，大系统内部各构成要素（或小系统）之间的有机关联性以及同外部诸因素之间的有机关联性，能够形成因果联系和运行方式。它们之间相互作用的运行关系所组成的有效集合，构成了思想政治教育大系统，系统内部各要素的运行机制从而形成思想政治教育机制。马奇柯系统梳理了1986年至2006年针对主题的内涵研究现状，按照类型将思想政治教育机制内涵概括为制度说、运行说、组织结构说、利益调配说、方法说、模式说、机能说、心理保护说、中介说、环节说等十个方面③，说明了思想政治教育机制内涵的丰富性和多元性。

在思想政治教育机制要素方面，马奇柯认为思想政治教育机制要素应从思想政治教育活动的整体运行去考察，应包含思想政治教育的基本要素、思想政治教育的内在关系、思想政治教育的机理运用、思想政治教育的制度规范四方面要素④。除此之外，还有“五要素说”，即思想政治教育目标因素、思想政治教育中人的因素、思想政治教育环境因素、思想政治教育时间因素、思想政治教育信息因素”和“八要素说”即思想政治教育运行的主体、思想政治教育运行的目的、思想政治教育运行的动力、思想政治教育运行的环境、思想政治教育运行的控制、思想政治教育运行的方式、思想政治教育运行的程序、思想政治教育运行的保障。有学者总结了关于

① 陈秉公.21世纪思想政治教育工作创新理论体系[M].长春：吉林教育出版社，2000：356-357.

② 吕会霖.新世纪思想政治工作[M].上海：上海人民出版社，2005：80-81.

③ 马奇柯.思想政治教育机制的内涵研究[J].理论探讨，2006(4)：174-176.

④ 马奇柯.思想政治教育机制要素及其特性分析[J].学校党建与思想教育，2008(4)：19-22.

思想政治教育机制的特征：有八特性说，即目标性、规律性、整合性、层次性、主观性、复杂性、弱结构性、适应性；四特性说，即目的性、系统性、动态性、规律性和自驱性；五特性说，即目标性、规律性、整合性、动态性和创造性。关于思想政治教育机制的类型，有协同论、文化论、长效论、系统论、接受论、关怀论、整体论、优化论、实践论等①。

五、高校思想政治教育协同育人机制

从协同理论视角看，高校思想政治教育是一个有序的育人系统，这个系统由诸多相互关联的子系统组成，并且能够在稳定有效的机制下形成协同效应，从而达到最佳的育人效果。

在高校中能够形成协同育人状态，取决于两个决定性因素：一是学校党委，特别是党委书记的高度重视，直接领导和参与思想政治教育；二是思想政治工作队伍作用的发挥。这是因为，从高校管理结构来看，党委书记能够协调各具体育人目标之间的关系，也就是能够理顺思想政治工作部门和其他教学单位育人目标之间的关系，并直接领导思想政治工作部门。同时，需要建立一支高水平的思想政治工作队伍，尤其是一支高水平的开展思想政治教育的教师队伍和学生事务工作团队，只有建立一支高水平的思想政治工作队伍才能为协同育人提供强有力的人员支持和保障。

六、思政课程

所谓思政课程，是指高等学校专门从事对大学生进行思想政治教育的思想政治理论课程的简称。2005年《中共中央宣传部教育部关于进一步加强和改进高等学校思想政治理论课的意见》（即“05方案”）规定了高等学校思想政治理论课的课程设置。本科设置4门必修课程：马克思主义基本原理（简称“原理”），毛泽东思想、邓小平理论和“三个代表”重要思

① 赵浚.思想政治教育机制的发展进程和现状评述[J].湖北社会科学,2018(5):158-166.

想概论（简称“概论”），中国近现代史纲要（简称“纲要”），思想道德修养与法律基础（简称“基础”）。另外，开设当代世界经济与政治选修课。专科课程设置2门必修课：毛泽东思想、邓小平理论和“三个代表”重要思想概论，思想道德修养与法律基础。本、专科学生都要开设形势与政策课。“05方案”还对民办高等学校、中外合作高等学校和成人高等学校的课程设置作了相关说明。

“05方案”实施以后，各门思政课程的内容也随之不断调整、修改和补充，日渐丰富和完善。课程名称也有调整变化。2008年8月，《教育部办公厅关于将高校思想政治理论课“毛泽东思想、邓小平理论和‘三个代表’重要思想概论”课程名称调整为“毛泽东思想和中国特色社会主义理论体系概论”的通知》（教社科厅函〔2008〕15号）明确规定，为贯彻落实党的十七大精神，经研究决定，自2008年秋季学期开始，将高校思想政治理论课“毛泽东思想、邓小平理论和‘三个代表’重要思想概论”课程名称调整为“毛泽东思想和中国特色社会主义理论体系概论”。

“马克思主义基本原理”课程虽然没有专门下文说明，但课程和教材名称也从2008年开始，由“马克思主义基本原理”改为“马克思主义基本原理概论”。如2007年出版的教材是《马克思主义基本原理》（高等教育出版社出版），2008年出版的教材改为《马克思主义基本原理概论》（高等教育出版社出版）。此外，“05方案”实施以后，“原理”“概论”“纲要”“基础”四门思政课程的教材属于马克思主义理论研究和建设工程重点教材，由教育部统一组织各门课程的专家组成教材编写课题组进行编写，马克思主义理论研究和建设工程专家进行审议。

“马克思主义基本原理概论”课程着重讲授马克思主义的世界观和方法论，帮助学生从整体上把握马克思主义，正确认识人类社会发展的基本规律。“毛泽东思想和中国特色社会主义理论体系概论”课程着重讲授中国共产党把马克思主义基本原理与中国实际相结合的历史进程，充分反映马克思主义中国化的五大理论成果，帮助学生系统掌握毛泽东思想、邓小平理论和“三个代表”重要思想、科学发展观以及习近平新时代中国特色社会主义思想基本原理，坚定在党的领导下走中国特色社会主义道路的理想信念。“中国近现代史纲要”课程主要讲授中国近代以来抵御外来侵略、争取民族独立、推翻反动统治、实现人民解放的历史，帮助学生了解国史、国情，深刻领会历史和人民是怎样选择了马克思主义，选择了中国共产党，选择了社会主义道路。“思想道德修养与法律基础”课程主要进行社会主义道德教育和法制教育，帮助学生增强社会主义法治观念，提高思想道德素质，解决成长成才过程中遇到的实际问题。从以上这四门课程的主要讲授内容不难看出高校思想政治理论课的使命所在。

研究生（包括硕士生、博士生）的课程设置是根据2010年的《中共中央宣传部教育部关于高等学校研究生思想政治理论课课程设置调整的意见》（教社科〔2010〕2号）的规定，研究生思想政治理论课课程设置调整的内容，包括硕士研究生思想政治理论课课程设置和博士研究生思想政治理论课课程设置。硕士研究生开设1门必修课程和1门选修课。必修课程：中国特色社会主义理论与实践研究，主要是在当代世界和当代中国背景下，分专题研究和介绍当前中国特色社会主义实践中的重大问题，深化和拓展本科阶段思想政治理论课的学习，进一步掌握中国特色社会主义理论体系，坚定中国特色社会主义信念。选修课程从自然辩证法概论课或者马克思主义与社会科学方法论课中选择1门。自然辩证法概论课，主要进行马克思主义自然辩证法理论的教育，帮助硕士研究生掌握辩证唯物主义的自然观、科学观、技术观，了解自然界发展和科学技术发展的一般规律，认识科学技术在社会发展中的作用，培养创新精神和提升创新能力。马克思主义与社会科学方法论课，主要进行马克思主义社会科学方法论教育，通过深入学习马克思主义观察和分析社会历史的立场、观点和方法，培养硕士研究生的理论思维能力，帮助硕士研究生掌握学习和研究哲学社会科学的科学方法。

博士研究生开设1门必修课程和1门选修课程（列入学校博士生公共选修课）。必修课程：中国马克思主义与当代，主要运用当代中国马克思主义的基本观点，深入分析当代世界重大社会问题和国际经济政治热点问题、当代科学技术前沿问题和科技社会问题、当代重大社会思潮和理论热点等，帮助博士研究生进一步提高运用马克思主义立场观点方法分析和解决问题的能力。选修课程：马克思主义经典著作选读，主要选取马克思主义经典作家代表性的原著，通过对经典著作的研读和教师讲授，帮助博士生学习马克思主义基本原理，深化对当代中国马克思主义的理解和掌握。

中华人民共和国成立70多年来我国高校思政课程的发展经历了1949—1956年的初步发展、1956—1976年的曲折发展、1976—1992年的恢复和稳定发展、1992—2004年的全面发展、2004年至今的改革完善五个历史时期。从中华人民共和国成立初的“新民主主义论”“政治经济学”和“辩证唯物论和历史唯物论”等三门课程，历经多次调整，发展到“85方案”（1985年8月中共中央发出的《关于改革学校思想品德和政治理论课教学的通知》）的四门课程，即“中国革命史”“中国社会主义建设”“马克思主义原理”“世界政治经济与国际关系”。1997年党的十五大胜利召开后，高校思政课程经过调整后出台了“98方案”（1998年4月23日，经中央政治局常委讨论批准的“两课”[①]课程新方案），“98方案”新设置的马克思主义理论课有五门课程：“马克思主义哲学原理”“马克思主义政治经济学原理”“毛泽东思想概论”“邓小平理论概论”“当代世界经济与政治”，思想品德课有三门课程：“思想道德修养”“法律基础”“形势与政策”。

2004年，中共中央、国务院制定并发出了《关于进一步加强和改进大学生思想政治教育的意见》，进一步明确了高等学校思政课程的定位和功能，是大学生思想政治教育的主渠道，帮助大学生树立正确世界观、人生观、价值观，体现了社会主义大学的本质要求。为了进一步贯彻落实以上文件精神，中共中央宣传部、教育部相继出台了《关于进一步加强高等学校学生形势与政策教育的通知》《关于进一步加强和改进高等学校思想政治理论课的意见》及其实施方案，以及《关于高等学校研究生思想政治理论课课程设置调整的意见》。2008年，为加强思想政治理论课教师队伍建设，中宣部、教育部发布了《关于进一步加强高等学校思想政治理论课教师队

① 普通高等学校马克思主义理论课和思想品德课，简称“两课”。

伍建设的意见》。2011年，为规范高校思想政治理论课的组织管理、教学管理、队伍管理和学科建设，教育部制定了《高等学校思想政治理论课建设标准（暂行）》。至此，高校思政课程改革日渐完善。

七、课程思政

课程思政，简单地说，就是依托或借助思想政治理论课、专业课、通识课等课程而开展的思想政治教育实践教学活动，这一概念是从教育教学改革创新实践中提炼出来的。早在2014年，上海市一些高校就开始了加强高校思想政治教育的教育教学改革创新探索，其目的是解决大学生思想政治教育的“孤岛”困境，尤其是解决思想政治理论课与其他课程之间实际存在的“两张皮”现象，其方式是开发利用相关课程的思想政治教育资源，以充分发挥所有课程蕴含的思想政治教育功能。这些探索对于形成各门课程育人合力发挥了重要作用。上海高校的探索激起了很多高校的兴趣，并引发了教育部的关注，教育部颁布的相关通知、文件以及教育部领导的讲话中多次出现“课程思政”这一概念。2016年，在全国高校思想政治工作会议上，习近平总书记强调，要用好课堂教学这个主渠道，思想政治理论课要坚持在改进中加强，其他各门课都要守好一段渠、种好责任田，使各类课程与思想政治理论课同向同行，形成协同效应。这标志着这“课程思政”概念的正式提出。

课程思政包括思想政治理论课、专业课、通识课和思想政治教育（实践）活动等。对于课程思政的概念和内涵，学者们从不同角度对其进行阐释，张玥等在《医学院校专业课“课程思政”的逻辑解释与实现路径》中认为，课程思政，实质是一种广义的课程观，它以德育为目标，以课程为载体，从高校立德树人的本质出发，将马克思主义理论贯穿教学和研究的全过程，深入挖掘各类课程的思想政治理论教育资源，发挥专业课、通识课、实践课及其他课程中的德育功能，实现从原有单一的思想政治课程式教育向立体化的德育模式转化。高校设置的所有学科及相应课程都要从战略高度构建全员、全过程、全方位以及全课程育人格局，使高校各类课程与思想政治理论课同向同行，形成协同效应，并始终贯穿立德树人根本任务的一种综合教育理念，即“课程承载思政，思政寓于课程”[①]，或者说是在润物细无声中立德树人。王学俭、石岩在《新时代课程思政的内涵、特点、难点及应对策略》中认为：课程思政的内涵，即将思想政治教育元素，包括思想政治教育的理论知识、价值理念以及精神追求等融入各门课程中去，潜移默化地对学生的思想意识、行为举止产生影响；课程思政的本质是立德树人，理念是协同育人，结构是立体多元，方法是显隐结合，思维是科学创新[②]。

由此可见，课程思政实际上是一种创新的教育理念，一种全新的育人观和课程观，既不是指具体的思政课程，也不是要新增几门思想政治理论课替代现有的思政课程，而是通过深入挖掘专业课和综合素养课的德育内涵和德育因素，促进显性教育和隐性教育相融合，构建思想政治理论课、综合素养课、专业课交叉融合的一体化的高校思想政治教育课程体系和思政课教师、专业课教师、校内外专家协同联动的育人体系，促进实现从思政课程主渠道育人向课程思政立体化育人的创造性转化。课程思政注重在价值传播中凝聚知识底蕴、在知识传播中强调价值引领，探索课堂教学、社会实践、网络运用三维课程组织形式，突出显性教育和隐性教育相融互补[③]。从思政课程到课程思政，将教育实践中的价值引领和知识传授、智育与德育、认知与行为统合起来，从思政教育的“内核”出发，用价值引领的“魂”贯穿思想政治理论课、通识课和专业课各类课程，充分发挥课堂主阵地、主渠道作用，通过显性教育和隐性教育相融通，实现知识传授与价值引领并重。这是高校思想政治工作因事而化、因时而进、因势而新的

---

① 张玥，张露青，王锦帆．医学院校专业课“课程思政”的逻辑解释与实现路径[J]．南京医科大学学报(社会科学版)，2019(5)：412.

② 王学俭，石岩．新时代课程思政的内涵、特点、难点及应对策略[J]．新疆师范大学学报(哲学社会科学版)，2020(2)：50-58.

③ 杨涵．从“思政课程”到“课程思政”——论上海高校思想政治理论课改革的切入点[J]．扬州大学学报(高教研究版)，2018(2)：98-104.

体现，是对“满足人的需要”这一现代思想政治教育逻辑起点的回归[①]。

八、课程协同

课程协同是高校思想政治教育协同育人“同心圆”的核心部分，是发挥课堂育人主渠道作用的必然选择，从思政课程到课程思政，实现全课程协同一致，同向同行，构建“全课程育人”格局，形成育人合力，进行显性教育与隐性教育优势互补的新型思想政治教育。课程协同主要在于发挥各门课程的育人功能，发挥广大教师在课程教学中的育人责任，致力于挖掘智育、体育、美育等课程的思想政治教育资源，使其与德育课程的思想政治教育资源同向同行，形成育人协同效应。课程协同也是课程教学实现显性教育和隐性教育相统一的重要举措。

从思政课程到课程思政，形成以思政课程为核心的课程协同育人“同心圆”，就是在发挥思想政治理论课的核心显性教育作用同时，致力于挖掘和拓展思想政治外围的课程，如专业课、通识课、素养课等课程的育人功能，使其既发挥显性的智育、体育、美育作用，又潜移默化地发挥德育（思想政治教育）作用。强调课程合力育人，立足点在于发挥全要素、全课程的育人的合力作用。课程协同首先要注意全课程的政治方向一致、育人方向一致、文化认同一致，即所谓的“同向”；其次要注意全课程的育人步调一致、育人优势互补、育人活动互促、育人资源共享，即所谓的“同行”。同向同行实际上就是全课程“同频共振”，从而构建全课程立体交融一体化的育人体系机制。课程思政教学体系下，高校思想政治理论课定位为对大学生进行社会主义核心价值观教育的核心课程，在大学生思想政治教育中发挥价值引领作用；综合素养课程强调在培育人的综合素养过程中牢筑理想信念，在大学生思想政治教育中发挥浸润作用；哲学社会科学专业课程凸显其在强化社会主义意识形态教育方面的作用，在大学生思想政治教育中发挥强化作用；自然科学专业课程注重对学生科学思维、职业素

① 董勇.论从思政课程到课程思政的价值内涵[J].思想政治教育研究,2018(5):90-92.

养的养成教育，在大学生思想政治教育中发挥拓展作用①。

九、思政课程与课程思政的关系

思政课程与课程思政虽然从字面上看只是把“思政”和“课程”的前后顺序调换了一下，但是二者的内涵和外延却有着极大的差别。所谓“思政”，一般有两种理解：一种理解是对“思想政治”的简称，如“思政工作”“思政教育”“思政课程”“思政理论”分别对应“思想政治工作”“思想政治教育”“思想政治课程”“思想政治理论”；另一种理解是对“思想政治教育”的简称，如“思政（实践）活动”“思政（学科）专业”“思政（事业）职业”分别对应“思想政治教育（实践）活动”“思想政治教育（学科）专业”“思想政治教育（事业）职业”。当这两重含义与“课程”相连组成“课程思政”时，则不是指“思想政治”，而是指“思想政治教育”；不是指“思想政治教育（事业）职业”或“思想政治教育（学科）专业”，而是指“思想政治教育（实践）活动”，即专指通过课程教学进行的“思想政治教育”这样一种实践活动。所谓课程，一般是指以课堂为渠道、以教材为载体，通过师生互动实现知识（理论）传递程序或进程。课程既包括理论课程，又包括实践、实验课程；既包括显性课程，又包括隐性课程；既包括线下课程，又包括线上课程。

就承担的课程数量来说，课程思政比思政课程多得多，思政课程是特指“思想道德修养与法律基础”“中国近现代史纲要”“马克思主义基本原理概论”“毛泽东思想和中国特色社会主义理论体系概论”“形势与政策”等有限的几门课程，而课程思政是在思政课程的基础上拓展到高校所有课程，即各类课程都要有思想政治教育的功能和使命。“课程思政”是一种教育观念、课程观念，是一种思想政治教育的改革创新，是对高校所有课程思想政治教育隐形教育的挖掘和探索。课程思政是“大思政”理念，“隐性

① 高德毅，宗爱东. 从思政课程到课程思政：从战略高度构建高校思想政治教育课程体系[J]. 中国高等教育，2017(1)：43-46.

思想政治教育”理念的具体体现。当然，二者有着诸多共同点。比如，共同的立德树人目标任务，一致的政治方向和教育功能，培养一代又一代拥护中国共产党领导和我国社会主义制度、立志为中国特色社会主义奋斗终生的有用人才。在育人的核心内涵上，二者也是一致的，都是高校思想政治工作的内在要求。思政课程向课程思政的转变，是实现知识传播与价值教育有机融合，落实立德树人、协同育人和“三全育人”的重要途径。

十、思想政治教育相关概念的辨析和说明

本书虽然讨论的是高校铸魂育人协同机制的构建问题，但书中很多地方出现了德育、思想政治教育、高校思想政治教育、大学生思想政治教育、思想政治工作等与高校铸魂育人工作相关联的一系列概念。为了进一步理解铸魂育人的内涵和外延，在此有必要对这些相关概念作辨析和说明。

德育，属于学校教育范畴，是学校对学生的一种教育活动，是学校对学生进行思想教育、政治教育、道德教育和法律纪律教育的总称。德育与智育、体育、美育、劳育等紧密联系，构成学校教育这个有机整体，并居首要位置。因为它关系到学校的性质、办学方向、培养目标和培养规格等重要问题，关系到培养出来的人所具有的思想、政治、品德素质，能否满足社会需要、为哪个阶级服务的根本性、方向性问题。在学校以外的其他领域的思想政治教育、道德教育、普法教育，都不能称之为德育。在学校范围内，对教师、职工的思想政治教育，也不能称为德育。

思想政治教育是指社会和社会群体用一定的思想观念、政治观点和道德规范，对社会成员进行有目的、有计划和有组织的影响，使他们形成符合一定社会或一定阶级所需要的思想品德的社会实践活动[①]。与德育相比较，思想政治教育的范围和对象要宽广得多，既包括学校，还包括政党、阶级、机关、团体、部队、企事业、农村、街道，以至整个社会；既可以是学生，还可以针对教师、干部、工人、农民、军人、居民，乃至所有的

① 张耀灿，陈万柏．思想政治教育学原理[M].2版．北京：高等教育出版社，2007:4.

社会成员。思想政治教育的种类繁多，有学校思想政治教育、国家机关思想政治教育、企事业单位思想政治教育、农村思想政治教育、部队思想政治教育，等等。就学校对学生的思想政治教育而言，其基本任务是坚持以马克思主义为指导，全面贯彻党的教育方针，坚持中国特色社会主义教育发展道路，坚持社会主义办学方向，立足基本国情，遵循教育规律，把学生培养成为德智体美劳全面发展的社会主义事业建设者和接班人。学校对学生的思想政治教育与德育的目的、任务、内容、方法基本相同。思想政治教育可以在其他领域适用，可以针对各种不同对象①，德育却只能局限于学校和学生。

所谓高校思想政治教育和大学思想政治教育，其实是对思想政治教育的范围和对象的界定，所以也有说中小学思想政治教育、中职院校思想政治教育，等等。

思想政治工作，是思想政治教育工作的简称，亦称思想工作或思想教育。它是一定的阶级和政治集团，为实现一定的政治目标，有目的地对人们施加意识形态的影响，以转变人们的思想和指导人们行动的社会行为。这个概念伴随着共产主义运动的发展，经历了“政治教育”“政治教育工作”“政治思想工作”“思想工作”“政治工作”“思想教育”“思想政治工作”等的不断变化。

从思想政治工作概念的演变看，政治工作、思想工作、思想政治工作等概念有着内在的紧密联系，在实际工作中，很多时候是被人们当作同一概念使用的，但实际上这些概念之间是有差异的。如刘绍龙认为：“思想政治工作，是政党、政府、阶级、团体、机关、部队、企事业单位，按照一定的政治立场、政治观点、政治路线和方针、政策，通过一系列的宣传教育、组织活动，为达到预期的政治目的，实现既定的政治目标或完成某项具体任务而进行的一种工作实践活动。思想政治工作是思想工作和政治工

① 刘绍龙.关于德育与思想政治教育、思想政治工作的思辨[J].江西师范大学学报(哲学社会科学版),1990(4):151-155.

作的总称。”[①]张耀灿在《思想政治教育学原理》一书中认为，思想政治工作就是政治工作中的思想性部分和思想工作中的政治性部分的叠加、融合。这样理解，就可以把政治工作中的武装、保卫、纪检、人事等和思想工作中非政治性的生产、技术领域的具体见解以及纯属个人的生活、习惯、兴趣、爱好等具体思想和行为排除在思想政治工作领域之外。

思想政治工作与思想政治教育二者的区别在于：思想政治工作要组织人们参加各种实践活动，这些活动包括思想政治教育；思想政治教育是思想政治工作的主要或基本的内容，是受政治制约的思想教育，是侧重于思想理论方面的政治教育。

通过以上对比分析不难看出，高校思想政治教育是高校思想政治工作的一个重要部分。在本书中出现的德育、思想政治教育、高校思想政治教育、大学生思想政治教育、思想政治工作等都属于高校大学生思想政治教育，教育对象或客体是大学生（包括专科、本科、研究生）。

第二节　新时代高校铸魂育人协同机制的内涵

一、新时代高校铸魂育人的内涵

习近平总书记关于铸魂育人的诸多论述越来越清晰地揭示与阐明了铸魂育人之关于时代新人、社会主义建设者和接班人培养的本原初衷，以及以中国梦为载体的理想信念的确立，以社会主义核心价值观培育和践行为贯通的价值操守的养成，以中国精神为主要内容的精神家园的构建等，即以信仰、价值、精神为主旨的本体性逻辑。同时，我们又可以从习近平总书记关于培根、立德、铸魂的相关论述中受到启发，找到铸魂育人推进中

① 刘绍龙.关于德育与思想政治教育、思想政治工作的思辨[J].江西师范大学学报(哲学社会科学版),1990(4):153.

的实践逻辑。培根在于弘扬中华优秀传统文化、革命文化和社会主义先进文化，在于不忘初心，在于扎根中国；立德在于明大德、守公德、严私德；铸魂在于个人灵魂的铸育，在于铸就党魂国魂军魂民族魂。根是初心，是由来，是根本，是根基；德是准则，是基础，是日用可享。德由根生，以根导德，固根强德；魂为主宰，根主由来，德者成基。由此，培根、立德、铸魂形成了既相互融合又具有内在渐进性的实践逻辑。信仰、信念、信心居于铸魂育人本体性逻辑和实践逻辑中间，因其各自本质特征及相互作用构成了铸魂育人的社会心理的生成逻辑。

“坚守信仰、坚定信念、坚强信心是铸魂育人的必要环节，在铸魂育人工程中处于关键地位。新时代，加强社会主义意识形态建设，落实铸魂育人重大工程，必须牢牢把握这三大关键点位，遵循铸魂机制，以信仰为核心、以信念为中介、以信心为基础；明确铸魂内涵，坚定马克思主义信仰、中国特色社会主义信念和实现中华民族伟大复兴中国梦的信心；践行铸魂原则，以理论武装固‘三信’、以科学方式育‘三信’、以心理认同成‘三信’，统筹布局、协调并进、整体铸魂。”①

“铸魂育人是中国特色社会主义教育的必然要求，是新时代凝魂聚气、固本培元的系统工程。做好铸魂育人工作，文化、价值、信仰不可分割、相互联结、互为条件，各自发挥不可或缺的重要功能。‘中国特色社会主义文化’‘社会主义核心价值观’‘马克思主义信仰’一体同构铸魂育人的依存基石、主体工程、精神支柱。贯彻落实习近平总书记关于铸魂育人重要论述，必须遵循培根、立德、铸魂‘三位一体’的实践逻辑，通过坚定文化自信、提升民族凝聚力、坚定理想信念三重维度合力铸魂，稳步推动铸魂育人工程有序顺利开展。”②

① 李忠军，杨科．新时代铸魂育人的关键：信仰、信念、信心[J]．思想教育研究，2019(6)：62.

② 刘建璋．新时代铸魂育人的要素构成、现实表征与实践理路——基于习近平关于铸魂育人重要论述的探析[J]．广西社会科学，2019(12)：14.

二、新时代高校铸魂育人协同机制的内涵

马克思指出："许多人在同一生产过程中，或在不同的但互相联系的生产过程中，有计划地一起协同劳动，这种劳动形式叫做协作。""这里的问题不仅是通过协作提高了个人的生产力，而且是创造了一种生产力，这种生产力本身必然是集体力。"①

因此，从价值诉求看，协同创新在于集成价值产生的吸引力，在于协同实践凸显的有效性，在于自身组织调节的适应性。协同创新是对创新资源和要素的有效汇聚，通过突破创新主体间的壁垒，充分释放人才、资本、信息、技术等创新要素的整合与流动，共享科技成果和技术资源，减少资源的分割、浪费和重复，能够有效地提高社会的创新效率。换句话说，协同创新能够突破学科、系统行业的壁垒，实现资源共享，推动体制改革深化。

高校铸魂育人协同机制的内涵，简言之，是以思想政治教育现代化为协同依据，以思想政治教育多元化为协同趋势，以思想政治教育互通化为协同张力，以思想政治教育人文化为协同目标。

高校铸魂育人协同机制的构建，要本着人本性协同的育人理念和有效性协同的育人原则；完善性协同的育人方法，如完善育人体系、提升育人质量、创新育人平台等；整合性协同的育人模式，如良性社会资源的有效转化、积极精神生产的科学塑造等；调适性协同的育人实践，一是全面发展的育人目标与物质崇拜的功利主义之间的重塑性调适，二是社会现实规范与校园理想规范之间的适应性调适，三是新生群体活动特质与传统思想教育方式之间的融合性调适；延展性协同的育人反思，一是要对思想政治教育育人体系进行统一规划，二是要对思想政治教育育人方式实施隐形对接，三是要对思想政治教育育人模式开展自主创新，四是要对思想政治教育育人视野提供开放格局。

① 马克思，恩格斯．马克思恩格斯全集：第23卷[M]．北京：人民出版社，1972：362.

第三节　新时代高校铸魂育人协同机制构建的理论依据

无论是在马克思主义的经典著作里，还是在中国共产党的文件里，学者们所提出的诸多观点中都蕴含着丰富的协同育人理念。这些对协同育人理念直接或间接的解读和阐释，为研究高校铸魂育人协同机制的构建提供了重要的理论依据和方法指导。因此，要将这些理论加以梳理和解读，运用科学的原理和方法探寻高校铸魂育人协同机制构建的内在本质和现实意义。

一、普遍联系观和历史合力论

马克思主义的普遍联系观和恩格斯的历史合力论，为高校铸魂育人协同机制研究提供了科学的理论依据和重要的方法指导。

(一)马克思主义的普遍联系观

世界万事万物都处在普遍的联系之中。恩格斯指出："当我们通过思维来考察自然界或人类历史或我们自己的精神活动的时候，首先呈现在我们眼前的，是一幅由种种联系和相互作用无穷无尽地交织起来的画面。"[①]联系具有普遍性、客观性和多样性的特点，这就要求我们用联系的观点看问题，坚持全面性。"联系是一个普遍的哲学范畴，是指一切事物、现象之间以及事物内部诸要素之间的相互依存、相互影响、相互制约和相互作用。它既包括事物之间的各种联系，也包括事物内部诸要素、诸方面的各种联系。"[②]也就是说，事物之间的普遍联系体现在两个方面，一是任何事物之

① 马克思，恩格斯．马克思恩格斯选集：第3卷[M].北京：人民出版社，2012：395.

② 王悦生，薛文华．马克思主义哲学原理[M].北京：高等教育出版社，1993：105.

间都存在相互影响、相互作用、相互依赖及相互制约的联系，二是事物内部之间各个要素也是相互影响、相互作用、相互依赖及相互制约的联系。相互作用是普遍联系的根本内容，普遍联系的基本主体是物质世界。高校铸魂育人工作是一项重要而复杂的教育实践活动，与之相关的各个领域、各个部门、各个主体以及各个方面都是相互联系、相互制约、互为存在和发展的，是一个普遍联系的有机整体。开展铸魂育人工作，不仅要考虑高校内部、高校之间和高校外部各育人要素之间的联系，注重这三者之间的联系与配合并使之协调一致；还要考虑这三大育人领域内部各要素之间的互动与协调。如果不懂得用普遍联系的观点看问题，只注重某一领域、某一部门的发展，必然会对其他方面有所影响，甚至妨碍整体育人功能的发挥。因此，要用联系的观点看问题，将铸魂育人工作的各个要素都纳入协同机制建设的过程中，做到通盘考虑、总览全局，注重各主体之间的联系整体性，各主体要素齐头并进发展。只有这样，才能处理好整体和部分的关系，才能使高校铸魂育人协同机制更好地构建、完善和发展。

(二)恩格斯的历史合力论

1886年，恩格斯在全面考察和深入分析社会发展的动力和推动历史进展的原因的基础上，在其发表的《路德维希·费尔巴哈和德国古典哲学的终结》中第一次明确提出了合力论。1890年他在《致约·布洛赫》信中指出，“历史是这样创造的：最终的结果总是从许多单个的意志的冲突中产生出来的……各个人的意志……融合为一个总的平均数，一个总的合力……每个意志都对合力有所贡献，因而是包括在这个合力里面的。”[①]他认为历史的创造，总是从许多单个的意志的相互冲突中产生出来的，而其中每一个意志，又是由于许多特殊的生活条件，才成为它所成为的那样。这样就有无数互相交错的力量，有无数个力的平行四边形，由此就产生出一个合力，即历史结果。

恩格斯的历史合力论中蕴含的“整体性思想”“合力思想”“交互作用”

① 马克思，恩格斯．马克思恩格斯选集：第4卷[M]．北京：人民出版社，1995：697．

等，对于我们开展高校铸魂育人协同机制研究有着重要的指导作用。首先，我们要树立整体性思维。其次，在开展高校铸魂育人过程中要重视各个育人主体之间的合力，通过在高校内部建立全员育人、全过程育人和全方位育人相互协同的育人机制，使各个育人主体既充分发挥各自优势，又能够相互配合朝着共同的目标一起努力；校际也要加强合作与交流，共同推进高校铸魂育人工作的发展；家庭、社会、企业、科研机构等校外育人要素也要与高校相互配合，实现优势互补、形成教育合力。最后，要关注铸魂育人的育人主体之间的交互作用。各育人主体之间不是割裂的、静止的而是相互作用、相互影响的，因此，在高校铸魂育人协同机制构建的过程中，要给予适时的调控和引导，使之协同一致，尽量避免或减少各要素之间产生不必要的内耗。

二、人的本质与人的全面发展理论

马克思在《关于费尔巴哈的提纲》中指出："人的本质不是单个人所固有的抽象物，实际上，它是一切社会关系的总和。"①众所周知，人的成长总是以现实的社会关系为起点，在高校对大学生进行铸魂育人实践活动中，教育者通过对受教育者的思想和行为等方面给予积极合理的引导，并且营造良好的育人环境，使人的本质的改变符合社会生产方式变革的要求，与社会进步发展方向相一致。高校在开展铸魂育人工作时，不能脱离社会现实"闭门造车"，而是要与社会历史现实紧密结合，将受教育者置于现实生活中，在社会关系中理解人的需要、利益和价值。

"个人全面发展"这一概念最早出现在《德意志意识形态》中，人的全面发展理论指出，人的发展不仅仅是智力的发展，还包括其他方面的发展，例如人的体力、人的志向与兴趣、人的道德品质、人的各方面才能、人的自由个性、人的社会关系等全方位多角度的发展。人的全面发展理论为高校开展铸魂育人工作提供了重要的指导意义：它所确立的科学的人的发展

① 马克思，恩格斯．马克思恩格斯全集：第3卷[M]．北京：人民出版社，1956：5.

观为揭示铸魂育人的过程与规律提供了理论依据，它所揭示的人的全面发展的历史必然性为认识铸魂育人的复杂性提供了理论依据。因此，高校在开展铸魂育人工作中，要遵循这些科学理论，要考察各种社会关系对人的影响，把握人的思想形成的物质原因；明白在教育活动中，信息越多、交往越广，就越能引导和帮助受教育者形成符合要求的思想政治品德；要激发人的身心潜能，促进人的个性的充分发展；要将协同育人理念贯穿于铸魂育人工作的始终，有计划、有步骤地推动和落实高校用习近平新时代中国特色社会主义思想铸魂育人的目标和任务。

三、系统论与协同理论

（一）系统论

系统论是研究系统的结构、特点、行为、动态、原则、规律以及系统间的联系，并对其功能进行数学描述的新兴学科。系统论的主要任务就是以系统为研究对象，从整体出发来研究系统整体和组成系统整体各要素之间的相互关系，从本质上说明其结构、功能、行为和动态，以把握系统整体，达到最优的目标。按照系统论的创立者贝塔郎菲的观点，系统是由要素组成的集，并且各个组成部分（要素）和总体（集）处于一定的相互关系中，并与环境发生关系。系统是一种至少包含两个要素的综合体，而且这些要素按照一定的方式相互作用、相互联系；系统是若干要素按照一定的结构和层次组成的，并且具有特定的功能；万事万物都不能脱离系统而存在。

系统论认为，开放性、自组织性、复杂性、整体性、关联性、等级结构性、动态平衡性、时序性等，是所有系统的共同的基本特征。这些既是系统所具有的基本思想观点，又是系统方法的基本原则，表现了系统论不仅是反映客观规律的科学理论，具有科学方法论的含义。系统论的核心思想是系统的整体观念。贝塔朗菲强调，任何系统都是一个有机的整体，它不是各个部分的机械组合或简单相加，系统的整体功能是各要素在孤立状态下所没有的性质。他用亚里士多德的“整体大于部分之和”的名言来说明系统的整体性，反对那种认为要素性能好，整体性能一定好，以局部说明整体的机械论的观点。同时认为，系统中各要素不是孤立地存在着，每个要素在系统中都处于一定的位置上，起着特定的作用。要素之间相互关联，构成了一个不可分割的整体。要素是整体中的要素，如果将要素从系统整体中割离出来，它将失去要素的作用。

系统论的基本思想方法，就是把研究对象当作一个系统，分析系统的结构和功能，研究系统、要素、环境三者的相互关系和变动的规律性，并用系统的观点看问题。系统论的任务，不仅在于认识系统的特点和规律，还在于利用这些特点和规律去控制、管理、改造或创造系统，使它的存在与发展合乎人的目的需要。也就是说，研究系统的目的在于调整系统结构，协调各要素关系，使系统达到优化目标。

（二）协同理论

协同理论是由德国著名理论物理学家哈肯创立的一门系统科学的分支理论，亦称“协同学”或“协和学”，他于1971年提出协同的概念，并在1976年系统地论述了协同理论。

哈肯认为，自然界是许多系统组织起来的统一体，这许多系统就称小系统，这个统一体就是大系统。大系统中许多小系统既相互作用，又相互促进，它们的平衡结构，由旧结构转变为新结构，从无序到有序，都有一定的规律，研究这种规律的科学就是协同学。协同学是一门在普遍规律支配下的有序的、自组织的集体行为的科学。它专门从系统演变的角度来研究自然界和人类社会系统中各子系统在外界物质、信息、能量等因素作用下产生非线性相互作用而形成协同效应的机理和规律。

协同理论的核心思想是“协同导致有序”，它包括一系列严密而复杂的原理，其中三条重要的原理是：协同效应原理、自组织原理、绝热消去原理。

高校铸魂育人工作是一个由多个要素组成的复杂系统，各构成要素相互联系、相互渗透、共同作用。要在认真学习和充分把握系统论和协同理论的科学原理和方法论的基础上，从联系和发展的角度出发，用整体性和全局性的目光探寻这一机制内部各子系统之间的协同机理，使这些子系统实现无序到有序的转变，避免承担育人作用的各子系统出现割裂、脱节乃至分离，从而促进高校铸魂育人工作效果的提升。

第三章　高校铸魂育人协同机制的现状分析

第一节　高校铸魂育人协同机制的现状

新时代高校铸魂育人协同机制的构建，立足于当前高校思想政治教育协同育人的现实基础和问题不足，所以，我们通过文件研究和调查研究对高校思想政治教育协同育人的现状进行了解和分析。我们以现实问题为导向，通过问卷调查、实地访谈、网络搜索等途径，深入了解国内高校思想政治教育“用习近平新时代中国特色社会主义思想铸魂育人”的现状及其协同育人的现状，发现当前高校思想政治教育协同育人的短板和不足，以便于在破解难题时取得实质性进展。本次调查研究主要从两方面着手，一方面对国内部分高校铸魂育人协同机制现状进行问卷调查和访谈，另一方面，对学者做过的高校思想政治教育相关实证研究数据和结果进行分析研究，以便于借鉴补充，希望以此能够给高校铸魂育人协同机制构建研究提供客观依据。

一、高校铸魂育人协同机制现状的调研分析

我们对国内部分高校进行实证调研，分别采取了从学生和教职员工两个视角，通过问卷调查和访谈相结合的形式，对高校铸魂育人不同内容、

不同人员、不同方式、不同部门、不同平台等之间的协同配合情况进行现状考察和分析，力求找准现阶段高校铸魂育人协同机制存在的问题和不足，并对这些问题产生的原因进行理论分析，为后续进一步探索和完善高校铸魂育人的协同机制提供方向和目标。本次调研历时三个多月，对南京地区的南京大学、南京师范大学、河海大学、东南大学、南京财经大学、南京审计大学，上海地区的上海大学、复旦大学、上海交通大学、华东师范大学、华东政法大学，安徽地区的安徽师范大学、皖南医学院、安徽商贸职业技术学院、安徽机电职业技术学院、安徽理工大学、安徽大学、中国科学技术大学、合肥工业大学、安徽医科大学等部分高校师生进行校园实地问卷调查和网络问卷调查，同时进行电话采访和面对面访谈。向在校大学生发放调查问卷1100份，回收964份，有效回收率87.6%。同时对48名高校教师和其他思想政治工作人员进行了访谈。以下分别对调研的数据进行统计、分析以及概括总结。

(一)高校铸魂育人协同机制的学生调研数据统计

1.调研样本数据统计

根据已回收的问卷，学生样本中男生占50.9%（N=491），女生占49.1%（N=473），男女比例约为1∶0.96；专科生占13.7%（N=132）；本科生占78%（N=752），研究生占8.3%（N=80）；党员占18.7%（N=180），团员占73.5%（N=709），群众7.8%（N=75）；户籍地为城市或城镇的学生占52.5%（N=506），户籍地为农村的学生占47.5%（N=458）。

从被调查学生的样本情况看，男女比例较为均衡，而且涵盖了专科、本科、研究生不同文化程度，党员、团员、群众不同政治面貌，城市、农村不同户籍地学生，以及内地和沿海一、二、三、四线城市不同地区不同级别的院校。因此，基本能够反映出当前高校学生对高校铸魂育人协同机制情况的意见和建议。

2.调查问卷结果统计

（1）学生对思想政治理论课的兴趣普遍不高。

调查显示，只有18%的学生对思想政治理论课课堂教学内容非常感兴趣，42.7%的学生一般感兴趣，39.3%的学生不感兴趣。

（2）学生学习思想政治理论课的主要目的是为了应付考试和未来发展需要，功利性倾向较明显。

调查显示，51.3%的学生是为了应付课程考试、考研和考公务员等的需要而学习思想政治教育理论课程，48.7%的学生学习思想政治理论课程是为了提高思想政治素养和拓展知识。前者的比例略高于后者。

（3）大部分学生对习近平新时代中国特色社会主义思想知之甚少。

调查显示，当问及是否对习近平新时代中国特色社会主义思想了解时，69.4%的学生回答“有一点了解”，13.7%的学生回答“非常了解”，还有16.9%的学生“完全不了解”。

（4）学生对习近平新时代中国特色社会主义思想了解的渠道较为单一，网络育人优势没有发挥出来。

调查显示，当问及“是通过哪些途径了解、学习习近平新时代中国特色社会主义思想的”，65.2%的学生回答是通过“思想政治理论课学习”，17%的学生是通过“校园里宣传栏等的宣传”，10%的学生是“通过网络传媒的宣传”，7.8%学生是“通过社会上各种传媒的宣传”。

（5）多数学生表示学校偶尔会开展与思想政治理论课课堂教学内容紧密联系的课外社会实践教学活动。

调查显示，20.6%的学生认为学校“经常开展”与思想政治理论课堂的教学内容紧密联系的课外实践活动，68%的学生认为“偶尔开展”，11.4%的学生认为印象中“完全没有”开展过。

（6）大部分学生对慕课等网络课程有所了解，多数学生表示学校正在建设思想政治理论网络课程。

调查显示，37.6%的学生选择学校“有开设”思想政治理论网络课程，52.2%的学生选择了学校“正在建设”思想政治理论网络课程平台，10.2%的学生选择了“没有”开设思想政治理论网络课程。

（7）绝大部分学生表示从未有思想政治理论课的教师在课堂上出现过

过激的言行，但有极少数学生表示偶尔有思想政治理论课的教师在课堂上出现过过激的言行。

调查显示，有93.2%的学生选择了思想政治理论课的教师“从未有过”在课堂上出现过过激的言行，有6.8%的学生选择了“偶尔有”过，没有学生选择“经常有”。

（8）大部分学生表示除了兼职的思想政治理论课教师外，偶尔有学校的党政领导干部和行政管理人员参与思想政治理论课的教学。

调查显示，有21.3%的学生选择“经常有”学校的党政领导干部和行政管理人员参与思想政治理论课的教学，70.3%的学生表示“偶尔有”，8.4%的学生表示“从没有”过。

（9）只有少数学生表示偶尔有其他专业课教师在开展课堂教学与课外实践时，有积极主动来开展思想政治教育和教学活动。

调查显示，有23.1%的学生表示除了思想政治理论课程以外，其他专业课教师在开展课堂教学与课外实践时会“经常有”积极主动结合党的十九大精神和习近平新时代中国特色社会主义思想来开展思想政治教育和教学活动，62.5%的学生选择了“偶尔有”，14.4%的学生选择了“从没有”。

（10）大部分学生表示辅导员在开展日常工作时偶尔有结合大学生实际开展思想政治教育，宣传党的路线、方针政策，尤其是大学生学习激励、评先评优、生活补助、就业相关的政策文件等方面宣传较多。

调查显示，有55.4%的学生表示辅导员在开展日常工作时“偶尔有”紧密结合大学生实际开展思想政治教育，有40.7%的学生表示“经常有”，3.9%的学生表示“从没有”。

（11）大部分学生表示学校组织开展与思想政治教育相关的学术报告、名家讲座活动还是比较多的，尤其是宣讲党的十九大精神和习近平新时代中国特色社会主义思想的，发达地区的院校和一流院校明显较多。

调查显示，有41.7%的学生表示学校“经常有”组织开展与思想政治工作相关的学术报告、名家讲座活动，52.2%的学生表示“偶尔有”，6.1%的学生表示“从没有”。这一比例数字与地区发达程度和院校水平有直接关系。

（12）多数学生表示学校偶尔有邀请杰出的校友返校开展思想政治教育相关的交流活动。

调查显示，有20.6%的学生表示学校“经常有”邀请杰出的校友返校开展思想政治相关的交流活动，72.3%的学生表示“偶尔有”，7.1%的学生表示“从没有”。

（13）大部分学生表示学校经常开展以学习宣传贯彻党的十九大精神和习近平新时代中国特色社会主义思想为主题的形式多样的校园文化活动。

调查显示，有63.5%的学生表示党的十九大以来，学校“经常有”开展以学习宣传贯彻党的十九大精神和习近平新时代中国特色社会主义思想为主题的形式多样的校园文化活动，有32.3%的学生表示“偶尔有”，有4.2%的学生表示“从没有”。

（14）多数学生表示学校开设的校园文化网络推广平台，能及时更新和推送党和国家时政的最新动态和新闻，校园网主页新闻关注的人较多。

调查显示，有57.5%的学生表示学校开设的校园文化网络推广平台，“能及时更新和推送”党和国家时政的最新动态和新闻，37.8%的学生表示“偶尔更新和推送”，4.7%的学生表示“几乎不更新和推送”。

（15）多数学生认为学生基层党、团组织开展的组织生活会，与国家的最新时政动态、思想政治理论课的教学内容结合的程度很紧密，认为结合紧密与认为结合一般的人数较为接近。

调查显示，有48.1%的学生认为学生基层党、团组织开展的组织生活会，与党和国家的最新时政动态、思想政治理论课的教学内容“结合得很紧密”，甚至有合作联合开展各种活动，46.2%的学生认为“结合得一般”，5.7%的学生认为“很少结合”。

（16）多数学生表示学生基层党、团组织的日常工作开展与建设，“很少能积极有效解决”学生在成长成才过程中遇到的实际困惑或困难，日常工作活动的开展与学生的实际需求有差距。

调查显示，有25.4%的学生认为学生基层党、团组织的日常工作开展与建设，“能积极和有效解决”学生在成长成才过程中遇到的实际困惑或困难，50.8%的学生认为“很少能积极有效解决”，23.8%的学生认为“不能积极有效解决”。

（17）大部分学生认为学校行政人员与后勤服务人员，在工作的过程中大多数人还是比较认真负责、态度亲和的，偶尔有个别人有过激的言行。

调查显示，有60.4%的学生认为学校行政人员与后勤服务人员，在工作的过程中态度亲和，“从未有过”过激的言行，35.1%的学生认为“偶尔有”，4.5%的学生认为“经常有”。

（18）四成以上学生表示，关于学校开展的各项思想政治教育活动体制机制不健全，有头无尾，前期活动开展得很好，但是后期学生想进一步交流，将自身的感受、体会、意见和建议，向思想政治理论课教师、辅导员或学校其他职能部门进行反馈的机会和途径较少。

调查显示，关于学校开展的各项思想政治教育活动，56.3%的学生表示“有丰富的反馈途径”，可以将自身的感受、体会、意见和建议，向思想政治理论课教师、辅导员或学校其他职能部门进行反馈，40.5%的学生表示“反馈途径很少”，3.2%的学生表示“没有反馈途径”。

（19）绝大多数学生表示自己目前的思想政治状况基本符合学校和教师的要求。

调查显示，70.2%的学生选择“一般符合”，26.3%的学生选择“非常符合”，只有3.5%的学生自认为“差距很远”。

（20）多数学生表示学校没有与企业协同举办思想政治教育活动，校企合作举办招聘活动是每年都有的。

调查显示，24.2%学生表示学校与企业有联合举办校园招聘活动，也协同举办思想政治教育活动。69.3%的学生表示只听说校企联合举办校园招聘活动，没听说有思想政治教育活动，6.5%的学生表示不知道。

（21）大多数学生认为各高校之间优质教育资源共享机制是有利于提升思想政治教育效果的，而且他们认为对学生来说是非常受益的。

调查显示，79.3%的学生选择“是”，2.7%的学生选择“否”，还有

18%的学生选择“不清楚”，也许这部分学生对于校际资源共享关注不够，所以不太了解。

（22）大部分学生认为网络对高校思想政治教育工作的开展将会产生多方面的极大的影响。

调查显示，58.1%的学生认为网络的“影响力很大”，36.4%的学生认为“影响力一般”，只有5.5%的学生认为“影响力很小”，这部分学生或许是没有了解到高校网络课程的建设和发展情况。

“高校铸魂育人协同机制现状调研”是在2019年下半年进行的，如果在2020年上半年进行调研，学生的这部分回答情况或许会截然不同。2020年上半年因为新冠疫情的影响，大中小学研究生等所有学校教育教学活动通过网络线上进行，中国互联网技术发展比较成熟在这次疫情防控中发挥了巨大作用，比如线上教学、线上购物、线上办公、线上招聘、线上升学就业面试、线上人际交往等。学生们通过线上教育教学活动完成学习任务，也通过线上师生交流互动接受了关于疫情防控等方面的思想政治教育。

（23）绝大多数同学表示自己是多途径接受思想教育的，认为学校、家庭、社会、网络媒体对自己的思想观念、政治倾向等都有影响。

调查显示，78.5%的学生选择了“学校理论课程学习”“社会实践活动”“家庭相关教育”“网络新闻媒体等”，15.3%选择了“学校理论课程学习”“社会实践活动”“家庭相关教育”，4.8%选择了“学校理论课程学习”和“社会实践活动”，1.4%的学生选择了“学校理论课程学习”。如果在2020年上半年开展问卷调查，学生的回答或许不同，因为学生通过网络学习理论课程，另外，因为疫情防控，学生对网络新闻媒体等的关注度也空前提高了。

（24）绝大多数学生表示，单纯的学校思想政治教育效果虽然比单纯的家庭教育和单纯的社会教育效果好，但是学校、家庭、社会三者协同联动的思想政治教育效果最好。

调查显示，对“您认为哪种教育方式的效果最好？”的回答，17%的学生选“学校教育”，8.5%的学生选“家庭教育”，6.2%的学生选“社会教育”，68.3%的学生选“学校、家庭、社会三者协同教育”。但是通过访谈教职员工了解到，实际上学校、家庭、社会协同育人并没有实现有机衔接和融合互动。

(二)高校铸魂育人协同机制的教职工调研数据统计

1.调研样本数据统计

除了对学生进行问卷调查外，还对国内四个城市不同院校的48名教职工进行访谈，这些教职工都在与思想政治教育密切相关的工作岗位，如党政领导、思想政治理论课教师、辅导员、学生处工作人员、其他各类专业课教师等，希望从他们的角度对高校思想政治教育协同机制现状有一定的了解和掌握。

教职工样本中，男性占54%（N=25），女性占46%（N=23），男女比例约为1∶0.92；党员占75%（N=36），群众占17%（N=8），民主党派人士8%（N=4）；教师岗位，思想政治理论课教师占12.5%（N=6），人文社会科学专业教师占12.5%（N=6），自然科学专业教师占12.5%（N=6）；党务与行政管理岗位，各级党支部书记占8%（N=4），校长院长占6%（N=3），团委书记占8%（N=4），学工部部长占4%（N=2），宣传部部长占4%（N=2），就业处处长占4%（N=2），辅导员占17.6%（N=7）；后勤服务岗位，保卫处处长占4%（N=2），宿管中心工作人员占4%（N=2）；校园信息化管理负责人占4%（N=2）。

这里需要说明的是，由于研究经费、人力等因素的限制，教职工调查样本数量以及科学性方面还有很多方面待完善。样本数量最多的是教师、各级党支部书记和辅导员，一方面是由于受各方面主客观条件的限制，提高其他人员的样本数量有一定难度，另一方面由于教师、支部书记和辅导员是与学生思想政治教育工作联系最为紧密的工作人员，他们对自身工作以及学生的了解相对于其他人员更为全面和具体。

2.访谈结果统计

此次访谈的问题和提纲主要有对当前高校“用习近平新时代中国特色

社会主义思想铸魂育人”的意义、价值及具体做法的理解和认识；对高校“用习近平新时代中国特色社会主义思想铸魂育人”的目标和任务的看法；对高校思想政治教育体系的构成、对象群体的认识；对探索构建高校铸魂育人协同机制意义的观点和看法；结合自身工作对高校铸魂育人协同机制的理解以及对已有的协同机制内容、模式和路径的看法、建设性意见或建议。

由于受访教师在不同的岗位，具体的工作内容、与学生的接触交流情况以及工作经验和角度都不尽相同，因此回答问题的视角、层次和深度也不尽相同，这有利于全面系统、多层面地深入了解和掌握高校铸魂育人协同机制现状。

（1）教职工对当前高校“用习近平新时代中国特色社会主义思想铸魂育人”的意义和价值的认识总体上基本一致，但对学校具体做法的理解和认识有明显区别。

访谈结果显示，教职工基本都是从自身的工作经验出发，谈及对高校“用习近平新时代中国特色社会主义思想铸魂育人”的意义和价值。其中，90%教职工表示是满足党和国家对人才培养的需要，85%教职工表示是顺应学生自身的发展的需要，60%教职工表示是迎合高等教育社会主义办学方向的需要。对于高校“用习近平新时代中国特色社会主义思想铸魂育人”的具体做法，87%的教职工是认可的，认为课堂教学、团学活动、校园文化和社会实践是很好的路径，也有13%的教职工认为高校“用习近平新时代中国特色社会主义思想铸魂育人”的具体做法不够深入，实际效果不如想象中好。

（2）教职工对当前高校“用习近平新时代中国特色社会主义思想铸魂育人”的目标和任务理解多元化。

访谈结果显示，95%的教职工认为高校铸魂育人的目标，是要培养德智体美劳全面发展的中国特色社会主义建设者和接班人；85%的教职工认为高校日常的一些思想政治工作主要是为了提升铸魂育人的实效性；80%的教职工谈到高校铸魂育人的各项工作主要是为了加强党对高校思想政治教育工作的领导；75%的教职工认为开展日常各项思想政治教育工作能够帮助解决学生之间、教职工之间、学生与教职工之间的矛盾，是铸魂育人与解决实际问题相结合。

（3）教职工对高校思想政治教育系统构成的认识维度多元化，但重点突出。

访谈结果显示，有部分教职工从思想政治教育工作开展的具体内容、人员构成、方式途径来谈思想政治教育工作系统的构成，有部分教职工则从领导管理、组织机构、制度安排、人员建设几个方面来谈，也有部分教职工从教师队伍建设和学生成长成才两个大板块来谈。不同教职工受到自身工作岗位性质的影响，所谈的维度、层次、深度都不尽相同，但其中有共同认可的部分。90%的教职工提到了思想政治理论课教学体系，80%的教职工提到了思想政治理论宣传体系，75%的教职工提到了校园文化建设体系，60%的教职工提到了高校党建体系，55%的教职工提到了后勤服务体系，68%的教职工提到了校园信息化体系。

（4）教职工对高校思想政治教育对象群体的认识较为统一，对工作群体认识差异较大。

访谈结果显示，86%的教职工认为高校思想政治教育的对象主要是学生群体，40%的教职工认为高校思想政治教育的对象既包含学生群体，也包含教职工群体。对工作群体的认识，所有教职工都提到了高校思想政治教育群体包含思想政治理论课教师和辅导员群体，90%的教职工提到了党政干部群体，82%的教职工提到了行政服务工作人员群体，75%的教职工提到了网络舆情管理工作人员群体，25%的教职工提到了非思想政治理论课教师群体，35%的教职工提到了学生朋辈群体。由于受访教职工大多是从自身的工作岗位实际经验出发，对工作群体的认识也大多以与自身工作紧密结合的工作群体为主。因此，虽然都谈到在工作开展中有时会将不同工作群体之间进行协同，但总体来说对协同工作的认识还是较为片面。

（5）教职工一致认为探索构建协同育人机制对于当前高校“用习近平新时代中国特色社会主义思想铸魂育人”工作的开展，不管是理论意义还是实践意义都非常重大。

访谈结果显示，多数受访教职工认为目前的高校思想政治教育工作系统存在一些问题。其中，除了各自所在的工作子系统之中存在的一些影响工作实效的问题之外，很大一部分原因是各子系统如不同工作群体、不同部门之间没有协同或是协同不够，一旦拥有了构建科学、运行良好的协同机制，将会极大提高校铸魂育人工作的实效性。对于此，不同的受访教职工结合自身所在岗位的工作经验，提出了较为深刻的看法，进行总结后，可以归纳为：有助于激发育人主体的内生动力、实现育人资源共享，有助于畅通信息交流，有助于降低系统内耗，有助于增强主体协同互动常态化，有助于加强主体和载体等优势互补，等等。

（6）多数教职工认为随着协同育人理念的深入人心，目前高校思想政治教育工作已构建了部分协同育人机制，只是不全面不成熟，仍然需要进一步深入探索和完善发展。

访谈结果显示，多数教职工认为目前高校都有着手构建协同机制，而且有些方面也建构了部分协同机制，但并不够系统化，多数都是与实际工作开展相关的较为局限的协同机制。在协同育人方面做得较好的是上海地区的高校。如上海地区高校课程思政建设得普遍较好，课程协同走在全国前列，是全国其他地方高校学习的范例。但是上海高校的协同育人其他方面也还有薄弱环节，因此还需要探索覆盖全面的全程、全方位、全员的“大思政”的科学化协同机制。

在列举已有的协同机制方面，不同地区、不同级别、不同类型的高校教职工们的答案有明显区别，这反映了各高校协同育人机制构建发展存在差异性和不平衡性。如有的教职工谈到了思想政治理论课与专业课之间的课程协同，有的教职工谈到了大学生团学组织与校园文化建设之间的协同机制，有的教职工谈到了校园文化建设与思想政治理论课之间的协同机制，有的教职工谈到了辅导员与各课程教师之间的育人协同机制，有的教职工谈到了学生工作与校园舆情之间的协同机制，有的教职工谈到了教学、管理、服务之间的协同，还有的教职工谈到了科研与教学协同、专业学习与就业指导协同等。值得注意的是，部分党务、行政工作人员认为，有些高校已经形成了一套相对稳定的行政管理工作系统，但是各子系统、各育人主体都是各司其职并且相对独立运行的，为了要完成某项临时性的且较为复杂的工作任务时，会进行协同工作。这种工作任务通常是由某一个部门牵头，其他部门在各种资源、信息、人员方面协调配合，最后共同完成任务，在那段共同完成任务的时期里，各部门是有着较为科学和高效的协同运行机制的。但由于这种协同是临时的，并且存在着一定的主导和配合关系，因此他们之间所形成的协同机制并不是长效、稳定以及制度化的。

（7）由于结合自身工作的实际经历，教职工对应构建怎样的高校铸魂育人协同机制看法颇多、观点多元。

访谈结果显示，对于应构建怎样的高校铸魂育人协同机制，不同岗位的教职工从不同层次、角度提出了各自的观点和看法。如从行政管理系统的结构来看，部分教职工提出应以组织领导为核心，构建从上到下，从学校领导顶层设计到具体执行基层，立体化且联系紧密的网络状管理协同机制；部分教职工提出要紧抓教育教学这根主线，构建课程、教学、管理、服务、科研、实践等全程、全员、全方位的“三全”铸魂育人协同机制；部分教职工认为现有的考核评估激励体制体系不完善，不能对教职工的业务水平和思想水平进行同步的评估考核，建议构建工作业绩、思想水平与业务能力联合考核的考核评价协同机制；部分教职工提出现有的绩效激励机制奖惩不明确，不能完全实现有效的激励作用，因此提出要构建奖惩分明的激励协同机制；部分教职工从自身工作出发认为在协同育人保障机制方面还有很多不足，比如经费保障问题、队伍保障问题、组织保障问题、环境保障问题、制度保障问题等，建议建立健全与铸魂育人协同机制相配套的一系列保障机制。当然，也有教职工认为当前高校思想政治教育的监督机制不健全，没有很好地发挥监督的作用，应该构建更加科学、合理、有效的监督机制来保障协同育人机制的良好运行等。

从育人系统中的要素协同来谈，部分教职工提出应构建育人主体协同机制、育人内容协同机制、育人过程协同机制、育人场域协同机制、育人平台协同机制、育人队伍建设协同机制等。从育人系统的运行机理来谈，部分教职工提出要以党中央提出的“以文化人”“三全育人”为引领，构建文化引领机制的“大思政”格局；部分教职工，尤其是各类课程教师建议，以教育部课程思政文件为引领，构建课程协同为核心的同心圆“大思政”协同育人机制；部分教职工从体制、制度、机制的相互联系出发，提出要构建有制度保障的组织保障机制；部分教职工提出高校铸魂育人工作不仅要考虑校内资源，也要考虑校际资源、家庭资源、社会资源、网络资源、区域资源等，不仅要考虑人力资源，也要考虑物力、财力和智力资源，因此提出应构建各种优势资源相结合的资源整合机制等。

（8）教职工结合实际就协同育人机制的构建提出方法、路径、对策，思路清晰，重点突出，具有很强的针对性。

访谈结果显示，虽然不同岗位的教职工在谈及这个问题时一般都会以自身岗位特点和工作经验为依托进行思路梳理，但也有着较为突出的重点：一是加强学校党委对高校铸魂育人工作的领导，大部分教职工都认同加强党委对高校铸魂育人工作的领导是首要也是重中之重。二是要进一步强化协同育人、“三全育人”的理念。部分教职工提出在实际工作中，有很多教职工在协同理念上存在着偏差，例如一些教职工只注重本职工作完成的情况而不考虑与其他部门或工作系统进行协同配合的部分。三是要建立健全协同平台。部分教职工表示，他们在工作过程中需要与其他部门或是工作系统进行协同时，往往由于部门或是系统之间的壁垒，使得他们对彼此的工作进度、工作内容等方面都存在着信息交流和沟通屏障，从而导致协同不成或是协同不顺畅。因此，他们很希望能有一个平台使大家能够进行畅通的沟通和信息的交流，共同推进思想政治教育工作的开展。四是要创新协同方式。很多教职工认为现在的一些协同方式上已经落伍，无论是协同的效果还是效率都较为低下，要发挥网络优势，借助互联网信息技术，创新既能顺应时代发展又能贴合实际工作的协同方式。五是要有保障协同机制运行平稳和长效的制度。部分教职工提出由于受到经费、人员、环境等多方面可变因素的影响，使得已有的协同机制并不能长久地发挥理想效果，因此在进行协同机制构建的过程中，相应的制度建设也要同步进行。

（三）当前高校铸魂育人协同机制调研结果分析

此次调研分别在沪苏皖20所高校的1000多名学生和近48名教职工两个教育群体中开展的。学生采用的是调查问卷，基于学生样本主要以本科生为主，还有部分专科学生，他们对于铸魂育人协同机制的概念如机制、协同机制等的理解可能模糊不清，因此在问卷中并没有直接向学生询问他们对于高校铸魂育人工作协同机制的看法，而是从一些能够体现是否进行协同、协同的程度以及协同后的效果的题目设问中进行侧面的了解，从而推导出从学生视角看到的高校铸魂育人协同机制的现状。教职工则是采用电话采访和实地访谈的形式进行调研，这主要是由于教职工普遍都有一定的理论基础，同时长时间开展思想政治教育教学工作实践，既有理论又有实践，对于铸魂育人协同机制的理解更为深刻和全面，与教职工进行交流更多地采用了访谈的方式，这样能够深入和全面地掌握高校铸魂育人协同机制现状。

1.学生调查问卷数据分析

通过对学生调查问卷的数据分析，得出高校铸魂育人协同机制的现状有以下的特点：

（1）当前高校思想政治教育的实效性一般，但总来说是符合党和国家对高校铸魂育人合力育人的要求。

大部分学生表示对思想政治理论课不感兴趣，学习只是为了应付考试和将来考研、考公务员等需要。同时学生认为自己的思想政治状况是符合学校、教师、家长和社会要求的，没有学生认为自己和他人与社会格格不入。

（2）从思政课程到课程思政的课程协同机制都在构建或建设，课程体系初见规模，校园文化体系、社会实践育人体系与思想政治理论宣传体系之间的协同机制构建也已初现成效，校园文化活动形式丰富多样且与社会实践活动、思想政治理论宣传教育联系较为紧密和长效。

（3）其他各类专业课程内容与思想政治教育内容体系协调，行政、后勤服务体系之间的协同有待加强，协同机制的构建有待完善。

其他各类专业课教师较少积极主动开展思想政治教育教学活动，行政、后勤服务人员偶尔有个别人有过激的言行。

（4）学生基层党支部的党建工作与行政、后勤服务体系之间有些脱节，协同机制有待构建。

虽然学生基层党、团组织开展的组织生活会与党和国家的最新时政动态、思想政治理论课的教学内容结合较为紧密，但是却很少能积极有效解决学生在成长成才过程中遇到的实际困惑或困难，往往是同学或班干部最先发现学生在学习上、情感上的障碍或生活上的困难或班干部，然后反映给辅导员、院（系）领导等。

（5）学校虽然在校园设有信箱，或者在校园网主页上设有校长信箱，但是对于能让学生在思想政治教育活动后及时反馈思想政治教育效果的途径开辟还不足。四成以上学生反映关于学校开展的各项思想政治教育活动，很少有便捷的途径可以将自身的感受、体会、意见和建议，向思想政治理论课教师、辅导员或学校其他职能部门工作人员进行反馈。虽然有些专题讲座等教育教学活动现场设有专家和学生的互动环节，但是对于大部分学生来说机会很少。

（6）学校、家庭、社会协同育人效果虽然最好，也是最受学生欢迎的，但是实际上高校主动与学生家庭联系，进行家校联合协同育人的情况较少，学生的思想政治教育任务主要还是靠高校，社会的育人资源和力量、企业的育人资源和优势都没有得到充分利用。

2.教职工访谈数据分析

通过对教职工访谈结果的分析，发现高校铸魂育人协同机制现状有以下特点：

（1）教职工对于高校开展“新时代中国特色社会主义思想铸魂育人”工作的意义和价值认识大多停留在传统的较为陈旧的认识层面，对于党和国家的立德树人、铸魂育人、“三全育人”、协同育人等理解不够深刻。例如，大部分教职工对思想政治教育工作的理解还停留在单纯地认为是实现高校育人的需要，对于要通过铸魂育人坚定和强化社会主义办学方向的认识不够广泛和深入。

（2）教职工对高校思想政治教育“用习近平新时代中国特色社会主义思想铸魂育人”的目标和任务的理解大多较为狭隘，无法站在系统和全局的高度。一方面，大部分教职工对于高校铸魂育人工作的目标和任务的认识，着重理解为“培养什么人”，而相对忽视了“怎样培养人”和“为谁培养人”的问题；另一方面，一些教职工并没有认识到自身也是高校铸魂育人工作的对象群体，自身思想水平和政治立场也需要不断提升和夯实。

（3）教职工对高校铸魂育人系统的构成体系较为明确，但对系统内部各子系统的协同分工不是很明确。所有教职工都认可高校铸魂育人系统包含思想政治理论课课程教学体系、思想政治理论宣传体系、校园文化建设体系、高校党建体系、后勤服务体系、校园文化建设体系、校园信息化体系等，但对体系之间怎样协同、协同后的职责与目标、如何反馈与评估等诸多问题的认识有待提升。

（4）加强党委领导、明确顶层设计、更新协同育人理念、搭建信息共享平台、创新协同方式、加强监督评价机制、完善激励保障制度是进一步构建协同机制的重要发展方向。

（四）借鉴已有的相关调研数据

目前，学界有部分与高校铸魂育人工作密切相关的实证调研，无论是问卷设计、访谈内容还是调研数据分析，都或多或少地能够从侧面反映出高校铸魂育人协同机制的建设现状，一定程度上能够进一步支撑和丰富我们对高校铸魂育人协同机制现状的了解。

比如，武汉大学沈壮海等于2014年、2015年、2016年连续三年的大学生思想政治及其教育状况调查数据，武汉大学倪素香等的高校思想政治工作现状调查，东北师范大学王忠的博士学位论文《大学生思想政治教育实践育人机制创新研究》对大学生开展实践育人的调研数据。虽然这些调研本身在问卷设计和最终目标上并不是直接针对高校铸魂育人协同机制现状而展开，但通过分析问卷和访谈内容以及最终获得的结果，能够从侧面了解到在被调研高校中开展铸魂育人工作方面是否存在协同以及协同工作状况如何，由此能够从侧面弥补我们进行实证调研所出现的样本数量不够多、数据不够充分以及了解协同工作现状不够全面的不足。

1.武汉大学沈壮海等的大学生思想政治教育状况调查

武汉大学沈壮海等2014年、2015年、2016年连续三年的大学生思想政治教育状况调查，规模较大，每次调研对象都是全国范围的三十多所高校的数千名大学生，其调研数据非常具有参考价值。

2014年6月至7月，教育部哲学社会科学发展报告建设项目“中国大学生思想政治教育发展报告”在中国人民大学、北京交通大学等30所部属高校选取3000名大学生开展了主题问卷调查。调查显示，大学生高度认同中国梦，具有较强的集体观念和奉献精神，希望将国家梦和个人梦有机结合；对社会主义核心价值观实现程度的评价不一，对个体层面核心价值观实现程度的评价相对较高、认同度更高，具有较强的积极践行核心价值观的自觉和意愿；对中国共产党和中国特色社会主义道路、理想等高度认同，绝大部分大学生有入党意愿，入党动机端正；具有良好的道德认知，对雷锋精神的时代价值高度肯定；对思想政治理论课满意度较高，对辅导员工作高度肯定；对大学生群体文明素质的评价总体较好。调查也表明，部分大学生对有关思想理论问题存在模糊或错误认识，参加政治理论学习的积极性不高，党团活动的育人作用有待增强。加强和改进大学生思想政治教育需要进一步抓住重点、强化针对性，创新方式方法，持续着力。思想政治理论课的主渠道作用及其发挥方面，课程教学在增强大学生思政教育整体实效方面发挥着积极作用，大学生对课程设置、教学内容、教学方法和师资水平等方面较为满意。教育内容与教学方法应成为加强改进的重点，网络运用应成为积极关注的重要领域，与日常思想政治教育的深层协同应予以更多关注①。

2015年6月至7月，课题组在2014年全国35所高校的基础上，增加了合肥工业大学、贵州师范大学等5所高校，对全国35所高校进行了年度调查。调查表明，积极正向、多样活跃是当前大学生思想政治状况的总体态势，大学生普遍拥有正确的人生价值取向、坚定的理想信念、高尚的道德追求、高度的文化自信心；大学生思想政治教育开展状况及其成效得到充分肯定，思想政治理论课教学与日常思想政治教育引领大学生成长与发展的教育成效不断彰显。在宏观把握大学生思想政治教育现状的基础上，课题组进一步挖掘调查数据，努力呈现当前大学生思想政治教育工作面临的突出问题及其可能成因，并尝试从微观层面提出一般与个别——教育对象的群体差异、整体与局部——教育内容的相互关联、传统与现代——教育载体的网络运用、理论与实践——教育成效的知行统一四个方面教育实践中具体操作性建议②。

2016年4月至6月，项目组在全国35所高校（与2015年相同）开展了年度问卷调查。问卷聚焦于“大学生的观念与行为”“大学生思想政治教育及其成效两个维度”。调查表明，当前大学生思想政治教育开展成效显著；就主渠道建设而言，多数大学生对思想政治理论课的“课程设置”“教学内容”“教学方法”“师资水平”建设情况持肯定性评价，思想政治理论课的育德作用得到认可；就主阵地建设情况而言，日常思想政治教育的开展状况较佳，大学生的参与意愿强烈，有关教育工作或教育活动的成效受到好评。所提建议主要集中在教育环境、教育资源、教育载体、教育方式、教育内容等方面。数据分析还表明，不同地区、不同类型高校的思想政治教育开展状况差异显著，不同群体大学生对当前思想政治教育开展效果的评价也呈现显著性差异。有效改善大学生思想政治教育的不平衡状态，针对大学生的现实需求不断完善思想政治教育的主渠道和主阵地建设，是切实

① 沈壮海，段立国.2014年度大学生思想政治状况分析——基于全国30所高校的调查[J].思想理论教育导刊，2015(8):98-103.

② 沈壮海，王迎迎.2015年度大学生思想政治及其教育状况调查分析[J].中国高等教育，2016(8):5-12.

提升大学生思想政治教育成效的关键所在[①]。

2.武汉大学倪素香等的高校思想政治工作现状调查

武汉大学倪素香、朱冰洁发表的《高校思想政治工作现状调查研究——基于湖北高校大学生的调查分析》，主要从学生的角度，对高校思想政治工作队伍建设、机制建设、工作方式等方面进行现状考察和分析。从回收的821份调研问卷的数据分析得出的主要结论有：高校思想政治工作队伍建设方面，19%的被调查者认为队伍建设不健全或不太健全，43%的被调查者认为队伍建设基本健全，38%的被调查者对当前队伍建设表示情况一般。从问卷数据反映和访谈结果可以看出，高校思想政治工作人员思想政治素质有待提高、高校思想政治工作人员配置与制度保障存在难题；高校思想政治工作机制建设的现状方面，调研数据显示，当前高校思想政治工作机制建设中的组织领导机制、意识形态工作责任制、绩效评价机制与人才队伍建设机制建设较为完善，但舆情监控引导机制与突发公共事件应急机制建设仍需加强，当前高校思想政治工作机制建设存在着机制有待平衡发展、机构建设力量不均的问题；高校思想政治工作方式的现状方面，调研结果反映出当前高校思想政治工作方式与学生要求脱节、高校思想政治工作活动形式吸引力不足的问题[②]。

3.东北师范大学王忠的大学生思想政治教育实践育人现状调查

王忠的调研主要集中在高校思想政治理论课、教学实践实验实训、校园文化活动、学生社会实践、网络思想教育五个方面，对吉林三所高校的在校大学生进行问卷调查和教师及管理者的访谈，其调研数据和结果可以为高校铸魂育人协同机制现状及存在问题分析提供了相关的材料支撑，在其对回收的1618份调研问卷分析中可以发现，五个方面都存在各种不同的问题，这些问题的罗列和分析对于我们进一步了解当前高校在实践实训方面铸魂育人协同机制的不足是一个有力的补充，概要其主要观点如下。

① 沈壮海，王迎迎.2016年度大学生思想政治教育状况调查分析———基于全国35所高校的调查[J].中国高等教育，2017(11)：45-50.

② 倪素香，朱冰洁.高校思想政治工作现状调查研究———基于湖北高校大学生的调查分析[J].思想政治教育研究，2016(12)：81-90.

（1）思想政治理论课方面，教学方法和手段相对单一，课堂教学与实践教学相脱离，知识灌输与能力培养相脱离较为明显，教师队伍同当前社会发展的形势、高等教育发展的新任务、大学生自身成长的新要求不完全相适应，校内教育资源与社会教育资源及家庭教育资源缺乏整合利用等问题。

（2）教学实践、实验实训方面，同样存在活动形式相对单一，且与教学相脱节，大学生实习的校内、校外资源没有有效整合利用，实践教学并没有切实起到与课堂教学相互协同、相互辅助的作用，也就是课堂理论教学与实践教学协同育人机制存在不足。

（3）校园文化活动方面，存在时间安排不合理造成资源配置不均，活动的开展没有切实考虑到不同年级学生的成长需要和规律，活动没有实现将知识育人、以文化人、以文感人和实践育人的有效融合等不足。

（4）社会实践方面，活动缺乏系统全面的规划，重形式、缺乏针对性以及与实际结合不紧密，实践机制不够健全，活动的各项规章制度不够规范、组织机构不够合理、评价体系不够科学、总结反馈不够到位，教师队伍和实践基地建设都有待进一步加强，育人系统各要素间没有形成良好的协同态势。

（5）网络教育方面，学生的网络从众心理和网络依赖性较强、但网络责任感不够强，学校对网络舆论引导不够，现实与网络思想政治工作没有做到同轴共转。

（6）思想政治理论课教师、学生政治辅导员、党团干部和管理者访谈反映的问题有：实践育人机制建设未形成完整封闭的体系，存在缺位、错位等问题；实践教学学时安排较少，实践教学基地难以满足现实需要，学校有关部门、有关人员职能划分不够清晰，责任不够明确，协同性不强，弱化了实践育人整体合力的作用；缺乏对实践育人的系统评价和考核；实践育人各系统要素之间没有形成有效的协同作用等①。

从课堂教学到社会实践再到校园文化，从面对面现场育人铸魂的不足

① 王忠.大学生思想政治教育实践育人机制创新研究[D].吉林：东北师范大学，2016.

到网络育人存在的问题，以上分析较为全面也较为深入细致。王忠概括和提炼的这些带有普遍性的问题，弥补了本书在实践育人协同机制现状方面材料的薄弱和不足。

第二节 当前高校铸魂育人协同机制建设的成绩与不足

近些年，随着党和国家对高校铸魂育人工作的重视，各高校不断加强铸魂育人工作的力度，初步形成高校铸魂育人协同工作的局面。但高校铸魂育人协同工作的成效不尽如人意，还存在许多问题。因此，要充分了解和分析协同育人存在的问题及原因，为推进高校铸魂育人协同机制的构建与完善创造条件。

一、高校铸魂育人协同机制建设取得的成绩

思想政治教育学科创立以来，在党中央、国务院的领导下，成功实现了飞跃性的发展，在学科体系和课程体系建设上，在教育教学内容更新拓展上，在现代教育教学方式手段、方法路径革新上，在教育教学对象的认可和接受程度上，在教育实践活动开展的丰富度上，在教育教学环境条件的改善上，都实现了前所未有的突破性发展。

(一)思想政治教育的发展成就显著

思想政治理论课的课程体系自改革开放以来，曾先后经过三次大的调整和改革，分别为，“85 方案”“98 方案”及“05 方案”。通过这些改革，课程在体系方面不断系统化、科学化，在内容方面不断时代化、充实化，课堂教学主渠道作用不断凸显，课程教学研究成果不断丰富。近年来，思政课程在课程思政建设方面的领航作用明显。思想政治理论课实践改革也

紧跟时代步伐，第二课堂、校园文化活动由改革之初的内容简单、形式较为单一的课外活动发展到如今内容融入了更多的中国优秀传统文化、革命文化、时代精神和互联网文化等，文化育人作为思想政治教育的途径之一已经越来越受到重视。心理健康教育也得到全国各地高校的普遍重视，思想政治教育与心理健康教育融合发展，各高校基本建立心理咨询室和网上心理咨询中心，建立大学生心理健康档案，不断深入和发展心理咨询服务。随着大数据及“互联网+”的蓬勃发展，网络思想政治教育、网上红色网站等得到广泛运用。经过几十年的发展，寒暑假社会实践活动深入基层和农村，锻炼了一大批大学生，大量的思想政治教育红色基地建立起来，大部分高校均建立了大学生就业指导中心，切实帮学生解决就业困难和问题。社会实践活动作为国家政策和大学生就业的桥梁，使更多的优惠政策落到实处，成为人才培养的重要环节之一。

思想政治教育教师队伍建设一直走在现代化改革的道路上，2017年教育部颁布的《普通高等学校辅导员队伍建设规定》明确了辅导员的工作要求、工作职责、辅导员配备师生比不低于1∶200、担任辅导员的条件以及辅导员的发展和培训、管理与考核等，使辅导员队伍建设有章可循，更加科学规范。2020年教育部颁发的《新时代高等学校思想政治理论课教师队伍建设规定》，进一步明确了思想政治理论课教师岗位的职责与要求、思政课教师的配备与选聘，严格按照师生比不低于1∶350的比例核定专职思想政治理论课教师岗位；进一步加强了对于思想政治理论课教师的培养与培训、考核与评价、保障与管理等，使思想政治理论课教师的发展和待遇有了保障。新时代高校思想政治教育更加积极推动人才队伍的建设。

我们党和国家历来十分重视思想政治教育的发展，随着新世纪的到来，党中央先后两次召开了全国高校思想政治教育工作会议：2016年12月的全国高校思想政治工作会议上，习近平总书记发表重要讲话，从战略上对高校的思想政治教育工作做出安排；2018年度高校思想政治工作研讨会，全面贯彻落实党的十九大精神和习近平新时代中国特色社会主义思想，加强党对高校的全面领导，提升高校思想政治工作质量。

教育部哲学社会科学发展报告建设项目“中国大学生思想政治教育发展报告”在全国35所高校开展的调查表明：当前高校思想政治教育育人成效显著，“86.6%的受访学生对当前大学生思想政治教育开展效果持肯定性评价”，思想政治教育的教育实践活动也受到了广泛的开展，各高校扎实推进“主题教育”、高度重视“党团活动”、积极开展“网络思想政治教育”、着力推进“全员育人”①。尤其在近年来，高校学生对思想政治教育的满意度越来越高，跟踪调查显示：高校学生对网络思想政治教育、心理健康教育、社会实践、学生资助及就业教育的满意程度逐年上升。

（二）高校铸魂育人协同机制初步形成

1.初步树立协同育人理念：“三全育人”要求得到贯彻

十八届三中全会通过《中共中央关于全面深化改革若干重大问题的决定》，强调综合改革教育领域，并注重改革的系统性、协同性。习近平总书记在全国高校思想政治教育工作会议上着重强调高校思想政治教育工作，并指出要将其贯穿到教育教学的全过程，实现“三全育人”。2018年教育部办公厅发布《关于开展“三全育人”综合改革试点工作的通知》要求，各地要分类开展“三全育人”综合改革试点工作，从宏观、中观、微观各个层面，着力构建一体化育人体系。

为此，各高校深入学习党和国家关于“三全育人”的文件精神，初步形成高校思想政治教育协同育人的理念，“三全育人”要求得到初步贯彻。一方面，初步认识到“三全育人”的重要性。从宏观层面看，“三全育人”是党和国家推进新时代高校铸魂育人工作的战略性方针，对高校铸魂育人问题的直面回应，随着铸魂育人环境的变化，引领着高校在新的“思政观”指导下进行思想政治教育改革。构建“三全育人”思想政治教育“大思政”格局，对于落实立德树人根本任务意义重大。另一方面，初步理解“三全育人”的内涵。所谓“全方位育人”，强调高校铸魂育人是由众多要素构成

① 沈壮海，王迎迎.2016年度大学生思想政治教育状况调查分析——基于全国35所高校的调查[J].中国高等教育，2017(11)：45-50.

的一个大系统，铸魂育人目标的实现要从各个方面进行，发挥所有要素的协同优势，整体营造处处育人的育人环境，强调育人成效的全面性，既包括第一课堂、第二课堂、网络空间等场域，也包括德育、智育、体育、美育、劳育等全面育人目标指向。所谓“全过程育人”，强调的是育人的时空链接，高校铸魂育人工作不是一蹴而就的，是一个复杂且漫长的过程。协同育人要贯穿到学生从入学到毕业离校的发展的各个阶段，并不断延伸。所谓“全员育人”，强调育人的多元主体，包括学校所有教职员工、学生本人、学生家人、社会各种育人力量等。协同育人需要多元主体提高全员思想道德素质，发挥主观能动性，参与协同。

其次，各高校积极贯彻协同育人理念，形成独具特色的高校思想政治教育协同育人模式。典型模式有：上海交通大学实施知识探究、能力构建、人格养成的“三位一体”育人模式；北京大学重视思想政治教育与志愿服务的融合，形成“典型引领、点面结合、全面推进”的思想政治教育社会服务学习模式；首都师范大学践行以社会主义核心价值观为统领的大学生思想政治教育协同育人工作，搭建理论学习平台，形成“1144”模式，创建“四位一体、六级联动”的就业指导模式等；长春师范大学实施“1233”协同育人模式，发挥“青马工程”的示范作用，实现“青马工程”的全覆盖，协同推进“青马工程”的有效落实等。各个高校的探索成果，为高校铸魂育人协同机制的构建提供了参考，为高校人才培养提供不竭动力。

最后，在高校贯彻落实“三全育人”过程中，学者们根据工作实际需要对“三全育人”的理论内涵、现实难题和实践路径进行了多角度多层面的研究和探讨，成果极为丰硕。在中国知网等数字平台，以“三全育人”为篇名进行检索，找到了800多条结果。这些研究成果主要集中在2017年以来的三年多时间。2019年一年有368篇文献发表，2020年仅仅6个月时间就有318篇文献发表。具有一定代表性的高质量研究成果非常多，比如，2018年吴玉程在《中国高等教育》上发表的《新时代高校落实“三全育人”的理论与实践探究》，2018年杨晓慧在《中国高等教育》上发表的《高等教育“三全育人”：理论意蕴、现实难题与实践路径》，2019年朱平在《思想理论教育》上发表的《高校“三全育人”体系协同与长效机制的建构——以全员育人为中心的考察》，2019年王习胜在《思想理论教育》上发表的《“三全育人”合理性的逻辑诠释》，2020年张睿在《思想理论教育》上发表的《协同论视域下高校“三全育人”实施的机理与路径》，2020年武贵龙在《思想教育研究》上发表的《高校“三全育人”综合改革试点工作的探索与实践——以北京科技大学为例》等。尤其令人惊喜的是研究成果中还有一些硕士论文，如2016年东北师范大学顾鑫的《高校“三全育人”资助育人模式及其运行机制研究》，2019年西安科技大学王丽萍的《“三全育人”视域下大学生思想政治教育问题及对策研究》，2020年河北师范大学武娜娜的《高校思想政治教育“三全育人”研究》等。这些研究成果大大推动了高校“三全育人”实践的向前发展。

2.初步摸索了协同育人途径：“三全育人”的“大思政”格局初步形成

随着协同育人理念的逐渐深入人心，高校思想政治教育协同育人的路径探索已经展开，“三全育人”的“大思政”格局初具规模。

首先，“全员育人”方面，多元主体协同育人局面初步形成。在日常的思想政治教育中，高校党政领导高度重视“三全育人”的协同工作，辅导员进一步重视学生的日常管理和教育，进一步加强对学生思想动态的了解，各类专业课教师开始树立与思想政治理论课同向同行协同育人的思想观念，后勤服务人员以及大学生本人都开始重视铸魂育人的互动关系，家庭、社区、政府部门、企业单位等的育人资源和力量得到进一步重视等。其次，“全方位育人”方面，部门协同育人格局初步形成，部分高校成立与思想政治教育协同育人有关的委员会，部署协同育人工作，各部门进行初步的互动交流；各类课程协同育人模式初步形成，思想政治理论课在课程体系中的地位增强，各类专业课程与思想政治理论课初步融合，形成各具特色的课程协同育人教学模式；平台协同育人也初见成效。理论学习与社会实践联系逐渐密切，网络思想政治教育发展迅速，校园文化建设得到一定重视。最后，“全过程育人”方面，高校进一步重视大学生不同学习阶段的思想政治教育，从大一新生入学到毕业离校形成一贯到底的纵向时间段无缝衔接的协同育人链条；在空间场域和工作领域上，2017年教育部党组印发的《高校思想政治工作质量提升工程实施纲要》，提出一体化育人格局的“十大”育人体系，即课程育人、科研育人、实践育人、文化育人、网络育人、心理育人、管理育人、服务育人、资助育人、组织育人，让大学生思想政治教育全程贯通。

在高校“大思政”工作方面，上海地区高校走在全国高校的前列，上海市政府与学校联动，政府领导班子联系高校制度支持教育改革，扩大“思政”的覆盖面，将习近平新时代中国特色社会主义思想铸魂育人贯穿到学校教育教学全过程，让学生坚持马克思主义立场，把握马克思主义观点和方法。上海许多高校为实现“大思政”格局，联合有效资源，开展60余门“中国系列”思想政治理论选修课，课程思政建设成效显著，并形成星火燎原之势，成为各校思想政治理论课的“招牌菜”。如复旦大学“习近平新时代中国特色社会主义思想”、同济大学“中国道路”、华东政法大学“法治中国”、上海中医药大学“岐黄中国”、上海应用技术大学“中国智造”、东华大学“锦绣中国”等课程，吸引着全国各地高校争相效仿。同时，高校将思想政治理论课程内容融入专业课，如上海大学经济学院“生活中的经济学”“爱情心理密码”，不同行业的项目管理专家走进课堂等①，课程思政由理念到行动、再到育人观念的变革，不断向纵深发展。

在构建学校、家庭和社会“三位一体”协同育人机制，推动形成“三全育人”格局方面，宁波市高校的做法非常值得学习和研究。

首先，营造高校协同育人氛围。在推进思政课程向课程思政转变方面，全市高校将价值引领要求写进人才培养方案和教学大纲、融入课堂教学，逐步构建起思想政治理论课、综合素养课和专业课程一体化课程思政体系，明确每一门课程的思想政治教育内容与功能，落实每一位教师的育人职责，使各类课程与思想政治理论课同向同行，形成协同效应。在打造育人新平台方面，推进思想政治工作线上和线下的深度融合、传统手段和新媒体新技术手段的高度融合，构建基于大数据的网络思政工作平台，把日常思想

① 李亚丹.高校思想政治教育协同育人路径研究[D].长春:长春师范大学,2019.

政治教育与为师生提供一站式学习生活服务结合起来。宁波大学建设了“生情日记”网络平台，实时记录学生的每一个成长节点和与学生的每一次谈心谈话，在保护学生隐私的基础上，供全校思想政治工作者参考，提高了思想政治教育的科学性和整体推进力度。文化校园建设方面，推动各高校厚植特色文化、深挖精神文化；推进校园人文景观建设，让校园文化看得见、摸得着、感受得到。宁波大学“经世致用”的宁波帮精神、纺织服装学院的“红帮文化”、宁波工程学院的寝室文化等均已成为润物无声、育人无痕的隐性课程，让学生浸润在全方位立体式的育人环境中。

其次，统筹社会协同育人资源。一是统筹人才资源。把社会各界精英纳入全员育人体系，成规模、可持续、立体式地推动社会力量参与高校思想政治工作。组织开展“知行新说——百名兼职思政导师进高校”活动，计划用三年时间，建设一支由党政领导干部、各领域的专家学者、优秀企业家、社会知名人士等构成的100人左右的兼职思政导师队伍，推出30期左右的“知行新说”思想文化宣传精品节目，通过讲座、论坛、访谈、结对等形式，利用讲台、社区、企业车间等场所，与大学生展开深入交流。二是统筹教学资源。系统设计高校思政理论课实践教学、大学生社会实践、专业课实习实训等实践教学环节，积极构建校、政、企协同联动的实践育人共同体。结合“大脚板走一线”“治理劣V类水”等中心工作，搭建社会实践平台，组织广大学生深入企业、社区和乡村一线，接受鲜活生动的思想教育；依托浙江省“双百双进”和“百校联百镇”工程，建立100个市级校外大学生实践教学基地，每年组建100支社会实践团队，为广大学生锻炼能力、服务基层提供渠道；打造首个全市高校思想政治教育网上教学资源库，通过积分制、学分制，引导师生参与网上学习，实现课堂教学、导师授课、网上自学、社会实践的有机互动。三是统筹项目资源。拓展“政校合作”“校企合作”创新创业合作模式，建立大学生创业园、创客空间等“创业苗圃”，组织开展宁波市大学生创业大赛，实施“风云甬商进校园”工程，搭建资本与项目的对接服务平台，结对指导学生创业实践，引导师生积极参与科研创新训练，培养锻炼学生勇立潮头、敢于创新、干在实处、克难攻坚的精神和意志。

最后，健全家校协同育人机制。一是探索家校共同议事。充分发挥家长委员会沟通、服务、监督等作用，通过电话访谈、网络互动、座谈研讨等方式，收集家长对学校工作的建议和意见，邀请家委会代表参与学校事务，为加强和改进学校管理工作做好咨询参谋和服务。二是推进家校信息共享，及时梳理学生成长过程中的重要信息，第一时间与家长联络沟通。如以喜报等形式告知家长学生在校期间取得的成绩与收获，以函件等形式告知家长学生学习生活中出现的状况和问题，以QQ、微信等形式与家长分享学生成长成才过程中的影像记录和精彩瞬间，与家长共同参与、共同见证、携手助力学生的点滴成长。三是实施家校“行走计划”。每年暑假组织高校辅导员奔赴新疆、湖南、广西、青海等地，走访慰问经济贫困学生家庭，了解学生生活状况，调研学生资助工作效果，把解决实际问题与解决思想问题结合起来，把“扶困”与“扶智”、“扶困”与“扶志”结合起来，着力培养受助学生自立自强、诚实守信、知恩感恩、勇于担当的良好品质①。

总之，在部分经济教育比较发达的地区和高校，在人员、部门、课程、平台、领域、资源等方面协同育人的局面初步形成，高校思想政治教育协同育人的内涵得到丰富发展，思想政治教育协同育人的方法得到改革创新，“三全育人”的“大思政”格局初具规模，并不断发展。

3.高校铸魂育人协同机制构建和运行的实效性初步显现

大学生的理想信念教育得到强化，思想政治素养有所提升，高校对思想政治教育协同育人理念的认同和实践有所提升，高校铸魂育人协同机制构建和运行的实效性得到初步的显现。

理想信念承载了人们对于未来的追求和向往，集中表现了人们的价值观和政治立场。大学生的理想信念与国家前途命运息息相关，只有树立正确的符合中国国情发展的理想信念才能更好地为人民谋幸福，为民族谋复

① 宁波市构建“三位一体”协同育人机制 切实推进高校思想政治工作改革创新[EB/OL].(2017-12-22)[2020-4-15].http://www.moe.gov.cn/s78/A12/gongzuo/moe_2154/201712/t20171222_322235.html.

兴。随着国内外形势的复杂变化，科技的飞速发展，新媒体话语模式的层出不穷，多元价值观的不断渗透，大学生理想信念面临崭新的时代背景，同时迎来全新的引领挑战，迫切需要广大大学生以习近平新时代中国特色社会主义思想为指导，牢记为实现中华民族伟大复兴的中国梦而不懈奋斗的理想信念。大学生理想信念教育是要帮助大学生树立对于未来的追求和向往，建立世界观、人生观和价值观取向的准绳，因此，只有把高校铸魂育人的所有育人主体、育人渠道、育人平台、育人资源、育人领域、育人环境等协同起来，构建一个时时育人、事事育人、处处育人、人人育人的“大思政”格局，才能收到实效。随着党和国家对高校思想政治教育协同育人重视度的提高，国内各高校相继将“协同育人”理念引入高校铸魂育人工作，分别从提高协同意识、创新育人理念、搭建育人平台、加强队伍建设、培育育人环境、完善育人制度等方面不断加强铸魂育人协同机制建设。经过多年的努力建设和发展，高校铸魂育人协同机制建设的实效性得到初步显现，高校师生对铸魂育人工作中协同育人理念的认同性不断提升。

首先，通过文献研究和对比分析部分高校近两年关于大学生理想信念的调查报告，可以看出大学生的理想信念呈上升趋势。具体表现为大学生的思想更加积极进步，越来越关心政治，尤其是热点问题；大学生集体观念增强，大部分学生都把集体利益放在首位；生活态度更加积极乐观，能够以进取的心态追求实用主义；大学生自我意识增强，思维活跃，学习生活中自我教育、自我管理意识和能力得到提升等。各高校在积极利用新媒体技术、工具与资源对大学生进行思想政治教育中取得了显著成效，体现在大学生群体对党的领导衷心拥护，对中国特色社会主义事业和实现中华民族伟大复兴的中国梦充满信心。通过调查大学生的新媒体使用动机、常用的新媒体工具与网站、上网常用客户端与常用新媒体、常用新媒体的使用动机与所用时长等发现，大学生使用新媒体的动机，65.5% 的大学生浏览自己关心的新闻①，对中国共产党的领导高度认同，对爱国主义及民族精神高度认同。

① 李晓红.新媒体环境下大学生思想政治教育实效性研究[D].大连：大连理工大学，2016.

其次，随着课程思政建设的不断推进，各类课程中的德育资源得到进一步挖掘，马克思主义理论和中国特色社会主义理论成为理想信念的有效支撑。习近平总书记多次在会议上强调要做好大学生的理想信念教育工作，发挥好思想政治理论课主渠道的优势。近年来，思想政治教育理论课不断进行教学改革创新，学习和考查方式多样化，线上线下协同教学、理论灌输和实践锻炼等相结合，在多样的学习考核中，学生学习积极性提高。以上海地区高校为代表，一大批关于理想信念内容的思想政治理论选修课产生，受到大学生追捧，在课程思政的教育影响下，大学生的理想信念得到强化。

最后，协同育人场域、平台、环境得到一定程度的净化，课上课下、网上网下、课堂食堂宿舍、家庭学校企业等多方联动，为大学生营造一个闭环学习生活一体化的铸魂育人现实新世界。高校注重校内育人要素的协同与合作，通过多种途径开展思想政治教育，校际、校外、网上网下协同育人模式也初步建立。尤其是随着互联网信息技术的发展，如“学习强国”“e支部”“爱思政”等相继出现，学生通过App、微博、QQ、贴吧等途径随时随地学习，网络学习与现实体验无缝链接，强化了思想政治教育效果。

首都师范大学作为多次获评北京市和全国“党的建设和思想政治工作先进高等学校”，针对近年来高校铸魂育人工作的难点、热点问题，在铸魂育人协同建设方面不断推出协同育人新举措，取得了显著效果。

首先，学校党委高度重视铸魂育人工作，特别是党委书记真抓实干，身体力行，被誉为领导干部的楷模。在学校党委的强力推进下，从教师、学生两个层面制定出一批制度性文件，奠定协同育人的坚实基础。学校出台了《关于进一步加强和改进师德建设工作的意见》《首都师范大学师德规范》《首都师范大学“师德一票否决”实施细则（试行）》等师德建设的制度和规范，构建学校师德建设长效机制，师德水平显著提高。学校还出台了《关于加强和改进大学生社会主义核心价值观教育工作的实施意见》《首都师范大学学生党员先锋工程实施方案》《弘扬优秀文化　传承中华美德　同心共筑中国梦——首都师范大学培育和践行社会主义核心价值观教育实践活动方案》等文件，将铸魂育人工作作为学校乃至校内各单位和部门的首要任务，将全员育人落实到行动上，为协同育人创造优良条件。

其次，学校打破部门条块分割界限，将课堂教学、课外实践、理论学习平台、校园文化环境、新媒体网络渠道等作为育人工作的各子系统协同共振，促进课堂内外的无缝衔接，育人工作效果显著提升。在全国率先启动马克思主义宗教观进课堂试点工作，积极搭建大学生理论学习平台。全校现有理论社团8个，理论小组近百个，形成了研究生学习理论、宣讲理论、实践理论“1144”模式。学校大力倡导实践育人，增强大学生社会责任感，全面推进实践创新型教师教育人才培养模式改革，坚持不懈推动学雷锋活动和志愿服务常态化；学校通过大学生学术节、文化节、师范生风采大赛、“青春榜样”和“校园之星评选”等创建浓郁的育人文化氛围；学校建立了手机报、微博、微信、客户端为4个新媒体阵地，有效增强了网络思想政治教育的实效性。

最后，大力加强协同育人的支持保障，形成可持续发展循环体系。学校不断完善学业辅导、就业指导、心理素质教育、经济资助等支持服务系统建设。创建心理素质教育与心理危机预防干预的五级工作机制，创建了“四位一体、六级联动”的就业指导模式，构建多元化、分层次、全覆盖的困难学生资助机制和覆盖全体学生的学业危机预警与干预体系。学校不断改善育人工作环境和条件，兴建了设施完备的大学生学生活动中心，每年投入100万元专项经费支持大学生社会主义核心价值观教育工作，为协同育人工作的开展提供了有力支持和保障①。

总之，目前高校铸魂育人协同机制建设不断探索前进，高校铸魂育人协同机制实效性初步显现，促使协同育人朝中国特色社会主义办学方向前进，为中国特色社会主义事业培养更加坚定理想信念的建设者和接班人发挥应有的协同效应。

---

① 孙建.论协同育人视角下高校思想政治工作机制及实践反思[J].学校党建与思想教育，2014(24)：63-64.

二、高校铸魂育人协同机制建设存在的不足

虽然目前高校铸魂育人部分协同机制构建建设已经取得了良好的效果，但就调研结果所显示的情况和学界相关实证调研数据来看，高校铸魂育人协同机制仍然存在着一些问题，主要体现为育人系统内部各子系统各要素没有完全实现有机的、有效的和科学的协同。所谓有机协同，是指不同的系统或是要素之间进行协同时，并不是纯粹的类似机械装置的零部件一样进行简单的拼接或是集合，而是它们之间要构成能够相互关联协调，形成紧密的不可分割的有机统一体。在高校铸魂育人这个大的系统中，所包含的教育体系是相对独立运行的子系统，这些子系统各自的职责、工作目标、人员配备、工作方式、可用资源都各自独立且各不相同。然而，这些子系统又统一于铸魂育人工作思想政治教育系统之中，且都要围绕着同一个系统工作目标来开展工作。协调各子系统之间的关系，使之形成协同效应，就需要具备良好的协同机制。所谓科学协同，就是要在协同工作中将铸魂育人工作规律，教书育人规律和学生成长成才规律有机统一起来。调研结果显示，高校在进行思想政治教育协同育人时，并没有很好地在有机协同、有效协同、科学协同的基础上开展协同工作[①]。一份调查数据显示，在受访学生看来，影响高校思想政治教育成效的原因主要有教育方式（占79.3%）、社会环境（占61.6%）、学生自身原因（占58.2%）、教育内容（占54.5%）等[②]。因此，思想政治教育协同育人机制建设还有较大的提升空间。

（一）育人要素存在彼此孤立脱节现象

高校铸魂育人系统要素涉及繁多，各要素要根据实际工作需要，彼此

① 肖薇薇.高校思想政治工作协同机制研究[D].武汉：华中师范大学，2017.

② 沈壮海，王迎迎.2016年度大学生思想政治教育状况调查分析———基于全国35所高校的调查[J].中国高等教育，2017(11)：46.

联系交流，有机衔接，相互作用，否则会影响协同效果。事实上，高校育人系统内部诸多要素之间偶有协同合作，但彼此孤立脱节的现象依然存在，造成育人协同机制实效性不强。主要表现为，一些大学生反映学校提供能够让他们向辅导员或是思想政治理论课教师反馈自身想法或是部分需求的途径不够丰富多样，导致育人主体与教育对象之间的有效互动不够及时，教师很难第一时间把握学生的思想动态①。在这样的情况下开展铸魂育人工作，工作内容、工作方式很有可能不适应教育对象的实际需要，育人实效性可想而知。比如，随着互联网技术的发展，高校铸魂育人工作宣传的途径得到了极大的丰富，绝大多数高校都建立了微博、微信、QQ 等公众服务平台，甚至有专门的思想政治教育网站，然而网络铸魂育人工作的成效却没有达到理想状态。一项调查数据显示，超过一半以上的学生表示从不知道网络思想政治教育的存在，只有 8% 的大学生表示平时经常浏览思想政治教育网站，32% 的大学生表示有时关注，9% 的大学生表示想看但没有兴趣，绝大部分的学生（36%）表示实在不感兴趣②。如果对这些情况没有及时了解，尽管丰富了新的载体形式，但不能满足学生发展的需要，其实际效果并没有得到合理有效的发挥。

（二）育人要素没有完全实现优势互补

所谓优势互补，就是将不同的子系统的优势部分联结在一起，相互弥补各自在工作上的不足或短板，尽可能地实现全员、全过程和全方位的育人。尽管在高校铸魂育人系统中，不同子系统之间在探索进行有机协同的途径或方式，但有的协同工作中仍然没有形成明显的优势互补。比如，课堂教学、网络教学和社会实践教学三者就没有很好地实现优势互补。课堂教学的主要优势是能够通过对学生进行正面知识的传授，让学生从理论层面对思想政治教育的相关内容有所了解和认可，其缺点在于单纯的理论灌输难免单调和枯燥，且缺乏实践的体验。为了弥补课堂教学的不足和缺点，

---

① 李亚丹.高校思想政治教育协同育人路径研究[D].长春:长春师范大学,2019.

② 李行."互联网+"时代高校思想政治教育路径创新研究[D].哈尔滨:东北师范大学,2017.

使课堂教学的效用最大化，就需要有既能够丰富课堂教学形式，又能让学生进行实践体验的要素或是其他子系统协同工作。一方面在课堂教学时，能融入形式多样的且符合学生日常生活交往所使用的互联网技术或平台，丰富课堂教学形式；另一方面，要将校园文化乃至课外实践中能够感染、体验以及实践式的内容与课堂教学内容相融合。这样的优势互补不仅能够增强课堂教学对学生的吸引力和认可度，同时还能反向地弥补校园文化乃至实践教育中缺乏系统理论支撑的现状。调研结果显示，尽管多数高校有将课堂教学、校园文化以及课外实践三者进行协同，但内容设计、流程环节等方面都没有完全做到优势互补，所以尽管已开展了协同工作，但却并不能称之为有机协同①。

（三）协同主体各存己见，协同工作存在漏洞和盲区

高校内部不同部门、不同岗位的育人主体各存主见，协同工作不密切、不全面、不系统，存在很多漏洞和盲区。在铸魂育人工作中，各个主体对协同理念的认识存在偏差，导致主体在育人过程中出现沟通不顺畅、合作不紧密等现象，造成教育效果不佳。不同主体或是不同子系统之间，各自的工作内容、工作进度、工作效果等具体情况缺乏相互之间的及时有效沟通，尽管它们之间是需要相互协同开展工作的，但实际上却是相互孤立和脱节的。育人主体协同不密切出现的不良教育效果主要表现在以下几个方面：

第一，育人主体之间缺乏协同交流。思想政治教育工作者和专业课教师都是学生思想政治教育的重要引导者，但双方在协同育人上存在一些问题，协同交流还存在一些不足。其一，思想政治理论课教师与专业课教师缺乏思想交流。专业课教师着重专业知识的传授，会忽视思想政治教育内容的贯穿。同时，高校缺乏各学科教师交流的平台。其二，思想政治教育工作者与专业课教师协作不频繁。专业课教师一般只负责完成教学工作。辅导员与专业课教师的互动多由学生引起。辅导员要负责学生日常管理，

① 肖薇薇．高校思想政治工作协同机制研究［D］．武汉：华中师范大学，2017.

而专业课教师负责学生的学习。辅导员和专业课教师出现互动，一般是为了解决学生问题，如学生的课堂表现情况、学生的成绩分析、学生的突发事件等。

第二，前线后勤协同育人存在诸多盲区。思想政治教育工作者、专业课教师作为前线育人工作者与后勤服务人员的协同存在盲区。思想政治教育工作者与后勤服务人员协同互动缺乏。后勤服务人员与辅导员合作，共同负责学生日常管理服务工作，但双方较多关注学生日常生活情况，较少关注学生的日常思想政治教育、心理健康状况和安全教育，导致交通事故、火灾等不良事件时有发生。另外，专业教师与后勤服务人员的互动服务内容较为单一，且具有一定的倾向性，多为后勤服务人员为专业课教师提供相关服务，涉及学生思想政治教育的服务内容很少①。

总之，实现多元主体协同育人，需要各主体内部的协同，也需要各主体之间的协同。通过深化协同理念，各主体互相取长补短，在互动中寻找最和谐、最有效的协同方式，发挥最佳合力。

(四)育人资源缺乏协同优化整合

目前，高校思想政治教育工作的分工较细，思想政治理论课主要由马克思主义学院负责管理，日常思想政治教育属于二级院（系）相关部门、学生工作系统、党团部门等，主要由二级院（系）、学生工作部（处）和团委等部门管理。“现行的高校管理体制在客观上造成了高校的思想政治教育资源的条块分割，限制了资源的交流与共享，部门之间、单位之间的配合明显不足，合作程度不高。”②思想政治理论课教师由于更多的是通过教学活动接触学生，因此思想政治理论课教师能了解到的主要是学生的学习状态、课堂表现以及作业完成效果等课堂信息，很难直接了解学生当前的生活实际。其次，因为学生较长时间处于辅导员的管理活动中，所以辅导员

① 李亚丹.高校思想政治教育协同育人路径研究[D].长春:长春师范大学,2019.

② 王敏,徐露璐.大学生日常思想政治教育与思想政治理论课教学的协同性思考[J].大学教育,2016(2):57.

对学生的基本信息了如指掌，包括学生的价值取向、学习态度、心理健康、兴趣爱好、职业生涯规划、人际关系处理等，但是，这些与学生紧密相关的信息资源，这些因材施教的最重要依据，一般较少被应用于思想政治理论课的教学中，造成资源的浪费。同时，日常思想政治教育工作者能了解到的信息主要是学生的日常活动和生活实际，但不能直接了解到学生的上课状态和学生的课堂实际需求。另外，党校、团委等部门拥有较多的实践活动和实践资源，却没有很好地与思政课社会实践相结合①。

调研中发现，不仅学校内部育人系统要素协同不够，不同地区之间学校之间还存在课程设置、师资水平、教学内容、教学方法技术等育人资源分布不均衡现象。调查数据显示，大学生思想政治教育的平台和路径主要还是学校教育，家庭教育、社会教育在高校思想政治教育过程中的参与程度很低，绝大多数学生认为将学校、家庭和社会三者结合起来的思想政治教育，对于大学生良好思想行为的养成有着更加重要的影响。但在具体的思想政治教育实践过程中，这三个领域之间存在着相互脱节的现象，没有很好地实现有机整合和衔接。高校思想政治教育的教学、科研和管理三者脱节、资源利用不充分现象依然存在，校际联合开展思想政治教育活动的情况较少，大部分学校的学生没有接受过跨校的思想政治教育，有少数学校有校际联合开展的思想政治教育活动，但学生的参与度和思想政治教育效果都不够专业。无论是高校内部、高校外部还是高校之间可开展思想政治教育的资源十分丰富，但这些教育资源要么被忽视，没有被用于思想政治教育的实践活动中；要么出现“各自为战”“单打独斗”的局面，资源利用率较低，没有实现教育资源的有机整合②。

① 万明龙.大学生思想政治教育主渠道主阵地协同育人研究[D].成都:西华大学,2019.

② 范芹.大学生思想政治教育协同育人机制研究[D].天津:天津工业大学,2017.

第三节　高校铸魂育人协同机制存在问题的原因探析

高校铸魂育人协同机制存在问题的原因是多方面的，既有理念原因、环境原因，也有制度原因、队伍原因等。构建科学有效良性运行的长效协同育人机制，必须探析问题的关键症结所在。

一、思想认识不到位，协同实践贯彻遇阻隔

理念是行动的先导、实践的指南。充分的思想认识是实现高校铸魂育人协同工作的前提。尽管目前高校普遍积极推动并探索开展高校铸魂育人协同工作，但实际工作中仍然出现各种协同障碍问题，究其原因，主要是部分育人主体以及协同要素对坚持社会主义办学方向和“立德树人”的重要性认识不足，协同育人意识不够到位。高校思想政治教育工作者的思想政治素质、价值理念、工作态度等都对铸魂育人工作的效果产生重要影响。但是现实中部分思想政治工作者自身存在着政治淡漠等现象。一个自身存在困惑的人是无法为他人解惑的。协同理念不强会导致自上而下政策落实出现形式化，很多育人要素或是工作部门，基于自身利益，更多考虑到的是完成自身所在岗位或是部门内部的工作，缺乏大局意识和整体观念，对于与其他部门或是与其他系统之间的协同工作积极性不高。协同互动中难免存在推诿、排他等不良反应，协同实践贯彻阻隔重重，方式欠佳，不能从根本上找到合适的协同方式。

因此，要加深对协同育人理念的理解和认识，更新观念、转变思想，从传统思想的禁锢中解放出来，认同协同育人理念对高校铸魂育人工作产生的积极作用，将贯彻协同育人作为一种责任。各部门协作交流，各学科融合共享，各平台通力配合，为实现共同的育人目标努力，促进高校铸魂

育人协同工作体系更加合理，更加趋于完善[1]。

二、顶层设计不完备，落实难以衔接

高校铸魂育人工作是一个自上而下的过程，需要高校领导层给予高度重视并制定完备的顶层设计。因此，制定完备的顶层设计是高校铸魂育人工作的关键。

顶层设计的关键性体现在：一是具有方向上的引领性。在顶层设计的引导下，明确工作目标和任务，激发工作的主动性，协调行动，减少盲目性。同时，顶层设计还发挥约束和监督作用，指导各要素有序参与协同工作，约束不良行为，提高工作效率。二是具有方法上的指导性。高校铸魂育人工作出现问题时，顶层设计能有效地厘清问题的先后顺序，迅速找到问题的原因，对症下药，高效完成协同育人工作。三是具有内容上的统筹性。高校铸魂育人工作的顶层设计必须站在切合实际的高度，才能有效统筹各要素的协同工作，及时避免工作冲突、责任冲突。四是具有行动上的实践性。在目标的指导下，协同育人顶层设计只有有效落实，才能促进育人工作的高效贯彻和执行。

目前，高校铸魂育人工作的顶层设计虽已初步形成，但还不够完备，做不到密集出炉，衔接有序。具体表现在：一是顶层设计的决定性不够有效。协同育人理念与总目标源于顶层，然而铸魂育人协同工作的地位不够突出，导致成效甚低。二是顶层设计的整体关联性不够强大。各要素在顶层设计的决定下，围绕协同育人理念和目标所形成的关联性不强，各要素各行其是，缺乏要素间的衔接和匹配。三是顶层设计的实际可操作性不强。

因此，制定完备科学的顶层设计，实现协同育人自上而下有效衔接，需要站在全局高度，贯彻协同育人理念。

① 李亚丹.高校思想政治教育协同育人路径研究[D].长春:长春师范大学,2019.

三、育人内容和方式有待协同创新

随着时代的发展进步，高校思想政治教育铸魂育人的内容也在不断发展和完善，主要包含：坚持不懈传播马克思主义科学理论，培养大学生用马克思主义立场观点和方法分析问题解决问题的能力；用马克思主义中国化的最新理论成果武装大学生的思想、塑造大学生的灵魂，坚定大学生的理想信念；坚持不懈培育和弘扬社会主义核心价值观；坚持不懈促进高校社会主义大学办学方向，促进学校和谐稳定发展；坚持不懈营造浓郁的育人校园文化环境，培育优良校风和学风等。高校铸魂育人工作中，要紧紧抓住时代主题，与时代发展相契合，学习党的理论创新成果。教学实践中，思想理论教育的内容与学生实际的联系不够紧密，存在思想性与知识性协同、传统性与现代性协同、理论性与实践性协同、共性与个性协同的程度不高等现象。内容为王，高校铸魂育人工作，首先要在内容上体现“协同融合”，其他工作的协同才有意义和价值。

高校思想政治教育对象的思想、情感、价值观等因素的复杂化，决定了其教育工作方式不可能是单一化和传统化的。同时，高校思想政治教育系统内部要开展协同工作，工作方式的协同是其中的必经之路。一般来说，高校思想政治教育的方式主要包含理论灌输与宣传、以文化人、以情动人和实践育人等。在实际的工作开展中，一定程度上存在着相互脱离的现象。比如，大部分学生反映学校偶尔开展与课堂教学内容相关的课外社会实践活动，由于当前的大学生个体意识和创新意识较强，传统的单一的思想政治教育方式“单打独斗”“单兵作战”显然无法发挥较为理想的作用。思想政治教育方式协同方面必须改革创新，而无论是传统的教育方式还是与时俱进的现代化教育方式，都有其优势与局限性，如何将不同的育人工作方式协同起来，将各自的优势整合起来，最大化地发挥思想政治教育的实效性将是协同创新工作方式继续探索的方向。

四、育人队伍有待协同建设

高校思想政治工作的开展离不开各级、各部门、各岗位工作队伍的支撑，高校思想政治工作协同效应的增强、实效性的提高，更离不开一支政治素养高、道德水平优良、业务能力强的思想政治工作队伍。由此，加强思想政治工作队伍建设是事关思想政治工作实效性的一项极为重要的任务。虽然当前高校普遍重视思想政治工作队伍的建设，但思想政治工作队伍中出现的部分思想问题、业务水平不达标、成员构成不合理等问题仍然存在，这与高校思想政治工作队伍建设不够完善有着直接的关系。

(一)全体教职工作为思想政治工作对象的重要性认识不足

长期以来，对高校思想政治工作对象的认识大多认为只包含学生群体，但无论是党和国家对高校坚定社会主义办学方向的要求、高校教职工在思想政治工作中所扮演的角色需要还是个人的职业发展，同样需要接受思想政治工作。2016年12月，习近平总书记在全国高校思想政治工作会议中发表重要讲话，提出了关于思想政治工作两个培养群体（学生和教师）整体推进的新思路。在此之前，高校对教师以及全体教育工作者的思想政治工作方面是相对忽视的，或者说只停留在召开相关会议和学习相关文件上，在落实方面大多缺乏实质性举措。实际上，早在2004年中共中央、国务院下发的《关于进一步加强和改进大学生思想政治教育的意见》中围绕学生培养对教师队伍提出了明确的育人要求，即所有教师都负有育人职责。广大教师要以高度负责的态度，率先垂范、言传身教，以良好的思想、道德、品质和人格给大学生以潜移默化的影响。要坚持学术研究无禁区、课堂讲授有纪律，严格教育教学纪律，在讲台上和教材中不得散布违背宪法和党的路线方针政策的错误观点和言论。用科学理论武装人，不仅指思想政治工作者要用马克思主义的世界观和方法论武装大学生的头脑，使大学生树立远大理想并且坚定不移地坚持正确的政治方向。同时思想政治工作者自身也要具备良好的马克思主义理论素养，成为忠实的中国特色社会主义的拥护者和执行者。相关高校在贯彻落实习近平总书记2016年全国高校思想政治工作会议上的讲话精神过程中，两个培养群体整体推进应该得到进一步的重视和落实。

（二）协同育人队伍一体化建设有待加强

高校思想政治工作队伍建设体系，包含两个维度：一个维度是专职思想政治工作队伍，包含各类专职教师、专职从事和负责学生思想政治工作的人员；另一个维度是兼职思想政治工作队伍。这两个维度的工作队伍由于受其职责和定位的不同，在工作的具体内容、分工、业务水平和能力的要求上也不尽相同，但是他们都共同肩负着立德树人、铸魂育人的重任，因此，对他们的思想品德素养、政治立场方面的要求应该一致。基于这样的队伍构成和素质要求，在进行队伍建设时，应该做出层次分明且自成体系的划分。就高校思想政治工作队伍建设的现状而言，一方面，专职、兼职工作队伍的人数比例、年龄结构、学历与职称结构、准入标准、职业晋升标准等都有待合理化和完善化；另一方面，对于已有的队伍建设的制度，大部分都是对专职教师和工作人员的身份待遇、工作职责、进修发展等有较为完善和具体的培养和管理，而对于兼职思想政治工作人员的队伍建设方面则相对薄弱。同时，对于所有参与思想政治工作的专、兼职工作队伍的思想教育、激励评价体系也尚不健全。尽管很多高校都将对教职工的思想教育纳入高校党建系统之中，但由于党建系统与其他科研评价、业务水平、职业晋升等方面并没有形成良好的协同评价机制体系，导致一些高校思想政治工作中教职工的思想水平、道德素养等与业务水平并没有很好地协同发展①。

高等学校各门课程都具有育人功能，所有教师都负有育人职责。随着课程思政的推行，高校思想政治工作队伍进一步壮大，大量各类专业课教师成为思想政治教育队伍的一员，在专业知识技能传授的同时，对大学生

① 肖薇薇.高校思想政治工作协同机制研究[D].武汉：华中师范大学，2017.

也要进行思想政治教育，这对于高校思想政治工作者和各类专业课教师无疑都是一个挑战。

五、缺乏完善的制度保障和支持

机制的运行能够平稳、有效和长效，不仅要依靠机制运行中所有要素的共同努力，更要依赖于制度的保障。目前高校铸魂育人已有的部分协同机制运行效果不佳的原因，制度保障不健全是其中十分重要的影响因素。所谓制度保障，是指要将对铸魂育人工作中所涉及的对组织和个人的职责与要求、激励与惩罚等用条理清晰的办事规程或行动准则加以规范。其优势就在于不仅能对工作人员的办事行为具有指导性和约束性，鞭策性和激励性，同时对工作开展的流程也具备规范性和程序性。

高校铸魂育人工作是一个系统工程，系统中各要素有序参与协同需要制度的保障。制度保障的重大意义体现在：一是具有方向上的引导性。通过制度的规范，引导不合理的协同内容和方式不断规范，保障铸魂育人工作朝正确的方向发展。二是具有内容上的规范性。各要素出现协同危机，制度给予及时的规范。三是具有行动上的指导性。指导各要素按制度进行协同，并用制度保障协同行为的顺利进行。

然而，高校铸魂育人工作并未实现上下统一和左右衔接，做不到率由规章。具体表现在：首先，高校多元主体和部门协同育人的协同、监督、评价等制度不完善。其次，课程协同育人制度不完善。思政课程向课程思政转化的效果不明显，缺乏考核和评价制度。最后，高校在育人平台上缺乏制度的约束。高校铸魂育人协同工作要适应时代发展，适时完善制度，积极发挥制度的导向、整合和控制功能。

六、日趋复杂的育人环境增加了协同育人难度

高校铸魂育人工作系统是一个相对独立但又开放的系统。学校环境的

营造对学生的思想、价值观甚至行为习惯都有着较强的影响和渗透作用。高校环境是育人的基础，也是育人的一种手段。硬件环境的建设主要依靠经费和人力的支持，软件环境的营造则需要所有高校教职工的共同努力。对于高校思想政治教育来说，就是要将学校环境打造成为思想政治教育各项工作开展的协同载体，使其发挥与其他思想政治教育工作相辅相成，效应倍增的作用。因此，优化高校育人环境，要通过校园德育资源挖掘和共享，净化各要素的价值追求，形成一致的主流价值观。此外，社会、家庭以及网络环境都会对高校铸魂育人工作效果造成影响。良好的环境给人以积极向上的影响，反之亦然。良好育人环境的作用体现在：一是具有方向上的引导性。良好的育人环境有利于各要素净化心灵，树立正确的价值观。二是具有行动上的指导性。良好的育人环境有利于激发各要素的互动，使互动行为更加符合道德规范。

（一）国内外社会环境日趋复杂

高校铸魂育人工作的开展面临着社会环境复杂多变的巨大挑战，无论是教职工还是大学生，他们都是社会中独立的个人，都会受到社会经济、文化、政治环境对人的思想和行为的影响，而随着时代的发展变化，国际、国内的环境也在发生巨大改变。一方面，在国际上，西方资本主义国家从未放弃对我国实行意识形态渗透和“和平”演变的野心，只是随着时代的发展，他们对我国进行资本主义意识形态渗透的方式更为隐蔽。另一方面，在国内，随着我国实行市场经济体制改革以来，经济建设迅猛发展，人们的物质水平也快速提高，但伴随而生的功利主义、享乐主义、个人主义现象也逐渐显现，身处于社会大环境中的大学生和所有高校教职工容易受其不利因素影响，必须提高明辨是非的能力。

（二）家庭环境差异化影响不容忽视

虽然铸魂育人的开展主要在高校进行，但原生家庭环境对于学生思想、价值观和行为的影响不可小觑。正如胡塞尔说，我们知道我们永远处在生活之中。家庭是生活最基本的构成要素，家庭物质生活水平，家庭成员的道德观念、理想价值观念、审美取向，家庭成员的行为习惯和各项实践活动等，都会对人产生潜移默化以及深远的影响。而在高校中，大学生来自全国各地、不同文化、不同背景的家庭，家庭环境的差异化导致不同的大学生表现出不同的思想、价值观和行为的取向。而高校开展铸魂育人工作是面对所有在校学生群体的，要尽可能按照学生成长规律去开展工作。此外，高校铸魂育人工作的开展主要针对的是学生在校时期，可家庭环境对学生的影响却是深远的，一旦离开了学校回到家庭，仍然会受到来自家庭环境造成的影响。

（三）复杂易变的网络环境影响日增

随着互联网的普及，我国网民人数快速上升，大学生群体逐渐成了网络用户的主力军。根据中国互联网络信息中心发布第40次《中国互联网络发展状况统计报告》显示，截至2017年6月，中国网民规模达到7.51亿，占全球网民总数的五分之一。最新青少年上网数据，是中国互联网络信息中心发布的《2015年中国青少年上网行为研究报告》，显示截至2015年12月，中国青少年网民规模达到2.87亿，新增青少年网民1028万，增长率为3.7%。受益于智能手机等移动上网设备的迅速普及，青少年互联网普及率自2013年起一直保持了较高增速。无论是日常的生活、学习还是交往活动，互联网几乎成了大学生的首选方式。由此，网络环境已成为同社会、家庭、学校同等重要的对大学生思想、价值观、行为等产生影响的主要场域。但由于我国互联网普及较晚，很多相关的监管还不到位，导致网络环境中常出现一些不利于人的身心发展的信息，在校大学生容易受到网络环境中不利因素的影响，这对于高校铸魂育人工作来说是巨大的挑战。如何在高校中对校园网络进行有力监管、筛选信息，同时监测校园舆情，是构建高校铸魂育人协同机制的重要因素。

第四章　新时代高校铸魂育人协同机制构建的指导思想和原则

第一节　新时代高校铸魂育人协同机制构建的指导思想

以习近平新时代中国特色社会主义思想为指导思想，以立德树人为宗旨，以铸魂育人为目标，以“三全育人”为统领，以协同育人为理念，深入贯彻落实全国教育大会精神、习近平在全国宣传思想工作会议讲话精神、习近平在学校思想政治理论课教师座谈会讲话精神、《中国教育现代化2035》、《关于深化本科教育教学改革　全面提高人才培养质量的意见》等文件精神，把思想政治教育贯穿人才培养全过程。用习近平新时代中国特色社会主义思想铸魂育人，加快构建高校思想政治工作体系，推动形成“三全育人”工作格局。把思想政治理论课作为落实立德树人根本任务的关键课程，围绕学生忙起来、教师强起来、管理严起来、效果实起来，推动思想政治理论课改革创新，培养德智体美劳全面发展的社会主义建设者和接班人。

一、习近平新时代中国特色社会主义思想对于高校铸魂育人协同机制构建的指导意义

习近平新时代中国特色社会主义思想是全党和全国各族人民的行动指

南，博大精深，内涵极其丰富，其中关于意识形态建设、铸魂育人、青年思想政治教育、大学生思想政治教育、高校思想政治教育等重要论述对于高校铸魂育人协同机制构建研究有着非常明确的针对性指导意义。高校大学生思想政治教育是我国意识形态建设的重要组成部分，铸魂育人是思想政治教育的本质内涵，思想政治教育实质上就是铸魂育人。

（一）习近平总书记关于意识形态建设重要论述的指导意义

党的十八大以来，习近平总书记多次强调意识形态领域工作的极端重要性，他结合当前的历史条件和新的时代背景，以马克思主义意识形态理论为理论基石，以社会主义意识形态建设的历史经验为思想积淀，对当前我国意识形态建设发表了一系列重要论述，详细地阐述了意识形态建设加强马克思主义在中国的指导地位、凝聚中国特色社会主义共同理想、巩固中国共产党的领导地位等的主要任务。通过分析当前意识形态面临的挑战，提出了强化阵地意识，加强重点群体队伍建设，培养造就一支忠诚于党和人民事业的新闻舆论工作队伍，高度重视党员干部理想信念的教育与培养。加强高校教师思想政治素养的建设，高校教师更应该发挥好自身教育者和传播者的作用，以身作则，扎扎实实开展好宣传思想工作，这为我们党在新的历史时期更好地完成社会主义意识形态建设工作指明了道路。

（二）习近平总书记关于铸魂育人重要论述的指导意义

2018年全国教育大会上，习近平总书记指出，培养什么人，是教育的首要问题。我国是中国共产党领导的社会主义国家，这就决定了我们的教育必须把培养社会主义建设者和接班人作为根本任务，培养一代又一代拥护中国共产党领导和我国社会主义制度、立志为中国特色社会主义奋斗终生的有用人才。这是教育工作的根本任务，也是教育现代化的方向目标。会上习近平总书记强调了要在坚定理想信念上下功夫，要在厚植爱国主义情怀上下功夫，要在加强品德修养上下功夫，要在增长知识见识上下功夫，要在培养奋斗精神上下功夫，要在增强综合素质上下功夫，要树立健康第一的教育理念，要全面加强和改进学校美育，坚持以美育人、以文化人，提高学生审美和人文素养。要在学生中弘扬劳动精神，教育引导学生崇尚劳动、尊重劳动，懂得劳动最光荣、劳动最崇高、劳动最伟大、劳动最美丽的道理，长大后能够辛勤劳动、诚实劳动、创造性劳动。

在2019年学校思想政治理论课教师座谈会上，习近平总书记深刻阐明了学校铸魂育人的主渠道思想政治理论课的重要性，就如何办好新时代思想政治理论课做出部署，为做好新时代学校铸魂育人工作培养担当民族复兴大任的时代新人提供了根本遵循。习近平总书记强调，推动思想政治理论课改革创新，要坚持理论性和实践性相统一，用科学理论培养人，重视思想政治理论课的实践性，把思政小课堂同社会大课堂结合起来。面对个性独立、思维多元的“95后”“00后”大学生，思想政治理论课不仅能在课堂上和学校里讲，也要推动学生深入社会大课堂。

习近平总书记关于铸魂育人的重要论述，集中体现在让人民有信仰、民族有希望和国家有力量这个总体目标上。谋划和推进铸魂育人战略工程是坚定和增强中国特色社会主义理论自信、道路自信、制度自信和文化自信，实现“两个一百年”共同奋斗目标和中华民族伟大复兴在强基固本、凝魂聚力、精神建设问题上的根本要求。

（三）习近平总书记关于青年思想政治教育重要论述的指导意义

青年兴则国家兴，青年强则国家强。近年来，国际社会风云变幻，不同意识形态国家之间的斗争依然存在。随着互联网、大数据、物联网等新兴科学技术的发展，世界各国青年都被紧密地联系到了一起，不同思想文化的碰撞对青年的思想、观念、行为影响很大。党的十八大以来，我国的经济建设、社会发展、科技进步等取得了辉煌成就，但是社会中依然存在着一些突出的问题和矛盾，当代青年的学习、工作、生活压力都很大。在激烈的社会竞争中，青年的无奈、无助以及诚信、道德问题的出现应该引起党和政府以及家庭、学校等的高度重视。习近平总书记多次在重大场合发表了关于青年思想政治教育工作的重要讲话，对青年思想、生活、学习、工作以及青年的教育问题等表示了深切的关怀。结合新时代中国特色社会主义具体实践，提出了对青年加强马克思主义教育、理想信念教育、“四个自信”教育、党性教育、传统文化教育等，培养社会主义事业建设者和接班人、培养青年人的社会责任感、助力实现中华民族伟大复兴的中国梦。在青年思想政治教育方法上注重实践和注重榜样力量，善于抓典型和在“落细、落小、落实”上下功夫等的重要论述，是高校在新的历史起点上做好新时代青年思想政治教育工作的指南。

（四）习近平总书记关于大学生思想政治教育重要论述的指导意义

大学生是祖国的未来和民族的希望，大学生思想政治教育的状况直接关系到国家的长治久安和党的前途命运，党和国家给予了高度重视。当前国际国内形势纷繁复杂，各种思潮交错，对我国大学生思想政治教育提出了严峻挑战。如何在多种思潮中坚持马克思主义，消除非马克思主义的影响，发展中国特色社会主义，是大学生思想政治教育面临的重要课题。习近平总书记高度重视大学生思想政治教育，对此做了许多重要论述，为新时代做好大学生思想政治教育工作提供了理论指导。习近平总书记关于大学生思想政治教育的重要论述对于培养有理想、有追求、有担当、有作为、有品质、有修养的大学生具有重要的实践指导意义。全员、全程、全方位育人的提出，对于改进新时代高校思想政治教育工作具有重要的指导意义，有利于促进高校思想政治教育工作不断完善。习近平总书记关于大学生思想政治教育的重要论述在继承前人优秀成果的基础上，根据时代需要，与时俱进，不断开拓创新，丰富了我国大学生思想政治教育的内涵，对当前和今后的思想政治教育的发展提供了理论基础和现实指导。

（五）习近平总书记关于高校思想政治教育重要论述的指导意义

党的十八大以来，高校思想政治教育面临一系列新情况、新环境、新任务和新课题，加强和改进高校思想政治教育是当前最为紧迫的任务。在这样的时代背景下，习近平总书记关于高校思想政治教育的重要论述，不仅对于高校思想政治教育理论研究具有重要的理论价值，而且对高校思想政治教育的改革创新具有重要的实践意义。习近平总书记关于高校思想政治教育的重要论述从中国优秀传统文化中吸取思想价值元素，深刻把握经济全球化深入发展的世界新形势，以高校思想政治工作面临的新形势为实践依据，重视高等教育发展的现实要求，提出立德树人是高校思想政治教育的根本任务，实现全面发展是思想政治教育的具体目标，加强以“中国梦”为核心的理想信念教育，培育与践行社会主义核心价值观教育，加强中华民族优秀传统文化教育，加强党史国史和形势任务政策教育。强调运用唯物辩证法的思维方法，以知行合一强调实践育人，强调网络思想政治教育方法的运用，强调榜样育人的典型示范作用。强调高校思想政治理论课、高校网络信息化和教育与实践活动，充分利用传统的思想政治教育载体，并使其不断完善，发挥新的作用，这对于高校铸魂育人协同机制构建具有极强的理论和实践指导意义。

（六）习近平总书记关于人类命运共同体重要论述的指导意义

党的十八大以来，基于中国对世界各国纷繁复杂历史差异的新认知、新思考，基于维护中国核心利益的新要求、新主张，基于全人类共存的新逻辑、新智慧，高屋建瓴地表达出一种要建立国家间层面人类集体组织的共同体意识，习近平总书记发出了构建人类命运共同体的倡议，并多次在国内外的重要场合上提到、阐释并进一步构想人类命运共同体的美好蓝图。人类命运共同体不仅来源于马克思、恩格斯的“世界历史”理论、“共同体”思想，列宁的和平共处思想与实践，毛泽东的“三个世界”理论与“永不称霸”国际战略思想，邓小平的“和平与发展”时代判断与建立国际新秩序的外交思想，江泽民的“尊重文明多样性”外交思想与国际秩序新理论，胡锦涛的“和谐世界”外交思想等雄厚的理论基础和外交思想，还来源于中华传统文化中“天下为公、天下大同”的包容情怀，“中和之道、和而不同”的协调智慧，“民本思想、天人合一”的人文情怀。秉承平等对话协商、持久和平的政治观；持续共建共享、普遍安全的安全观；持久合作共赢、共同繁荣的经济观；平等交流互鉴、兼容并蓄的文明观；环境清洁美丽、绿色低碳的生态观，不仅给出了国家之间和平友好共处的建议，而且描绘的人类未来美好的蓝图。习近平总书记提出构建人类命运共同体的践行路径建议是构建新型国际关系，推动建立伙伴关系；树立新安全观，打造安全共同体；推动全球经济，打造发展共同体；秉持新文明观，塑造人文共同体。通过推进“一带一路”发展，加强多元共同体建设。习近平总书记关于人类命运共同体重要论述中的国际视野、处理国家之间关系的智慧以及构建人类命运共同体的科学思维对于高校铸魂育人协同机制的构建具有重要的启发和借鉴意义。

二、党和国家对高校思想政治教育的要求

(一)党和国家对高校思想政治教育立德树人的要求

教育强则国家强，实现中华民族伟大复兴，教育的地位和作用不可忽视。党的十八大以来，习近平总书记先后通过讲话、参加座谈会、给师生回信等方式发表了许多关于教育的重要论述，其中特别强调的是关于立德树人的教育理念。立德树人理论，丰富和完善了中国特色社会主义教育理论体系，为全面深化教育体制改革提供了科学指南，也为实现中华民族伟大复兴指明现实道路。党的十八大首次把“立德树人”写入党的全国代表大会报告，明确为新时期教育的根本任务。党的十九大报告指出，建设教育强国是中华民族伟大复兴的基础工程，必须把教育事业放在优先位置，深化教育改革，加快教育现代化，办好人民满意的教育。要全面贯彻党的教育方针，落实立德树人根本任务，发展素质教育，推进教育公平，培养德智体美劳全面发展的社会主义建设者和接班人。习近平总书记在全国教育大会上强调，要把立德树人融入思想道德教育、文化知识教育、社会实践教育各环节，贯穿基础教育、职业教育、高等教育各领域。立德树人，就是要培养一代又一代拥护中国共产党领导、能够服务改革开放和社会主义现代化建设、与民族复

兴同向同行、立志为巩固和发展中国特色社会主义奋斗终生的有用人才。

立德，就是培养确立崇高的思想品德；树人，就是培养高素质的人才。立德强调的是道德养成，树人强调的是能力培养；立德是树人的前提，树人是立德的目标，立德树人体现了立德和树人的唯物辩证关系①。立德树人，就是要高举中国特色社会主义伟大旗帜，全面贯彻党的十九大会议精神，坚持以马克思列宁主义、毛泽东思想、邓小平理论、“三个代表”重要思想、科学发展观、习近平新时代中国特色社会主义思想为指导，全面贯彻党的教育方针，坚持社会主义办学方向，扎根中国大地办大学，以立德树人为根本，以理想信念教育为核心，以社会主义核心价值观为引领，牢固树立政治意识、大局意识、核心意识、看齐意识，坚定不移维护党中央权威和党中央集中统一领导，为实现“两个一百年”奋斗目标、实现中华民族伟大复兴的中国梦，培养又红又专、德才兼备、全面发展的中国特色社会主义合格建设者和可靠接班人。

习近平总书记关于立德树人的一系列重要论述，鲜明地揭示了我国教育的社会主义性质，是中国特色社会主义教育思想的精髓，为推进教育事业改革发展提供了指导思想和行动指南。新时代要以立德树人思想为指导，有效推进高校铸魂育人工作，实现高校人才培养目标的必然要求，因此，高校铸魂育人协同机制的构建要紧紧围绕立德树人这个目标，才能真正达到最终的育人目的，满足新时代对人才培养的迫切需要。

（二）党和国家对高校思想政治教育“三全育人”的要求

所谓“三全育人”，是全员育人、全过程育人和全方位育人的总称。“三全育人”是加强高校思想政治工作实效性的有益尝试，也是整合教师资源、发挥教育合力、提升育人质量的重要举措。2017年教育部颁布的《高校思想政治工作质量提升工程实施纲要》中指出，高校思想政治工作改革的主要措施就是要推动开展“三全育人”综合改革，充分发挥课程、科研、

① 谢安国.习近平立德树人思想的科学内涵和重大意义[J].国家教育行政学院学报，2018(8)：9-14.

实践、文化、网络、心理、管理、服务、资助、组织等方面工作的育人功能，挖掘育人要素，完善育人机制，优化评价激励，强化实施保障，着力建设一批“三全育人”示范区和示范校，形成全员、全过程、全方位育人格局，不断开创新时代铸魂育人工作新局面。

立德树人融入思想道德教育、文化知识教育和社会实践教育的各个环节，形成学段衔接、载体丰富、有机融合、协调发展的大中小幼一体化的德育体系，建立德育抓方向、智育重能力、体育推普及、美育多形式、劳动教育重实效的德智体美劳互相渗透的促进学生身心健康、全面发展的长效机制，促进学校教育、家庭教育、社会教育的有机融合，形成全员育人、全过程育人、全方位育人、全社会育人的强大合力。

“三全育人”要求育人理念一致、育人目标协同、育人资源整合、育人过程融合、育人方式融通。“三全育人”本身就是系统性的综合改革，意味着育人工作理念、内容、方法、载体上的创新，人才培养政策、机制、体制的调整和优化。“三全育人”紧扣了高校立德树人的根本使命，指明了提高人才培养能力的核心主题，突出了创新人才培养模式的中心任务。“三全育人”的“大思政”格局的实现最终要通过纵向的行政管理上下协同链接，横向的育人要素、育人主体、育人环节、育人场域、育人领域、育人课程、育人渠道等的协同联动才能实现。反过来，高校铸魂育人协同机制的构建，也需要“三全育人”的理念来统领。

第二节　新时代高校铸魂育人协同机制构建的原则

一、人本性原则

习近平总书记在2016年全国高校思想政治工作会议上指出，思想政治工作从根本上说是做人的工作，必须围绕学生、关照学生、服务学生，不断提高学生思想水平、政治觉悟、道德品质、文化素养，让学生成为德才兼备、全面发展的人才。思想政治教育的终极目标是对人的理性的开发和健康人格的培养。因此，思想政治教育的育人实践不能背离“以人为本”，它要培养的是有情感、有思想、高素质、创新型、全面发展的人。习近平总书记在2018年全国教育大会上强调，教育要以凝聚人心、完善人格、开发人力、培育人才、造福人民为工作目标，培养德智体美劳全面发展的社会主义建设者和接班人，以人为本的人文关怀理念作为对思想政治教育实践持久有效的精神驱动与思想引领，不仅可以作为确保人的价值追求的可靠的激励方式，不断促进和完善人的精神世界，而且也是坚持思想政治教育集体价值个人实现、整体价值局部实现、长期价值阶段实现、高位价值低位实现的基本路径。对于教育对象来说，思想政治教育的价值不仅在于特有的思想品德培养，更在于着眼开发人的潜力、促进人的发展、提升人的境界、扩大人的生命内涵，为人的一生奠基。

因此，新时代高校铸魂育人协同机制的构建，不管是理念还是实践要本着“为了一切学生，为了学生一切，一切为了学生”的“以人为本”的人本性原则。以人为根本，尊重人，尊重人的权利和尊严，启发人的自觉性。尊重人应该成为铸魂育人必须遵循的一条基本原则；以人为基本，关心人，关心人的利益，调动人的积极性；以人为资本，开发人，开发人的价值和能力，激发人的创造性。如果教育者、管理者、服务者在铸魂育人过程中，在协同联动的育人活动中，都能“以人为本”，切实遵循学生身心发展规律和教育规律，处处以学生的需求为己任，以学生的全面发展为宗旨，最终才能实现培养德智体美劳全面发展的社会主义建设者和接班人的目标和要求。

二、整体性原则

高校铸魂育人工作是一个系统工程，涉及多部门多方面的工作。高校铸魂育人协同机制的构建要遵循整体性原则，从协同育人的大局出发，进行整体性思考、整体性规划、整体性反思，将系统内各个部门、各个环节、各个主体、各个要素有机协调起来，形成一个有机整体，促使各个要素共同发挥作用，以实现高校铸魂育人协同机制的最大效应。

就高校内部而言，需要高校系统及其子系统之间的相互协同，需要高校铸魂育人系统与相关子系统的整体协调。因此，立足整体性原则，以宏观战略眼光，构建高校铸魂育人协同机制，才能使高校铸魂育人发挥整体协同育人效应。

三、协同性原则

在高校铸魂育人工作中，要汇集各种资源、聚合各方力量，协同发力、合力推进。需要各要素之间互相配合、互相渗透、互相协作，使各个要素之间的优点与缺点形成互补，发挥各个要素最大效应。一是要使协同更加有序、更有成效，必须在上下联动和多元参与两个方面下功夫。需要学校党委、学生管理部门、各二级学院和马克思主义学院等多部门上下联动、协作维系。二是要打造多元主体参与的协同评价机制。除了要发挥学校党委、学生管理部门、各二级学院和马克思主义学院等主导作用外，还要善于借力，聘请校外专家学者、地方党政干部、各领域各行业杰出人士或先进代表参与到评价活动中来，形成多元主体共同参与的协同机制。

四、动态性原则

动态思维是一种运动的、调整性的、不断择优化的思维活动。它要求思维根据不断变化的环境和条件来改变自己的思维程序和思维方向，对事物进行调整、控制，从而达到优化的目标。高校思想政治教育不是一成不变的，它会随着思想政治理论课程、时代、学情等发生变化，因此具有一定的不稳定性。这就需要高校铸魂育人协同机制构建要遵循动态性原则，将各个要素进行动态组合，并且将动态性原则渗透高校铸魂育人工作整个过程。

教育管理动态性原则是教育管理的基本原则之一。重视发展与创新，以求在动态的环境中保持管理水平。要求做到保持相对稳定的工作秩序和教学秩序；重视发展和创新；努力挖掘人、财、物、时间、信息等各方面的潜力，以求在动态的社会环境中立于不败之地；切实推行计划、组织、领导、控制等管理活动，并根据环境的变化随时采取有效的应变措施，及时改进管理工作。新时代高校铸魂育人协同机制的构建，本着动态性原则，可以在环境发生变化的情况下及时对机制中不适应环境变化的部分做出调整，以保持协同机制的良性发展，确保铸魂育人效果不被环境变化所影响。当然，动态性原则不仅仅是应对环境的变化，其他条件发生变化，只要是协同育人机制相关部分或内容发生变化，都要及时做出调整，这种动态性原则是保持铸魂育人协同机制长久发挥效能的必然选择。

五、创新性原则

创新是人类特有的认识能力和实践能力，是人类主观能动性的高级表现，是推动民族进步和社会发展的不竭动力。创新是指以现有的思维模式提出有别于常规或常人思路的见解为导向，利用现有的知识和物质，在特定的环境中，本着理想化需要或为满足社会需求，而改进或创造新的事物、方法、元素、路径、环境，并能获得一定有益效果的行为。创新是一个民族进步的灵魂，是一个国家兴旺发达的不竭动力，也是中华民族最深沉的民族禀赋。在激烈的国际竞争中，唯创新者进，唯创新者强，唯创新者胜。创新思维就是对事物做全新思考，对结构做全新调整，对活动做全新谋划，力求寻找新思路，打开新局面，开创新境界，提升新水平。实现战略目标必须注重创新，它在创新中逐步实现，缺乏创新，就无法实现战略目标。

在2019年学校思想政治理论课教师座谈会上，习近平总书记强调，思想政治理论课教师思维要新，学会辩证唯物主义和历史唯物主义，创新课堂教学，给学生深刻的学习体验，引导学生树立正确的理想信念、学会正确的思维方法。推动思想政治理论课改革创新，要不断增强思政课的思想性、理论性和亲和力、针对性。创新是保持高校思想政治教育活力的动力之源，因此高校铸魂育人协同机制构建要遵循创新性原则，不断创新思想政治教育思维、教育模式、教育内容、教育方法等，保持思想政治教育鲜活性，使协同育人机制成为推动高校思想政治教育的强大动力。

六、有效性原则

有效性是指完成策划的活动和达到策划结果的程度。高校铸魂育人协同机制的有效性要考虑两个方面的因素，一是注重育人机制的衔接性建设；二是注重育人机制的创生性建设。衔接性建设强调的是育人过程的均衡有序，创生性建设强调的是育人目标的切实可行。美国高等教育哲学家布鲁贝克从哲学高度，提出了高等教育发展的“三基础说”：认识论基础、政治论基础和实用主义基础。高校铸魂育人协同机制的构建和有效发展也应从三个方面去认识：首先是政治论的基础动力——实现国家意志、体现意识形态需要，其次是实用论的利益驱动——契合社会现实市场对人的需求和素质要求，最后是认识论的价值动力——追求知识积累与人的全面发展、知识创新与价值选择的交互逻辑。

构建高校铸魂育人协同机制的直接目标是为了提高铸魂育人工作的实效性，根本目标是实现立德树人和坚定社会主义办学方向。衡量高校铸魂育人协同机制是否有效协同的标准是，通过对教职工和学生的调研考核，评估高校铸魂育人协同机制运行后教职工和学生在政治立场、思想水平、价值观和行为素养等方面与党和国家对于立德树人的标准和对人才培养的要求之间的差距是否缩小。

由于高校铸魂育人工作的实效性有一定的隐蔽性和滞后性。所谓隐蔽性，是指高校铸魂育人工作的实际效果并不是立竿见影的，无法通过考试或是其他的可以量化的标准去衡量，其效果反映在日常生活的点点滴滴之中。所谓滞后性，它与隐蔽性相互依存，主要体现在时间方面，大学生在校期间接受的思想政治教育，可能到了出校门之后的生活和工作中才会逐渐体现其效果，或是体现在对待某些突发事件所做出的反应上。基于对铸魂育人工作实效性难以量化衡量的情况，对其评价大多依靠学生与教职工之间的互评，包括学生对教职工授课情况、个人言谈以及以身作则方面的反馈和评价，教职工对思想政治教育工作中与学生互动的反馈等方式。这是评价高校铸魂育人协同机制构建和运行过程中要特别注意的问题。铸魂育人效果不能在短时间内立竿见影，育人实效性也不可能立即显现，但是育人过程的均衡有序和育人目标的切实可行是可以评价的。

七、制度性原则

制度泛指以规则或运作模式，规范个体行动的一种社会结构。这些规则蕴含着社会的价值，其运行表彰着一个社会的秩序。“制度是对具体行为导向、认定和保障的基础。”[①]制度性原则是重要保障，是为达到铸魂育人的预设目标、提高铸魂育人实效所应遵循的原则。制度性原则可以统一高校思想政治教育的权利和义务，具有规范、强制和稳定的作用。换句话说，让制度在不断完善中得以良好循环，使高校铸魂育人工作相关部门和相关人员可以有章可循，可以按照规章制度办事。坚持制度性原则的关键是要建立长效教育机制。要使机制能够发挥长效作用，就必须随着客观条件的变化而使机制做出相应的调整，实现系统的自我优化，进而推动形成新的有序的稳定的结构，使高校铸魂育人工作具有科学性和可持续性，实现整个系统的自组织行为。

① 李力，金昕．新时代高校立德树人的内涵、难点及实现路径[J]．东北师大学报（哲学社会科学版），2019（2）：150.

第五章　新时代高校铸魂育人协同机制构建的基础和条件

党的十八大以来，我国高校思想政治教育的发展在理论武装、机制建设、学科发展、队伍建设、资源共享等方面取得了一系列成就；在育人方式方法、载体平台、路径手段等方面积累了大量的宝贵经验；在师资队伍发展、硬件设施建设和资源配置方面有了很大的改善。这些为新时代高校铸魂育人协同机制的构建奠定坚实的理论基础，储备了丰厚的物质条件，也准备了大量优秀的高水平师资人才。

第一节　新时代高校铸魂育人协同机制构建的理论和实践基础

一、党和国家的政策指引

中华人民共和国成立以来，党和国家关于思想政治教育的方针政策在高校的贯彻落实为新时代高校铸魂育人协同机制构建提供了政策指引。中华人民共和国成立之初，党和国家就高度重视高校的思想政治教育工作，先后出台了一系列的方针政策。先是教育部召集北京大学、清华大学等十九所高校负责人，对高等教育改造提出了一切服务于国家建设，特别是经济建设的方向，明确课程改革的中心环节是政治课学习。1950年，第一次全国高等教育会议上提出，高等学校要发展，必须密切配合国家经济、政治、文化和国防建设的需要，培养具有高度文化水平的、掌握现代科学和技术的成就的并全心全意为人民服务的高级建设人才。1950年，教育部发出《关于改革北京师范大学的决定》中指出，政治课为全校必修课，在文化业务课中，也应贯彻革命的思想与政治教育[①]。1958年，中共中央《关于教育工作的指示》指出，教育必须为无产阶级政治服务，必须同生产劳动相结合[②]。

1961年，中央批准试行《教育部直属高等学校暂行工作条例（草案）》，专章详细说明了高校基本任务、党的领导、政治理论课、高校领导体系、党的组织和党的工作等，明确提出，在一、二年级设政治辅导员或者班主任，从专职的党政干部、政治理论课教师和其他青年教师中挑选有一定政治工作经验的人担任。同时，要逐步培养和配备一批专职的政治辅导员。1978年，《〈全国重点高等学校暂行工作条例〉（试行草案）》的颁布实施，进一步加强了党委的首要地位，强化了思想政治教育的实施。1980年，《关于加强高等学校学生思想政治工作的意见》提出，高校必须坚持又红又专的方向，使受教育者在德智体几方面都得到发展，成为有社会主义觉悟的专门人才[③]。1992年党的十四大提出，必须把教育摆在优先发展的战略地位，努力提高全民族的思想道德和科学文化水平，这是实现我国现代化的根本大计。随后发布的《中国教育改革和发展纲要》指出，必须坚持党对教育工作的领导，坚持教育为社会主义现代化建设服务，全面贯彻党和国家的教育方针等主要原则，这些重要指示，为高校思想政治教育发展提供了权威依据、核心内容和重要政策保障。

1982年，教育部在北京召开高等学校试行学生品德评定工作讨论会，提出品德评定要建立在经常的细致的思想政治工作的基础上[④]。此后，教育

① 冯刚，沈壮海．中华人民共和国学校德育编年史[M]．北京：中国人民大学出版社，2010：3，12，7.

② 中共中央国务院关于教育工作的指示[J]．北京师范大学学报（办学经验总结专号）．1958(12)：1.

③ 教育部思想政治工作司组．加强和改进大学生思想政治教育重要文献选编（1978—2014）[M]．北京：知识产权出版社，2015:4.

④ 冯刚，沈壮海．中华人民共和国学校德育编年史[M]．北京：中国人民大学出版社，2010：162，458.

部出台了《高等学校学生守则》（试行草案）《高等学校学生行为准则（试行）》《普通高等学校学生管理规定》等一系列学生规范性文件，学生日常管理成为开展思想政治教育的重要载体。2004年，中共中央、国务院发出了《关于进一步加强和改进大学生思想政治教育的意见》，系统化构建了高校思想政治教育的体制机制、机构队伍、职责内容，及时回应了谁来做、做什么、如何做、怎么评等一系列事关高校思想政治教育体制机制的重要问题，帮助高校快速建立了适应新世纪要求的思想政治教育工作体系。

2017年2月，中共中央、国务院印发《关于加强和改进新形势下高校思想政治工作的意见》指出，加强和改进高校思想政治工作，事关办什么样的大学、怎样办大学的根本问题，事关党对高校的领导，事关中国特色社会主义事业后继有人，是一项重大的政治任务和战略工程。文件进而对高校思想政治工作的重要意义和总体要求、强化思想理论教育和价值引领、发挥哲学社会科学育人功能、加强对课堂教学和各类思想文化阵地的建设管理、加强教师队伍和专门力量建设、推进高校思想政治工作改革创新以及加强和改善党对高校的领导等七个方面进行了详细的要求和说明，尤其是提出坚持党对高校的领导，坚持社会主义办学方向，坚持全员、全过程、全方位育人，坚持遵循教育规律、思想政治工作规律、学生成长规律，坚持改革创新五大原则，这些对于高校思想政治工作推进理念思路、内容形式、方法手段创新，增强工作时代感和实效性，具有重要的指导意义。

2018年，习近平总书记在全国教育大会上强调，党的十八大以来，我们围绕培养什么人、怎样培养人以及为谁培养人这一根本问题，全面加强党对教育工作的领导，坚持立德树人，加强学校思想政治工作。习近平总书记的讲话为新时代高校办学的思想政治工作的改革发展进一步指明了方向。2019年3月习近平在学校思想政治理论课教师座谈会上强调，用新时代中国特色社会主义思想铸魂育人贯彻党的教育方针，落实立德树人根本任务。2019年9月，教育部出台了《关于深化本科教育教学改革　全面提高人才培养质量的意见》，提出把思想政治教育贯穿人才培养全过程，坚持把立德树人成效作为检验高校一切工作的根本标准，用习近平新时代中国特色社会主义思想铸魂育人，加快构建高校思想政治工作体系，推动形成“三全育人”工作格局。

2020年4月，教育部等八部门联合发布了《关于加快构建高校思想政治工作体系的意见》，提出为深入贯彻落实习近平新时代中国特色社会主义思想，贯彻落实党的十九大和十九届二中、三中、四中全会精神，学习贯彻习近平总书记关于教育的重要论述，加快构建高校思想政治工作体系，努力培养担当民族复兴大任的时代新人，培养德智体美劳全面发展的社会主义建设者和接班人，要以习近平新时代中国特色社会主义思想为指导，全面贯彻党的教育方针，坚持和加强党的全面领导，坚持社会主义办学方向，以立德树人为根本，以理想信念教育为核心，以培育和践行社会主义核心价值观为主线，以建立完善全员、全程、全方位育人体制机制为关键，全面提升高校思想政治工作质量。2020年5月，教育部印发了《高等学校课程思政建设指导纲要》，提出把思想政治教育贯穿人才培养体系，全面推进高校课程思政建设，发挥好每门课程的育人作用，提高高校人才培养质量。以上这些重要文件精神的贯彻落实为高校铸魂育人协同机制的构建提供了政策指导，创造了良好的外部环境条件。

二、逐渐完善的高校思想政治教育学科建设

中华人民共和国成立以来，思想政治教育的科学化，经历了从强调作为“生命线”的政治地位，到“一门科学”的科学性讨论，走向“学科建设”的科学化道路[①]。

中华人民共和国成立初期，思想政治教育作为社会主义大学的重要内容，一方面从中国化的马克思主义寻找理论支撑，一方面借鉴军队开展思想政治工作20余年的实践经验。1949年10月，华北人民政府高等教育委

① 冯刚，严帅.新中国成立70年来高校思想政治教育的成就、经验与展望[J].教学与研究，2019(9):12-24.

员会就要求专科以上学校必修“辩证唯物论与历史唯物论”①，1950年，政务院《关于实施高等学校课程改革的决定》规定全国高等学校开设新民主主义革命的政治课程，1951年1月，教育部对135所学校的课程改革，尤其是政治课建设进行审查，同年7月，教育部在北京主持召开全国高等学校暑期政治课教学讨论会，确定了高校政治课教学的重点、内容、组织、教学和方法，把课程建设作为高校落实思想政治工作“生命线”的切入点②。1980年8月，《光明日报》发表《思想政治工作是一门科学》，推动了“思想政治工作科学化”大讨论，1982年的全国党员教育工作会议上明确提出，思想政治工作是一门科学，是“治党治国的科学”的论断，从中央层面正式认可了这一提法。1984年开始，高校开始建设思想政治教育本科专业，标志着思想政治教育学科正式创立。随后相继设立第二学位和硕士学位，到1996年博士学位确立，形成了完整的思想政治教育专业培养体系和学位学历体系。

思想政治理论课程体系方面，1952年10月，教育部对高校政治理论课的课程门数、学时、讲授次序做出了规定，标志着高校马克思主义理论课程体系的基本建立，此后思想政治理论课根据形势和任务不断调整，历经“85”方案、“98”方案和“05”方案，并不断逐步完善③。进入新时代以来，中央先后召开哲学社会科学座谈会和全国高校思想政治工作会议，提出“所有课堂都有育人功能”，“各门课都要守好一段渠、种好责任田”，“使各类课程与思想政治理论课同向同行，形成协同效应”④，在思想政治理论课程的基础上提出“课程思政”。2019年3月，中央召开思想政治理论课教师座谈会，对思想政治理论课改革创新提出“八个统一”的要求，拓展和丰富了思想政治教育科学化的内涵和外延。

① 冯刚，沈壮海．中华人民共和国学校德育编年史[M]．北京：中国人民大学出版社，2010：3.

② 冯刚，严帅．新中国成立70年来高校思想政治教育的成就、经验与展望[J]．教育与研究，2019(9)：12-24.

③ 石云霞．高校思想政治理论课建设和改革60年回顾与思考[J]．思想理论教育，2009(19)：4-12.

④ 习近平．把思想政治工作贯穿教育者学会过程 开创我国高等教育事业发展新局面[N]．人民日报，2016-12-09(1).

2020年4月，教育部等八部门出台了《关于加快构建高校思想政治工作体系的意见》，提出贯通学科体系、教学体系、教材体系、管理体系，加快构建高校思想政治工作体系。2020年5月，教育部印发了《高等学校课程思政建设指导纲要》，提出要科学设计课程思政教学体系、结合专业特点分类推进课程思政建设、将课程思政融入课堂教学建设全过程、建立健全课程思政建设质量评价体系和激励机制、加强课程思政建设组织实施和条件保障。至此，高校思想政治教育学科建设和课程建设达到一个前所未有的发展阶段，这对于高校铸魂育人协同机制的构建是一个千载难逢的良好机遇。

三、良好的高校教育资源共享平台基础

高校教育资源共享是指不同的主体对于存在于高校的教育资源在不同程度上的共同享有、享受或使用，主要包括物力资源共享、人力资源共享、信息资源共享、课程资源共享、品牌资源共享和管理制度资源共享等方面。高校教育资源共享既包括校内教育资源共享，又包括校际教育资源共享[1]。

随着我国高等教育的大众化发展，高校对高等教育资源的需求与高等教育资源供给之间的矛盾日益突出。特别是20世纪90年代末高校扩招以来，对人才的极大需求，使得高校资源匮乏显得更为突出。《国家中长期教育改革和发展规划纲要》（2010—2020年）提出建立开放灵活的教育资源公共服务平台，促进优质教育资源普及共享的要求。教育部2013年工作要点提出，要以信息化扩大优质教育资源共享。然而，长期以来，人们都把高等教育资源视为专有资产，以至于各学校之间高等教育资源共享的意识缺乏，导致很多有价值的教育资源未得到很好的开发和利用。

高等教育资源共享的目的是实现人力和物力的节约和有效利用，是当代教育发展的一大必然趋势，它的实质是通过对高等教育资源的整合，实现教育资源在时间、地点的结合，不但从量上而且从质上，满足学生和教师的教育信息资源需求。高等教育资源共享的提出可以最大限度地解决教

① 岳建军.高等学校教育资源共享问题研究[D].大连：辽宁师范大学，2012.

育信息的不对称和浪费问题，很大程度上节约了社会成本。一方面，资源短缺要求资源共享，另一方面，资源浪费和资源配置效率低下是影响和制约资源共享的另一重要因素。加强不同高校之间信息的沟通，建立资源共享平台，健全教育保障制度变是高等教育的当务之急①。

（一）高校教育资源共享发展的内容演变

我国高校教育资源共享的提出和一系列资源共享文件的出台为高校铸魂育人协同机制的构建提供了大量的政策支撑资源和共享服务体系的平台支撑。我国高等教育长期面临着“既缺经费却又浪费”的矛盾：一方面，许多高校的教育资源不足，无法满足广大学生的学习与生活需求；另一方面，一些学校重复购置、重复建设，资源利用效率低下，追求“小而全”和外延发展的现象却屡见不鲜。在这样的背景下，教育资源共享理念开始提出并慢慢发展起来。我国高校教育资源共享理念的提出与发展大体经历了三个阶段，每个阶段共享的教育资源的对象和内容的侧重点有所不同。

第一阶段，1949年中华人民共和国成立—20世纪70年代，这是高校教育资源共享的被动选择阶段，也可以称为萌芽阶段。这个阶段共享的教育资源内容主要有教学研究室的仪器、设备，共享资源的对象是高校之间以及高校和科研机构之间。这一时期出台的最重要的法规条文是1962年的《高等学校实验室仪器设备暂行管理办法（草案）》，其中的第二十一条指出，学校、系和教学研究室应及时做好仪器、设备的调剂和组织协作的工作，对精密、贵重、稀缺的仪器设备，必要时，可参加当地的校际协作及与其他部门的协作，以提高仪器、设备的利用率②。

还有针对高校和科研机构之间的合作共享，如在1956年中国科学院、高等教育部发布的《关于高等学校和科学研究机关几项试行的合作办法的通知》中就提出了高等学校和科学院之间的几种合作方式、方法，体现在：

① 韦锦义，简克蓉，廖志高，等.广西高等教育资源共享平台建设模式及运行机制研究[J].学术论坛，2014(5)：163-167.

② 岳建军.我国高等学校教育资源共享理论的政策演变及问题检视[J].聊城大学学报（社会科学版），2017(4)：100-106.

软硬件设备资源方面，为了发挥某一学科或培养科学研究干部，高等学校和科学院的一方可以利用另一方的特有的高级研究人员和设备进行科学研究工作，具有一定条件的一方应尽最大可能给予另一方以合作的便利；高等学校和科学院的图书资料和仪器，在不妨碍原单位本身任务的情况下，应做到互通有无，使双方的科学家能充分利用现有的图书、资料和仪器进行科学研究工作。师资培训方面，科学院的科学研究机关在基本上不妨碍其本身任务情况下，尽可能代高等学校培养某种学科的青年教师。同时，高等学校和科学院应鼓励科学家在工作需要、本人自愿的情况下，在双方兼职。科研方面，高等学校为了完成教学任务，提高教学质量，可以商请科学院的某些科学家进行某种教学工作，而科学院的科学研究机构也可以委托高等学校的某一科学家进行某种科学研究工作。

第二阶段，20世纪80年代—90年代前期，是高校教育资源共享的主动探索阶段。这个阶段共享的教育资源内容依然主要局限于仪器、设备等物质资源共享方面，共享对象主要是高校之间和地区协作，资源共享已经成为高校优化教育的路径之一。这一阶段出台的相关政策条文主要有七个，如：1983年的《高等学校实验室工作暂行条例》、1984年的《高等学校仪器设备管理办法》、1987年的《普通高等学校图书馆规程》等。

第三阶段，20世纪90年代后期至今，是高校教育资源共享的全面发展阶段。这一阶段资源共享扩大到了高校、科研院所以及企业之间，目的是充分调动一切资源。我国的高校教育资源共享已经开始为社会所认可和接受，并对共享的形式与内容等开始了更深入的探索，如建设精品课程、建设数字图书文献、搭建高水平的计算机网络服务平台，搭建以科技成果信息、科技期刊信息、图书馆和博物馆为主体的数字化科研信息资源平台，建立优质研究生教学资源网络共享体系、科技基础资源数据平台、动植物种质资源库、微生物和人类遗传资源库，建设面向全国高校的精品课程和立体化教材的数字化资源中心、数字化学习中心、职业教育实训基地等，表现出了全面性、多样性的发展特征。这一阶段提出了地方高校和教育部直属高校这两类不同主管部门的学校之间要进行资源的共享，以及高校教育资源共享突破地理区域的限制，使得东西部的高校都能够共享优质的教育资源，高职院校的优质教育资源共享。这对于拓宽高校教育资源共享的层次和范围具有重要意义。

这一阶段出台的相关文件有三十多个，如：1999年的《关于新时期加强高等学校教师队伍建设的意见》、2000年的《高等学校仪器设备管理办法》、2001年的《关于加强高等学校本科教学工作提高教学质量的若干意见》、2002年7月8日教育部发布的《关于加强高校网络教育学院管理提高教学质量的若干意见》、2003年《高等学校重点实验室建设与管理暂行办法》、2006年的《关于加强国家重点学科建设的意见》、2010年的《关于进一步推进对口支援西部地区高等学校工作的意见》、2011年《关于“十二五”期间实施“高等学校本科教学质量与教学改革工程”的意见》等，从不同角度不同层面对高校教育资源共享进行了较为详细的规定和要求。

党的十八大以来，高校教育资源共享发展有了新的特点，即重点强调了网络数字资源和信息技术服务方面的共享。比如，2012年9月，刘延东副总理（时任国务委员），在全国教育信息化工作电视电话会议上提出，“十二五”期间，要以建设好“三通两平台”为抓手，也就是“宽带网络校校通、优质资源班班通、网络学习空间人人通”，建设教育资源公共服务平台和教育管理公共服务平台。2017年12月，教育部颁布的《关于数字教育资源公共服务体系建设与应用的指导意见》中提出，到2020年，基本建成覆盖全国、互联互通、用户统一、共治共享、协同服务的具有中国特色的数字教育资源公共服务体系，基本实现全国一体系、资源体系通、一人一空间、应用促教学。要求共建共治国家体系，建设运行国家体系枢纽环境，统筹做好省级体系的规划、建设、运维与服务，提升完善体系内教育资源公共服务平台服务功能，切实落实网络学习空间对教育教学活动的支撑，扎实开展市县两级对国家体系用户的支持服务，积极推动学校开展资源应用，探索形成新型教学、管理、服务模式。

2018年4月，教育部印发的《教育信息化2.0行动计划》，指出到2022年基本实现“三全两高一大”的发展目标，即教学应用覆盖全体教师、学习应用覆盖全体适龄学生、数字校园建设覆盖全体学校，信息化应用水平和师生信息素养普遍提高，建成“互联网+教育”大平台，推动从教育专用资源向教育大资源转变、从提升师生信息技术应用能力向全面提升其信息素养转变、从融合应用向创新发展转变，努力构建“互联网+”条件下的人才培养新模式、发展基于互联网的教育服务新模式、探索信息时代教育治理新模式。

2019年9月，《关于筹备成立“国家数字教育资源公共服务体系联盟”有关工作》指出，为支持和推动国家数字教育资源公共服务体系建设、运行和服务，拟成立国家体系联盟。

可以看出，我国高校资源共享的发展就政策文件来说是逐渐增多的，第三阶段的政策文件最多。从内容看，资源共享由最初的实验仪器、图书资料，到后来各项科研资源、课程资源，以及如今的各种数字化教育资源。从规模看，资源共享由原来的个别领域、个别部门、少数地区，到如今全国规模的数字教育资源共享。越来越网络化、数字化的各种教育资源共享平台的建设，教育资源公共服务体系建设，甚至国家体系联盟的成立，为高校铸魂育人协同机制的构建提供了极大的便利，创造了极为有利的政策和平台条件。

（二）区域性共享资源平台建设提供了良好的基础

近年来，一些地区和高校区域性协同育人资源共享平台建设取得了一定的成就，为高校铸魂育人协同机制的构建奠定了良好的基础。现行的教育资源共享模式主要包括大学城、大学联盟、学术市场以及网络课程等多个方面。具体内容有：图书数字资源共享，如珠海大学园区高校资源信息共享系统、安徽高校文献资源共享体系、京津冀高校图书馆信息资源服务与共享协同创新联盟等；体育场源资源共享建设，如南阳理工学院与社会体育资源共享机制的探索与实践，集美大学体育场馆的社会化服务模式等；高校课程资源共享，如清华大学等的网上慕课教学资源共享平台等。此外，还有高校大型仪器资源共享、高校教学实验中心仪器设备资源共享、重庆大学城资源共享平台建设、沈北大学城教育资源共享平台建设、成渝经济区高等教育资源共建共享等。

下面我们以广西高等教育资源共享现状为例，分析当前高等教育资源共享平台建设模式及运行机制对于高校铸魂育人协同机制构建的意义。根据《2019年广西统计年鉴》，1995年至2018年，广西普通高等学校由27所发展到76所，在校的学生数量由6万人发展到94.2万人，专任教师由7542人发展到45211人，招生人数由2.04万人发展到30.4万人，培养研究生单位由9所发展到14所，研究生招生人数由318人发展到13000人，在校研究生人数由747人发展到34000人[①]。以上数字可以看出，20多年来广西高等教育的发展和师生数量增长的不平衡性，越来越多的招生人数和在校生人数给高等教育尤其是研究生教育带来的压力，不断增加配备的教师、图书资料、实验设备等教育资源依然远远不能满足越来越多的学生学习生活等需要。

近年来，广西区域相对集中的高校在教学改革的多个层面，如学分互认、教师互聘、图书资源通借、实验室对外开放、联合组建学科研究团队、协同研究中心建设等方面进行了立体式多方位合作，取得了较好的成效。同时，广西先后开展了资源共享平台建设的项目，如2002年启动的“广西文化信息资源共享工程”，2006年由各高校、公共图书馆和全区科研院所共同举办的“广西科技文献共享与服务平台”，2005—2007年举办的“广西三大科技公共服务网络平台建设”，其中中小企业创新科技服务网完成了技术成果数据库和产品数据库的建构和管理设计，并引进创新科技网，建立了柳州、北海两市的创新服务中心，并且完成了7个基础数据库的建设。2007年由广西师范大学牵头，联合高校、科研和公共图书馆举办“广西人文社会科学文献资源保障体系与共享网络平台”。2009年以来，广西先后启动建设由广西大学牵头的广西理科学实验中心等大型科学仪器设备共享

① 广西壮族自治区统计局.2019广西统计年鉴[M].中国统计出版社，2019：491.

平台和自然科技资源平台等共享平台，建设投入经费2.3亿余元①。

广西的高等教育资源共享平台及运行机制仍处在起步阶段，缺乏标准的模式，在平台的建设和运行过程中也暴露出很多问题。如资源共享的观念和意识不足，科研教育经费投入不足，资源共享平台建设和运行机制不完善，导致资源共享水平不高；对于不同部门的资源共享平台及运行机制，如高校内部、各高校之间和各高校与社会机构，缺乏协调资源共享的有效机制，同时对其运行机制也管理不善；资源共享的手段比较单一，高校共享资源的类型和数量有限，各高校本身自主资源建设不足，资源共享服务的深度广度不够；等等②。

从以上内容可以看出，广西高校教育资源平台建设及运行机制有投入、有成就、有不足、有缺陷、有问题，这就是广西高校铸魂育人协同机制构建的现实基础。因此，要深入研究资源共享模型及运行机制现有的优势和不足，充分利用优势条件，以问题为导向，推动高校铸魂育人协同机制的构建和良好运行。

四、丰富的高校“三进”工作实践探索经验

铸魂育人工作不是一蹴而就的，而是一项长期性的系统工程、战略工程。王建国建议，要从强化主体责任、建强各类平台、加强队伍建设、完善激励与问责机制等四个方面持续发力、久久为功，全面落实好保障措施，完善全员、全过程、全方位的育人体系。着力构建上下联动、左右协同的育人工作机制。要建立健全党委统一领导、党政工团齐抓共管、有关部门和学院共同参与的工作机制，特别是要注重推进重心下移，充分发挥学院、系部、教研室三级组织的管理功能，发挥思想政治理论课教师、专业课教师等各类教师的协同育人作用，汇聚各方力量、各种资源形成工作的重要

① 韦锦义，简克蓉，廖志高，等.广西高等教育资源共享平台建设模式及运行机制研究[J].学术论坛，2014(5)：163-167.

② 韦锦义，简克蓉，廖志高，等.广西高等教育资源共享平台建设模式及运行机制研究[J].学术论坛，2014(5)：163-167.

合力。切实推进习近平新时代中国特色社会主义思想“三进”在校园落地生根[①]。

四川大学在推进习近平新时代中国特色社会主义思想“三进”方面的探索经验值得参考和借鉴。一是深化教育教学改革，将习近平新时代中国特色社会主义思想融入思想政治理论课。推进本科生思想政治理论课全面实现“中班授课、小班讨论”互动式教学，不断提升研究生思政课“中班授课、小班讨论”的比例，打赢提高思想政治理论课质量和水平的攻坚战。二是推进“全课程”核心价值观教育，将习近平新时代中国特色社会主义思想融入专业课教学各课堂。四川大学在全国率先出台《关于“全课程核心价值观建设”的实施意见》，深入落实“全课程”核心价值观教育教学体系，将习近平新时代中国特色社会主义思想融入文化素质教育课堂、各门专业课课堂等教学全过程。三是丰富“第二课堂”，将习近平新时代中国特色社会主义思想融入学生日常教育全过程。把志愿服务、社团活动、创新创业、社会实践等作为学习贯彻习近平新时代中国特色社会主义思想的重要抓手，深入开展中国特色社会主义和中国梦教育、党史国史教育、中华优秀传统文化教育等主题教育活动。四是发挥科研育人功能，发挥习近平新时代中国特色社会主义思想研究机构重要作用，举办中国特色社会主义政治经济学高端论坛及全国高校马克思主义理论学科博导论坛[②]。

在保障机制方面，四川大学充分发挥意识形态工作领导小组、思想政治理论课课程建设领导小组等牵头作用，定期研究部署“三进”推进落实情况。形成了党委书记讲形势与政策第一课、校长讲开学第一课、知名院士讲学术诚信第一课的学生思政教育“三个第一课”模式，完善领导干部讲思想政治理论课制度和定期听课制度。在平台建设方面，四川大学发挥学科和人才优势，成立了习近平新时代中国特色社会主义思想研究机构，中国特色社会主义政治经济学研究中心、科技经济学研究中心、中华文化研

① 王建国，扎实推进习近平新时代中国特色社会主义思想“三进”的思考[J].国家教育行政学院学报，2017(12):3-8.

② 王建国，扎实推进习近平新时代中国特色社会主义思想“三进”的思考[J].国家教育行政学院学报，2017(12):3-8.

究院，初步形成“1+3”社科研究机构布局。在师资队伍建设方面，四川大学构建了辅导员、思想政治理论课教师、教导员、班主任、学术导师、组织员“六位一体”的思想政治工作队伍体系，并进一步选优配强辅导员和思想政治理论课教师两支专业队伍，把教导员、班主任、学术导师、组织员、研究生导师等兼职队伍作为“三进”工作人才体系的重要补充力量①。

此外，其他高校也对“三进”工作进行各种探索和创新。在实践经验的基础上，不少学者提出了一些具有建设性的看法和建议。周良发、杨娜、余蕾提出，推进“三进”工作过程中要坚持科学性、导向性、系统性和协同性原则。评价作用的发挥必须从总体上理顺评价工作思路，着力从评价环节、评价状态、评价主体、评价方法、评价类型等方面有序推进，还要从加强组织领导、推进制度建设、重视评价结果、形成长效机制等层面完善评价的保障措施，切实推进习近平新时代中国特色社会主义思想深入人心、落地生根②；吴爱萍提出，推进习近平新时代中国特色社会主义思想“三进”，要坚持主渠道与多渠道相结合的原则，构建“大思政”教育体系，注重协同推进，在发挥主渠道作用的同时，还应协调多方力量，合全社会之力，合高校各部门各学科之力，协同推进③。李鹏丽从时代发展的角度建议强化融合意识，适应分众化差异化传播趋势构建全媒体传播格局。传播流程精细化，打造完整的传播链条；传播渠道立体化，注重发挥融媒体优势，强化用户体验和互动交流，形成从静态到动态，从一维到多维，实时传播、多屏传播、立体传播的工作格局；传播方式多样化，体现继承性和创新性，借鉴市场化运作模式，对产品进行推广，形成“一次创作、多种生成、多元传播”的传播格局，让人们在文艺欣赏和文化消费活动中潜移默化地加深对理论认同、价值认同和思想认同，增强中国特色社会主

① 王建国.扎实推进习近平新时代中国特色社会主义思想“三进”的思考[J].国家教育行政学院学报,2017(12):3-8.

② 周良发,杨娜,余蕾.习近平新时代中国特色社会主义思想“三进”评价的原则与思路[J].昆明理工大学学报(社会科学版),2019(1):45-51.

③ 吴爱萍.推进习近平新时代中国特色社会主义思想“三进”的思考——以“概论”课为例[J].学校党建与思想教育,2018(3):62-64.

义道路自信、理论自信、制度自信、文化自信[①]。

在推进“三进”工作中，有的高校提出了操作性很强的具体措施。在进教材和进课堂方面的内容协同，教师从新时代、新理论、新矛盾和新征程等多维度准确把握习近平新时代中国特色社会主义思想的历史背景、科学内涵、基本特征、历史方位和战略价值。从基本理论、基本方针策略和具体理论政策三个维度进行系统把握，深刻领会习近平新时代中国特色社会主义思想的理论之精、特征之新和战略之能，并结合社会热点和教学重点进行个性把握，加强育人内容的协同；在进头脑路径上，搭建“课堂+实践+网络”的系统化全方位的育人体系，利用电子屏、橱窗、图书馆等物质载体，发挥校内网络公开课、微博等的影响力和凝聚力。开设精品视频公开课、经典案例展示区和热点问题交流区，以一种线上线下即时互动的虚拟体验活动，让学生在畅游网络海洋过程中潜移默化地提升理论素养和政治认同[②]。

以上这些或者宏观角度或者微观角度的探索，来源于教育教学实践又指导教育教学实践，对于构建高校铸魂育人协同机制具有重要的指导和借鉴价值。

第二节　新时代高校铸魂育人协同机制构建的有利条件

一、高水平师资队伍的人才储备

随着高等教育和高校思想政治教育的快速发展，高校教师队伍建设也

① 李鹏丽．用创新理念推进马克思主义大众化[J].红旗文稿，2017(1)：37-38.

② 杨晓军．基于“三维协同”视角的习近平新时代中国特色社会主义思想“三进”研究[J].黑河学刊，2018(6)：80-82.

有了长足的发展，取得了一些举世瞩目的成就，造就了一支优秀的高校教师队伍，为高校铸魂育人协同机制的构建创造了雄厚的师资队伍条件。

20世纪90年代开始以法律和部门规章的形式协同推进建章立制，对教师队伍建设予以规范，教师的任职资格等制度从无到有，从低水平发展到全面覆盖；教师队伍的数量增长和工资待遇保障得到关注。21世纪以来，加强了党对教师队伍建设的领导，形成了更高水平的师范教育体系，启动了“人工智能+教师队伍建设”行动，提高了教师社会地位，优化了新时代教师队伍建设的生态治理。

国家注重不同时期通过目标任务、项目工程、制度指南等顶层设计，强化对教师队伍的专业引领。1986年，国家教委下发《全国高等师范学校师资“七五”规划》，1992年国家教委印发《全国高等师范学校师资培训“八五”计划要点》和《关于加强各级高师（高校）师资培训中心建设的意见》，提出建立“国家—六大区—省级”三级高校师资培训基地。2010年到2015年教育部连续下发《关于大力加强中小学教师培训工作的意见》《乡村教师支持计划（2015—2020年）》等文件，以实施“国培计划”为抓手，推动各地通过多种有效途径进行分类、分层、分岗全员培训。

伴随着我国教师队伍建设的快速发展，高校教师队伍建设发展成绩喜人，为我国高等教育事业改革发展和社会主义现代化建设提供了强有力的人才和智力支撑，也为高校铸魂育人提供了优秀的师资队伍。《2018年全国教育事业发展统计公报》显示，2018年全国现有各级各类专任教师1672.85万人，比1949年98.6万增加了近16.5倍，平均每年递增22.2%。为51.89万所学校、2.76亿大中小幼学生提供公平而有质量的教育。独立设置的高等师范院校从1949年的31所发展到380余所，教师教育专业点保持在5000个左右①。教师队伍结构持续优化，年龄结构得到改善，中青年教师已成为教师队伍的主要力量。整体素质显著提升，高学历教师比例不断提高。与此同时，把提升思想政治素质和职业道德水平摆在首位。

① 于维涛.新中国成立70年以来我国教师队伍建设的历程、成就与反思[J].中国教师，2019(12)：5-11.

教师队伍建设逐步走向法制化、规范化轨道，教师队伍法制化建设取得突破，基本形成促进教师队伍高质量发展的制度和政策环境。1985年颁布的《中共中央关于教育体制改革的决定》对我国教育体制改革进行了系统设计。1993年颁布的《中国教育改革和发展纲要》明确提出积极推进以人事制度和分配制度改革为重点的学校内部管理体制改革。2000年、2003年教育部等部委相继印发《关于深化高等学校人事制度改革的实施意见》和《关于深化中小学人事制度改革的实施意见》，标志着以人事制度和分配制度改革为重点的教师队伍建设进入启动和实施阶段。2010年《国家中长期教育改革和发展规划纲要（2010—2020年）》提出"国标、省考、县聘、校用"的教师准入制度。2017年印发的《高校教师职称评审监管暂行办法》要求下放高校教师职称评审权。1999年以来，教育部先后组织实施了包括"长江学者奖励计划""千人计划""万人计划"等"高层次创造性人才工程"和"跨世纪园丁工程"系列项目，一批优秀中青年教师成长为教学名师、科研骨干。这是高校专业化创新型主力军所在，是高校铸魂育人协同机制构建的高层次师资人才力量，也是高校铸魂育人协同机制的专业化水平越来越高的师资保障。

二、各类育人平台建设良好

随着高等教育和高校思想政治教育教学改革的蓬勃发展，各类教育教学平台的建设和发展为高校铸魂育人协同机制的构建提供了良好的平台条件。稳定统一的平台是顺利实施高校铸魂育人工作并取得实效的关键环节。当前思想政治教育的平台首先是课程教学平台。课程教学平台是指以思想政治理论课为核心，包括心理健康教育课、人文素质教育课、创业教育与就业指导课以及素质拓展训练课在内的各课程之间实现资源共享、内容互渗、信息互通的教学共享平台。思想政治教育的平台既包括思想政治理论课教学平台，也包括所有非思想政治理论课教学平台。因此，课程教学平台又分为理论教学平台、实践教学平台和实验教学平台三种类型。这些教学平台在目前国内高校课程思政建设的推动下正发挥着各自的思想政治教育作用。

其次是管理服务平台。管理服务平台是指由学校党委牵头，学生处、教务处以及后勤服务等部门紧密配合的，为大学生提供管理和服务的综合共享平台。这样的管理服务平台在目前国内高校都是配备的，而其对学生的管理服务也基本到位。

除了课程教学平台、管理服务平台外，还有校园文化平台、网络育人平台、家庭育人平台、企业育人平台、社区育人平台等。高校铸魂育人工作涉及课内与课外、线下与线上、校内与校外、教育与管理等多个领域，各领域的教育平台需要相互协作、加强联动，发挥不同平台之间的互补和配合作用。目前，一些高校课程思政育人平台、线上育人平台、校外实践平台、管理育人平台等，都已经不同程度地开始建构，有的比较成熟，有的近年来才初见规模。其中，课程思政育人平台是目前各高校建设火热也是最重要的一个协同育人平台。

三、“科技+互联网+教育”的便捷技术条件

随着现代科技和互联网信息技术的突飞猛进发展，“科技+互联网＋教育”为高校铸魂育人协同机制的构建提供了便捷的技术条件。2020年初以来，一场突如其来的新冠肺炎疫情给人类带来了前所未有的影响，所有学生和教师都经历了一个超长的寒假，为了停课不停学，各种形式的线上教学在全国大中小学生以及研究生中展开。而线上教学与传统教学模式的最大不同是，这种教学模式不仅涉及教师、学生、学校的相关部门，也涉及学生的家长，涉及一些开发学习软件的网络公司，涉及电脑、平板手机、智能手机、电视等的生产与销售部门以及电力部门等。因为线上远程教学的正常进行需要一个学习平台把教师和学生连接起来，需要正常的电力供应保证教学活动不会因停电而中断，教师和学生都需要通过电脑或手机上网进行教与学。所以，这样的线上远程教学，虽然是因为疫情不得不进行

的，但是，我们也要看到，现代科技和互联网信息技术给教育教学带来的便利。这些线上教学虽然对大中小学一线教师提出了极大挑战，但是一大批网络公司的教育教学软件开发快速跟上。雨课堂、课堂派、学习通、蓝墨云班相继为一线教师所熟知。如果没有较为成熟的互联网技术，覆盖全国各个角落的大中小学线上教学活动是难以想象的。全国规模的大中小学生的线上教学活动，改变了人们传统的教育教学思想和观念，教师的作用在改变，多媒体技术的作用，网络的作用，模拟环境的建立，教学由学校的事情变成全社会的事情。总之，教育领域正在经历一场深刻的变革。而这场变革无疑给高校铸魂育人协同机制的构建提供了便捷的技术条件。

纵观人类教育发展史，每一次科学技术的重大发展都会对教育产生重大影响，表现为教学手段趋向科技化、教学理念更加人性化、教学内容越发多元化等。伴随移动互联网、免费WIFI、大数据时代到来，早在2012年，高等教育领域全球就刮起了一场大规模在线开放课程的“慕课”风暴，线上课程教学成为高等教育领域不可或缺的重要组成部分。目前，我国思想政治理论课O2O教学新模式已经进入清华大学、复旦大学、上海交通大学等一些重点高校，其他一些地方高等院校也正在努力探索尝试。

信息技术与课程整合是当下国际教育界乃至教育技术界共同关注、共同研究的重要课题。在信息时代背景下，要充分发挥信息技术优势以推进思想政治教育，将信息技术融入思政课程与课程思政的教育教学全过程，创新思政教育教学模式，在互联网络上设置思政教育课程，以扩大课程思政辐射面，使其成为高校课程思政建设的重要组成部分，而这样的课程思政建设也正是高校铸魂育人协同机制建设的一个重要组成部分。

第六章　新时代高校铸魂育人校内协同机制的构建

高校铸魂育人协同机制的构建首先需要一定的理论支撑，以便于从宏观视野上对高校铸魂育人协同机制的整体把握，便于从微观角度上获取高校铸魂育人协同机制的逻辑理路。高校铸魂育人协同机制大系统是一个包含校内协同机制、校际协同机制、校外协同机制和线上线下协同机制多个子系统，而且各子系统之间密切关联的内容丰富、规模庞大且组织严密的高校铸魂育人共同体，也可以说，是基于协同形成的“三全育人”的“大思政”格局。而“三全育人”的“大思政”格局的形成，不仅需要校内、校外协同，更需要高校内部的纵横协同。

第一节　高校铸魂育人校内协同机制构建的价值和意义

一、有助于增强高校铸魂育人工作的实效性

“一个国家不能没有根，一个民族不能没有魂。”[①]铸魂育人是中国特色社会主义教育的必然要求，是新时代凝魂聚气、固本培元的系统工程。用习近平新时代中国特色社会主义思想铸魂育人是高校思想政治教育的核心

① 新华社中央新闻采访中心.直通两会2019[M].北京：人民出版社，2019：99.

内涵，是高校思想政治理论课的历史使命。

但是新时代高校思想文化领域和意识形态领域的复杂情况，多样化社会思潮的严峻挑战，加大了新时代培养中国特色社会主义建设者和接班人的难度。在教育实践中，客观存在的“只教书，不育人”“重科研，轻教学”“重言传，轻身教”“只灌输，不启发”“重专业技能，轻道德养成”的现实困境，与“时时育人、处处育人、事事育人”良好育人局面和“在灵魂深处立德，在行为养成上育人”的要求存在差距。历史的、现实的、实践的、主体认识的、方式方法的“问题之踵”，聚合成高校铸魂育人工作的现实难题。具体表现为：“三全育人”合力机制不健全、“德”与“学”没有有效对接、思想政治教育大格局与精准发力机制亟待构建。这些要求高校要以协同联动创新支撑铸魂育人实践创新，以体制机制创新保障铸魂育人落地见效，以大学文化创新培育铸魂育人的良好环境，以教育理念创新引领铸魂育人实践，以方式方法创新提升铸魂育人质量①。因此，系统构建高效运行的铸魂育人校内协同机制，整合各方优势资源，形成协同联动的“三全育人”格局，对于高校铸魂育人工作有着重要的价值和意义。

二、有助于探究高校铸魂育人工作的内涵与本质

高校思想政治教育作为我国高校育人的重点工作，其内涵与本质的探讨一直是学界和教育工作实践群体热议的前沿问题。然而，源于构成要素的庞杂性、工作内容和体系的复杂性，围绕目标、内容、结构、方式、评价等一系列问题，学界和教育工作实践群体尚未达成一致。究其原因，尽管涉及各种因素的影响，但归根结底是源于对高校铸魂育人工作的内涵与本质的认识上存在差异。

加强高校铸魂育人协同机制建设的探索，特别是以协同理论引导高校铸魂育人协同机制的创新发展，强有力地推动了学者们对高校铸魂育人工

① 张艳国，凌日飞．论新时代高校思想政治教育铸魂育人的理论意蕴与实践路径——学习习近平关于高校思想政治教育的重要论述[J]．社会主义研究，2019(4)：17-24.

作的内涵与本质的认识与探索。这是因为加强工作系统的机制建设，需要对其系统内部的组成要素、组织结构、目标体系、职能分配、评价体系等进行深入的分析和考察，才能够在此基础上清晰掌握该工作系统运行的应然范式，才能为机制建设提供现实依据和创新基础，这就为厘清该工作系统的内涵和本质提供了可能。围绕高校铸魂育人工作的目标体系，为了实现协同效应，对其组成要素、组织结构、目标体系、职能分配、评价体系的分析和考察，有助于厘清高校铸魂育人工作系统内部的要素组成、组织结构等运行机理，进而有效推动学者们对高校铸魂育人工作的内涵与本质的认识与探索。

三、有助于高校铸魂育人工作理论与协同理论的融合创新

高校铸魂育人工作不仅包含对大学生开展的思想政治教育，同时也涵盖了校园文化建设、学生就业指导、高校大学生基层党建、高校教职工基层党建等一系列工作内容。在这个复杂的系统内部，各个教育职能部门之间、不同工作主体之间，都需要积极探索协同工作的方式和路径，更需要科学有效的机制建设理论加以引导。

在我国高等教育改革实践中，探索加强高校铸魂育人协同机制建设的可依路径，为高校铸魂育人工作理论与协同理论的融合创新提供了重要平台和契机。一方面，高校铸魂育人工作理论的创新迫切需要协同理论的指导。作为组成要素庞杂、工作内容涵盖面广泛的系统工作，高校铸魂育人协同机制的建设只有在协同理论的指导下，才能找准发展与创新的具体方式和路径。另一方面，协同理论与高校铸魂育人工作理论的融合，为协同理论的实践生长提供了肥沃的土壤。两者的融合创新，可谓是相得益彰，携手共赢。

四、有助于激发思想政治教育工作的内在动力，形成育人合力

对高校大学生进行思想政治教育除了思想政治理论课这个主渠道之外，还包括思想政治教育实践活动和其他各类课程的德育教育作用。但在当前，承担思想政治教育的主体大部分还是传统的思想政治理论课教师及高校辅导员队伍，其他各类专业课程的教师一般较少参与到思想政治教育的教学实践及理论研究中，这使得思想政治教育的潜在力没有完全被激发出来，单股力量的前进往往是有限的。将协同育人机制引入高校思想政治教育当中，使得能够参与思想政治教育的主体都以不同形式参与到队伍建设中来，可以丰富思想政治教育的教学形式。通过各主体之间的相互协调、相互配合、互通有无的有效对接，让思想政治教育的内容更具有实践性，形式更容易被学生所接受，而且这种不同特色的主体之间的相互碰撞有利于激发思想政治教育工作潜在的多方面力量，使传统的单一模式走向现代化、多层次、多角度、多主体、多场域的立体化复合型模式。

五、有助于落实高校“三全育人”要求

高校的全员、全过程、全方位育人，要求高校育人主体把铸魂育人工作融入大学生从入学到离校的整个过程中，贯穿教学、管理、服务的每个方面，促进大学生全面发展。

在高校铸魂育人工作中，思想政治理论课教师和日常思想政治教育工作者要相互支持、相互帮助、优势互补，把育人工作融入学生学习、生活的方方面面，促进大学生知行合一、全面发展。从学生入学开始，辅导员可以通过“你心目中的大学生活”等主题班会活动，配合思想政治理论课教师开展“适应教育”等课堂教学，帮助学生适应大学生活、融入大学生活。在平时的学习和生活中，思想政治理论课教师可以开展“理想信念”“弘扬中国精神”“明大德、守公德、严私德”等主题的思想政治理论课教

学，配合辅导员开展“革命诗歌朗诵”“道德模范评选”等主题活动，以共同帮助大学生树立崇高的理想信念、铸就爱国主义精神、培养道德情操，促进学生成长；并且配合团委、党校、社团组织开展内容丰富、操作性强的各种比赛、培训和活动，让大学生的理论知识多元化、才艺技能多样化。临近毕业，思想政治理论课教师与辅导员、就业联系人可以共同开展“就业观”教育、简历制作大赛、面试技巧培训、校园招聘会等教育教学活动，帮助毕业生提升就业能力，并树立正确的择业观、就业观。

总之，协同育人促进思想政治理论课课教师和思想政治教育工作者相互支持、互通有无、优势互补，通过把铸魂育人工作贯穿于教学、管理、服务等各方面，贯穿于新生入学到毕业生离校整个过程，共同形成课程育人、科研育人、实践育人、文化育人等“十大”育人体系，从而促进大学生全面成长。加强大学生思想政治教育主渠道、主阵地协同育人，紧密贴合高校“三全育人”的要求，有利于落实高校的“三全育人”，有利于实现立德树人的根本任务。

六、有助于贯彻落实课程思政建设的指导纲要精神

2014年上海高校最先开始的课程思政改革探索成绩显著，经过6年多的发展，如今，课程思政建设已从最初上海高校思想政治理论课的延伸探索，发展为全国高校加强和改进思想政治工作的重要抓手，工作格局发生了显著变化，课程思政建设已经到了升级改造的关键期。

2020年5月，教育部印发了《高等学校课程思政建设指导纲要》，要求各省、自治区、直辖市教育厅（教委），新疆生产建设兵团教育局，有关部门（单位）教育司（局），部属各高等学校、部省合建各高等学校，深入贯彻落实习近平总书记关于教育的重要论述和全国教育大会精神，贯彻落实中共中央办公厅、国务院办公厅《关于深化新时代学校思想政治理论课改革创新的若干意见》，把思想政治教育贯穿人才培养体系，全面推进高校课程思政建设，发挥好每门课程的育人作用，提高高校人才培养质量。

全面推进课程思政建设是落实立德树人根本任务的战略举措，是全面提高人才培养质量的重要任务。课程思政建设工作要围绕全面提高人才培养能力这个核心点，在全国所有高校、所有学科专业全面推进，促使课程思政的理念形成广泛共识；课程思政建设内容要紧紧围绕坚定学生理想信念，以爱党、爱国、爱社会主义、爱人民、爱集体为主线，围绕政治认同、家国情怀、文化素养、宪法法治意识、道德修养等重点优化课程思政内容供给，系统进行中国特色社会主义和中国梦教育、社会主义核心价值观教育、法治教育、劳动教育、心理健康教育、中华优秀传统文化教育等。

《高等学校课程思政建设指导纲要》对于课程思政建设的一系列指导意见，为高校铸魂育人协同机制的构建提供了政策指导，而高校铸魂育人协同机制的构建也极大保障了课程思政建设指导纲要精神的贯彻落实。

第二节　高校铸魂育人校内协同机制构建的思路、内容、机理与逻辑

一、高校铸魂育人校内协同机制构建的思路

（一）明确高校铸魂育人工作的协同目标

协同目标是高校铸魂育人工作的出发点和落脚点，任何单位和个人如果目标模糊或者忽视协同目标的重要性，都将无法实现真正的协同或者协同徒有其表而导致最终失败。目标决定着系统运行的具体方式，不同层级的协同机制运行需要不同的协同目标指引。高校铸魂育人工作是一项极其复杂的长期的系统工程，因此，需要确立明确的、具体的、相对统一的协同目标。

（二）检视高校铸魂育人工作系统运行的实际状况

系统运行的实际状况是协同机制建设的客观依据，必须高度重视。高校铸魂育人工作系统内部由于信息不对称、资源不均衡、育人主体观念和工作能力有差异等容易导致不能实现有机、有效、科学的协同，进而在协同目标的实现上存在客观差距。只有检视这种系统运行的实际状况，才能为高校铸魂育人协同机制的构建提供客观依据。

（三）找准状况与目标之间的差距

实际状况与理想目标之间的差距是高校铸魂育人协同机制构建所要解决的关键问题。只有将实现协同目标的理想状况作为标准，梳理、确立若干项参照指标或者参照系，才能对高校铸魂育人工作系统内部运行进行客观、详实的调研和检视，从而发现差距和不足。

二、高校铸魂育人校内协同机制构建的内容

（一）协同理论视角下高校铸魂育人校内协同机制构建的内容

1.教育目标协同

目标协同是指共同的最终追求的价值目标，也称之为集体目标。在协同育人的不同实践阶段是允许个体目标差异性的存在的，但集体目标仍然作为主导方向发挥规范矫正及推动激励等作用，指导协同育人机制前行。目标协同的构建是协同机制存在的最终价值，从宏观的角度来说，协同目标的构建是铸魂育人协同机制构建的根本所在，是金字塔的顶层规划。教育目标作为高校思想政治教育协同育人系统中的一个重要子系统，自成系统，标准不同，分类也不相同。可以依据重要程度划分为主要目标和次要目标，可以按照实现时间划分为长期、中期与短期目标，可以按照目标所针对的对象划分为群体目标和个体目标。因此，必须加强教育目标子系统

内部各个子目标的协同，使每一具体目标的设定都与总目标一致。

2. 教育主体协同

思想政治教育主体“是指有目的、有意识地组织和开展思想政治教育实践活动的群体或者个人，即思想政治教育的组织者、发动者、承担者和实施者”①。一般认为思想政治教育主体要素主要有三个：一是思想政治教育主体，包括学校、家庭、社会等多方面参与要素构成的教育主体；二是思想政治教育对象，主要指高校学生；三是思想政治教育实践活动，主要指思想政治教育理论课以外的实践活动。它们三者之间是一种平等互通的关系，而思想政治教育的主体协同是指这些主体通过协同合作，达到资源整合、步调一致及教育合力，最终实现同步育人的效果，推进高校铸魂育人协同机制的构建。教育主体协同的构建就是指各育人主体在遵循思想政治协同育人的规律下进行整合协同。思想政治教育系统内部加强协同，思想政治教育课程的各个子课程加强协同，教育者与管理者也应当加强协同。

3. 教育内容协同

教育内容协同主要是指受教育者的思想政治教育价值的内在统一，具体体现在适应社会发展的意识形态、具有科学的价值理念和民族凝聚力的培育上，内容主要有德育教育、思想政治理论教育、心理健康教育等，教师在传授理论知识的同时，要注重价值观念的影响并且注重教育实践活动的实效性。教育内容协同可以从政治素养教育协同、专业课教育协同、团学教育协同等方面进行。政治素养的培育是思想政治教育中最重要的内容，主要包括思想政治素养教育、思想品德教育、校情校史教育等，其中思想政治课程教师、辅导员扮演了主要的角色。政治素养教育协同是指政治素养教育内容不同主题板块的链接协同、教育主体的合作联动协同、载体平台的优势互补协同、资源共享等，如思想政治课程教师定期的集体备课、统一教学参考教案、利用新媒体实行线上线下混合教学、思政课虚拟仿真实验、思政课骨干教师开展的“四史”讲座、思政课教师和辅导员共同开展思政课校内校外、课内课外的实践教学活动等；专业课教育协同包括专

① 李平贵，王迪. 党的思想政治教育主体地位初探[J]. 社科纵横，2018(10)：29.

业教育实施、学风引导、考风培养以及精英典型教育等；团学教育协同可以呈现为不同的主题，如大学生科技创新教育、青年志愿者活动、校级文化建设、宿舍文明建设、学校文体活动等。

思想政治教育与心理健康教育的协同是近年来思想政治教育内容协同发展的一个重要方向。由于思想政治教育与心理健康教育存在相互独立、四又无法割舍的关系，根据协同理论，高校在充分发挥思想政治教育和心理健康教育各自传统育人优势的基础上，积极挖掘协同育人的合力优势，相互结合，取长补短，构建切实可行的全方位、立体式的思想政治教育与心理健康教育协同育人的机制，切实提高教育的科学性、针对性和有效性。

4.教育方法协同

随着时代的发展进步，教育内容的不断更新，教育对象的需求变化，高校思想政治教育的方法也在不断更新变化。一般来说，普遍使用的方法主要有四种：一是基本方法，包括实践教育法、批评与自我批评法、理论教育法；二是一般方法，包括典型教育法、激励与感染教育法、疏导教育法、自我教育方法及比较教育方法；三是特殊方法，包括冲突缓解法、预防教育法及思想转化方法，其中心理疏导方法、心理咨询方法、危机干预方法等成为常用的思想政治教育特殊方法；四是综合方法①。在新时代背景下，隐性教育法和网络教育法也加入思想政治教育基本方法的队列。教育方法协同要具有针对性和整合性。教育方法协同构建时既要合理取舍，又要合理借鉴，还要创新探索，最终制定一套适合高校铸魂育人协同机制的方法协同。如思想政治理论课理论教学与实践教学协同，一是把准理论教学与实践教学协同育人的内容契合点，二是构建理论教学与实践教学协同育人的有效模式，三是完善理论教学与实践教学协同育人的运行机制。

5.教育主渠道协同

教育主渠道协同即课程协同。2016年，习近平总书记在全国高校思想政治工作会议上强调，要用好课堂教学这个主渠道，思想政治理论课要坚持在改进中加强，提升思想政治教育亲和力和针对性，满足学生成长发展

① 郑永廷.思想政治教育方法论[M].北京:高等教育出版社,1999:120-175.

需求和期待。2004年，中共中央、国务院颁发《关于进一步加强和改进大学生思想政治教育的意见》，提出高等学校思想政治理论课是大学生思想政治教育的主渠道。两者对照不难发现，高校思想政治教育的主渠道发展由单一的思政课程到所有课程课堂教学，极大改变了思政课程思想政治教育“单兵作战”的“孤岛”局面。习近平总书记在2016年全国高校思想政治工作会议上的讲话正式拉开了全国高校思政课程到课程思政的课程协同育人的大幕。最初由上海各高校探索的课程思政建设在全国各高校迅速展开。从思政课程到课程思政，课程协同成为新时代高校思想政治教育教学改革的重要内容和方向。

2020年4月，教育部等八部门联合发布了《关于加快构建高校思想政治工作体系的意见》，明确提出全面推进所有学科课程思政建设，构建全面覆盖、类型丰富、层次递进、相互支撑的课程体系，重点建设一批公共基础课程。2020年5月，教育部印发了《高等学校课程思政建设指导纲要》，提出全面推进课程思政建设，要紧紧抓住教师队伍“主力军”、课程建设“主战场”、课堂教学“主渠道”，让所有高校、所有教师、所有课程都承担好育人责任，守好一段渠、种好责任田，使各类课程与思政课程同向同行，将显性教育和隐性教育相统一，形成协同效应，构建全员全程全方位育人大格局。

从这些文件内容中不难发现，课程思政建设就是要实现所有课程的协同育人，充分挖掘所有课程的显性思想政治教育内容和隐性思想政治教育内容，以思想政治理论课为主导，实现所有课程都充分发挥思想政治教育功能的大思政教育，从而实现立德树人的根本任务。这里的所有课程包括思政课所有课程和非思政课所有课程，所以，课程协同包括思政课程与课程思政的协同，也包括思政课程内部所有思政课程的协同和所有非思政课程的协同。也就是说，所有课程都要参与进来，所有课程都要与其他课程协同育人。

6.教育环境协同

一是校园育人环境系统的协同，校园文化建设是高校思想政治教育的重要途径和有效载体，其根本宗旨是优化育人环境，通过校园文化建设，可以把德智体美劳有机协同，促进大学生全面发展。首先，学校思想政治教育工作领导小组应从总体对校园文化进行规划，建设兼具思想性与娱乐性、开拓性与继承性的校园文化。其次，加强校风、教风和学风建设。最后，充分利用学术活动、科技活动、体育娱乐活动等实践活动载体，在大学生的学习和生活中融入思想政治教育。

二是网络育人环境系统的协同，网络的快速发展使其成为大学生知识获取和信息咨询的重要渠道，是高校思想政治教育工作的新载体。网络丰富的信息资源极大地满足了大学生学习生活和娱乐的需求，使其增加了接受多种教育的机会，最大限度地得到了信息资源共享。因此，学校应建设具有思想性、知识性、趣味性和服务性的新媒体平台，用以传播思想政治教育先进思想，更好更全面地为大学生服务。

(二)管理学视角下高校铸魂育人校内协同机制的内容

1.领导与管理要素

领导是指领导主体围绕管理工作的目标和实践，依据客观的环境、客体条件，制定集体的工作目标和任务，综合采用指令、说服、调解、示范等途径调配工作资源，对客体的工作行为进行引导和规范，带领集体共同实现工作目标和任务的管理互动行为。管理是指运用符合科学规律的手段开展组织、安排、协调和控制等一系列社会活动，通过对组织或系统内部的人力资源、物质资源和精神资源进行统筹调配，以实现组织或系统内部高效与良性运行的社会实践活动。领导与管理是两个彼此关联性很强的要素。领导管理要素中，首要的、也是核心的要素是主客体要素。以“教书”和“育人”两个维度作为高校思想政治教育铸魂育人的重要目标时，高校铸魂育人协同机制的主客体要素主要包括：思想政治理论课教师、辅导员、校院各级党委书记（团委书记）、校院各级职能部门工作人员、专业课教师等。

2.运行与监督要素

就高校铸魂育人工作而言，协同机制的运行要素体系是由多要素构成的，主要包括信息与决策、资源与技术、载体与方法、动力与监督等。其中，高校思想政治教育的监督主要是指对高校思想政治教育的主体素质和职业态度、工作环节和程序等具体流程开展的一系列审查、督促、监管活动。高校思想政治教育主体的思想政治素质、工作态度、工作内容、工作方式、工作效果都离不开监督审查工作的引导和保障。

3.评价与考核要素

组织或系统内各项工作开展时，需要对工作主体的职业素养是否达标、工作方式是否恰当、工作内容是否全面、工作成效是否合格进行全面评价与考核，而评价与考核的前提是基于科学有效的反馈渠道。因此，由反馈、评价和考核构成的评价与考核要素体系就成为高校铸魂育人工作中重要的要素体系之一。高校思想政治教育的反馈是评价与考核的前提性要素。高校铸魂育人工作的评价是依据立德树人的育人宗旨、保障社会主义办学方向的综合标准，对高校思想政治教育的效果、效率等进行的整体判断和价值分析。高校铸魂育人工作的考核就是高校各级党委和思想政治工作管理部门对各项工作的具体负责人、具体负责部门开展的考察管理活动。

4.激励与保障要素

高校在开展铸魂育人工作中，为了完成工作任务和实现工作目标，同样需要通过各种途径为人才队伍建设、各类物资储备和调动、具体工作的开展和实施等提供保障。

激励主要是对思想政治理论课教师、辅导员、党政干部和大学生群体开展的一系列奖酬和惩罚机制，其目的是激发和调动工作主体的工作积极性和创造性，规范工作主体的实践活动，激发和调动大学生群体自主学习、主动认同和积极践行的内在精神动力。当然，负向激励，即惩罚，同样是高校铸魂育人工作的重要组成要素，是对违背高校思想政治工作目标、任务、原则、规律的主客体实践活动的惩戒，是为了实现规范与调动等激励功能。

无论是课堂教学还是实践育人，校园宣传文化活动都需要通过制度来规范、指导以保障各项具体工作的组织实施。由于制度本身的特点和重要性，对高校铸魂育人工作的制度设计提出了很高的要求，这也是高校铸魂育人协同机制构建中的重点和难点。

(三)“三全育人”视角下高校铸魂育人校内协同机制构建的内容

1.全员育人机制

全员育人是指学校、家庭、社会和学生各育人队伍协同配合，形成教育合力，共同参与高校思想政治教育过程，组织和实施思想政治教育活动。就高校内部来讲，党政领导、团学干部、专业课教师、思想政治理论课教师、辅导员（班主任）、党政管理人员、后勤服务人员等全体教职员工以及学生群体，都会对大学生的思想道德品质的形成产生重要影响。建立全员育人机制包括三个层次：第一，校党委书记牵头、相关领导和部门组成的学生工作指导委员会；第二，校、院、系三级党政部门和各级学生组织部门；第三，以辅导员（班主任）和导师作为一个层面。在这三层网络系统中，以党委为核心，以教职员工为主体，构筑思想政治工作体系①。当然，全员育人机制构建也可以从课程育人、科研育人、实践育人、文化育人、网络育人、心理育人、管理育人、服务育人、资助育人、组织育人等“十大”育人体系的主体责任出发，逐层落实主体责任，制定责任清单，补齐短板，制定激励机制和保障机制等。

2.全过程育人机制

全过程育人就是指教育工作者在科学把握思想政治教育工作规律与学生成长规律的前提下，全时段关注学生特点，有步骤地开展育人工作，针对性地采取育人措施，引导规范学生的思想和行为，将育人工作渗透学生成长、发展的全过程各环节，使其真正做到知行合一。具体来讲，要实现入学教育阶段、在校就读阶段、毕业后或就业前的过渡阶段三个重要育人阶段的有序性、连续性，就要重点关注在校就读阶段，还要保证教育准备、

① 李国栋，朱灿平.坚持“三全”育人注重思想政治工作实效[J].中国高等教育，1999(24)：14-15.

教育实施和反馈调控三个基本环节有效衔接。其中教育实施环节是全过程育人的核心环节。构建全过程育人机制一方面是从时间上构建大学生从大一入学到毕业离校的在校就读期间的各阶段各环节的全过程育人机制，另一方面是从育人的贯通性上构建各不同时期育人主体协同配合的育人机制。全过程育人机制由入学教育机制、心理健康教育机制、就业创业指导机制等不同时期的育人机制构成。

3.全方位育人机制

全方位育人也可以理解为全面育人，就是指学校充分利用整合校内校外资源，保证教育内容的全面性、系统性与时效性，合理选择开发利用各种教育资源，改进教育方法和手段，优化育人环境，针对学生各方面的需求，全方位开展思想政治教育工作，让理论灌输与引导有机统一，将德育工作渗透学生学习、生活的方方面面，着力提高学生的综合素质和能力，培养全面发展的社会主义“四有”新人。全方位育人机制的构建主要表现为对各育人载体平台的充分运用，各育人载体主要有传统载体、现代载体、文化载体、活动载体、传媒载体、课程载体、实践载体、网络载体、团学活动载体等。

三、高校铸魂育人校内协同机制的构建机理

(一)协同差距的评估

协同差距的评估是指系统内部的协同决策与协同管理主体，以协同目标为依据，以系统内的工作实际状况为基础，对目标与现状之间的客观差距进行评估的管理活动。

首先，要明确目标。高校铸魂育人工作的根本目标是立德树人，具体包括三个层次目标：大学生思想政治教育目标、教职工的思想政治教育目标、高校办学与发展方向的思想政治教育目标。其次，要调研现状。对高校铸魂育人工作开展现状的调研，主要包括以下几个方面：大学生思想政

治素养的发展现状，大学生思想政治意识的发展动态，大学生基层党组织建设的发展现状，大学生思想政治理论课学习积极性的发展现状，大学生对社会主义核心价值观的认识、认同和践行现状，大学生对中国特色社会主义的理论认同、道路认同、制度认同、文化认同的发展现状等；高校思想政治理论课教师队伍的建设现状，高校思想政治理论课教师的思想政治素养的发展现状，高校思想政治理论课教师的社会主义理想信念发展现状等；高校辅导员队伍的建设现状，高校辅导员思想政治素养的发展现状，高校辅导员的社会主义理想信念发展现状等；高校宣传部门、学生工作部门、团委、后勤服务部门等开展校园文化活动的发展现状，与培育和弘扬社会主义核心价值观相关的宣传、文体、志愿活动的发展现状，各类奖学金、学生奖励制度的设计和制定与思想政治工作的相关度等。最后，要科学评估。高校铸魂育人工作协同差距的评估，是高校铸魂育人协同机制构建的重要基础。通过科学评估高校铸魂育人工作目标与开展现状之间的差距，一方面有助于为协同机制的构建提供现实依据，明确发展方向与协同任务；另一方面有助于高校铸魂育人工作的领导与管理部门进行科学决策，开展科学管理。

（二）协同机会的识别与信息数据分析

协同机会的识别与信息数据分析是协同差距的评估结果与协同机制构建进行衔接、融合的一个重要环节。第一是要进行协同机会的识别。识别协同机会是实施管理协同的突破口，只有准确及时地识别协同机会，才能围绕协同机会采取种种管理措施和方法，取得管理协同应有的效果①。第二是要进行协同信息的数据分析。主要包括对两大类信息数据的分析与研判：一是工作资源的信息，如高校思想政治工作队伍信息，具体是指高校思想政治工作主体的年龄结构、学历结构、专业结构、职业资格结构等；高校思想政治工作的硬件设备信息，具体是指高校自有的多媒体教室、运动场馆、校园广播台电视台、校园文化活动场馆、图书馆藏书、线上综合平台

① 潘开灵，白列湖．管理协同机制研究［J］．系统科学学报，2006(1)：45-48．

（微博公众号、微信公众号等）等信息；高校思想政治工作的软件信息，具体是指高校思想政治工作的各类指导政策、工作制度、工作规章等。二是工作对象的信息，主要包括大学生的思想政治动态、大学生对思想政治理论课的教学评价、大学生网络交往中的政治舆情等，还包括高校思想政治理论课教师的思想政治动态，高校宣传部门、学生工作部门、团委、辅导员队伍的思想政治动态等。高校基层党建工作的各类信息，具体是指高校教职工党员的信息、党组织生活的开展状况、大学生党员的信息、学生党组织建设的信息等。

（三）各部门之间的沟通与协商

一方面应当充分尊重高校思想政治教育自身的规律，即思想政治工作规律、教书育人规律与学生成长成才规律；另一方面，还应当充分重视系统协同的基本规律，如围绕系统目标进行协同的规律，通过优势互补进行协同的规律，凝聚系统合力进行协同的规律等。

各部门之间要进行沟通与协商。在遵守原则、遵循规律的基础上，各部门需要明确本部门在系统中的站位与角色。具体来说，就是首先要梳理清楚各自部门的工作目标、任务和所承担的职责。其次，不同部门通过沟通主动选择承担协同中的部分工作与内容，同时将本部门参与协同时的困难或者阻碍进行充分表达。再次，不同部门协商解决已有问题的方案与途径，完成系统内部的自我组合与优化。最后，各部门之间共同制定优势互补的工作机制。

（四）协同要素的整合与协同平台的搭建

协同要素的整合与协同平台的搭建是协同机制构建成功与否的决定性环节。第一，要实现协同要素的整合。紧紧围绕协同目的的实现，立足于沟通与协商，真正实现优势互补。第二，要实现协同平台的搭建。协同平台是指围绕目标与任务，不同要素进行信息沟通、资源共享的工作平台，是实现各要素优势互补的重要中介环节。通过协同平台的搭建，各部门、各主体、各要素之间的信息交换、内容互渗、载体互补等合作，找到了现实的基础与实践渠道。

协同平台主要包括信息共享平台、人力资源共享平台、工作资源共享平台等。信息共享平台，主要是指党和国家思想政治工作的政策与指导意见、高校办学与教育工作具体情况、大学生思想政治动态、大学生基层党建工作动态、教职工思想政治动态、教职工基层党建工作动态等信息，以信息化的数据、音频、视频、文字等形式，综合运用高校信息化办公的软硬件设施所搭建的高校思想政治工作协同平台。人力资源共享平台，主要是指对具备从事高校思想政治教育的人力资源进行汇总，依据不同的职业素养进行人力资源归类，再结合高校思想政治教育的具体工作目标与任务，实现对人力资源科学、合理的调配与组合，以促进和实现高校思想政治教育的主体协同。工作资源共享平台，主要是指课堂教学、社会实践活动、校园文化活动、校园网络文化建设等不同工作载体、工作途径、工作内容的共享平台。工作资源的共享，一方面能够有效促进高校铸魂育人工作各要素之间的优势互补，另一方面还能够显著提升不同工作载体、工作途径、工作内容之间的优势互补。

四、高校铸魂育人校内协同机制的构建逻辑

(一)内部协同和外部协同

内部协同是高校铸魂育人协同机制的核心组成部分，是对高校思想政治教育协同育人系统组织性、秩序性、关联性的重要支持，也是高校思想政治教育协同育人的动力源泉。高校铸魂育人工作中，要重视部门协同、制度协同、主体协同、课程协同、平台协同和人际协同等，处理好这些协同关系有利于协同工作的顺利展开。其一，协调好校级与院级的上下级协同关系，旨在将协同育人目标设计和协同育人实践执行上下贯通，同向同行。其二，协调好各学院内部不同班级之间的横向平级协同关系，加强协

同合作，促进横向信息流通、教学合作以及学习平台搭建等。其三，协调好思想政治理论课教师、专业课教师与辅导员之间的育人主体协同关系，将课堂教学工作和日常行为规范教育管理相结合，实现育人内容与场域的协同。其四，协调好教师教学、辅导员管理和学生各社团活动以及校园文化建设之间的关系，努力营造多主体互动性的教育教学、管理、服务和学习氛围协同一致。发挥协同系统内部各主体间的联系，提高其互动性有助于高校思想政治教育协同育人工作实效性的发挥。目前，许多高校都重视全员育人，不断形成以书育人、管理育人和服务育人的全方位高校思想政治教育协同育人格局。

外部协同既是内部协同的维护和支撑，又是内部协同的辐射和延伸，是内部协同实现的保障和拓展。高校思想政治教育仅仅依靠内部协同是无法达到预期效果的，受各种因素的影响，还要综合考量各种外部推动因素，需要做好高校与家庭、企业和社区等社会外部力量的有效衔接与优势互补。社会的发展与主体的需求都会影响高校思想政治教育预期效果的实现。因此，高校铸魂育人协同机制的构建需要做好学校与社会资源的优势互补，处理好与家庭、社区、企业等外部协同因素的关系，从而为高校铸魂育人工作保驾护航。

（二）纵向协同和横向协同

纵向协同主要体现在时间纵向协同和层级纵向协同两个方面，是高校铸魂育人工作的结构支撑。时间纵向协同强调重点把握协同的连续性。序参量变化中的集体性行动和临界点的涨落都是时间纵向协同的体现。在从幼儿园教育到大学教育的整个过程中，思想政治教育是分年龄层次开展的。高校思想政治教育是其中一环，在接受高等教育阶段，大学生的心理更加成熟，并且能够对事情做出自我判断和自我分析。在关注高校思想政治教育群体的心理成熟度和时代特点、完善他们社会化的同时，要不断提高他们的思想水平，以培养高素质人才为目标，为学生的全面发展奠定基础。

层级纵向协同强调协同的顺序性。高校铸魂育人工作体系是一种典型的层级教育管理体系，要重视层级纵向协同合作。首先，要确保信息及时通畅的传递，以免因层级的错误传递影响工作；其次，要确保通力合作，以免造成被动执行、分散管理的后果；最后，更加强监督管理，防患于未然，确保高校铸魂育人工作的活力，避免官僚主义的出现。

横向协同主要体现在空间横向协同和机制横向协同两个方面，横向协同可以使高校铸魂育人工作的内容和方法在稳步中不断扩展和创新。空间横向协同包括理论与实践育人空间、现实与虚拟空间的协同。通常来说，高校铸魂育人工作需要理论指导，而理论的创新和检验也需要在具体的实践中获得反馈，两者相辅相成。我们需要先掌握正确的理论知识，将其内化于心，外化于行，并在实践中不断升华，加以反思。同时，这一过程也不是一蹴而就的，需要不断反复，在反思中发展。现实空间包括了校园环境和家庭环境等现实的育人空间，虚拟空间则是借助高科技手段实现跨越时间和空间限制的开放领域。一般而言，现实育人空间的信息数量低于网络育人空间的信息数量，但其信息质量却高于网络育人空间的信息质量，这使得这两种空间必须同时存在，不能相互替代，必须保证两者间的横向协同性。

机制横向协同就是要建立扁平化的横向协同思想政治教育机制。如各类跨学科协同育人机制，使思想政治课与非思想政治课的教师协同起来；教育与管理协同育人机制，在实施管理中达到育人目的。

第三节　高校铸魂育人校内协同机制构建的策略

一、强化协同理念，提高育人针对性

任何行为都是在一定的思想理念驱动下进行的。因此，理念意识一致，实践行动才能统一和高效。基于目前高校铸魂育人校内协同工作还存在不

统一、不协调、不顺畅、不到位等问题，强化协同育人理念非常必要。高校铸魂育人工作的根本任务是立德树人，最终目的是培养中国特色社会主义的建设者和接班人，高校通过系统的培养和教育，帮助大学生树立正确的世界观、人生观和价值观，促进大学生健康全面发展。这既符合大学生自身发展的需要，同时也是高校铸魂育人工作的价值所在。高校要将教学部门、学生管理部门等以及大学生群体统一到这一目标上来。为此，高校要通过学习、培训等形式加强广大师生对习近平关于高校思想政治教育工作的系列重要讲话精神和教育部相关文件精神的学习领会，提高广大师生对高校铸魂育人工作重要性和必要性的认识。

高校各部门间彼此联系，各部门要树立协同育人的工作理念，实现各部门之间的协同创新，以增强思想政治教育的实效性。各部门应相互配合，互相帮助，形成强大协同力量，从根本上加强高校铸魂育人工作的针对性。

二、健全领导机制，推动协同创新发展

习近平新时代中国特色社会主义思想要在高校落地生根，必须从最高层面即在高校顶层设计中、决策层中奠定根基。高校领导干部把自己摆进去，把工作摆进去，才能牢牢掌握意识形态工作领导权；用习近平新时代中国特色社会主义思想教育和武装好领导干部的头脑，最终将广大师生统一到中国特色社会主义建设上来。

高校应健全协同育人领导机制，推动协同育人机制的创新性发展。要加强党委统一领导，坚持团书记领导团委部门负责制，健全思想政治教育工作体系，建立并形成高校党务、行政共同管理的层级模式。第一层，高校领导应建立思想政治工作引导小组，主要由校长和党委书记共同为组长，负责学生思想工作的副校长进行辅助，办公室内要挂靠党委学生管理部门。第二层，高校各二级院校分别建立学生思想政治工作管理小组，学院党委书记与院系领导共同任命为组长，学生思想政治教育管理工作由各职能部门如团委、学生处等协同各负其责。第三层，各专业年级中，学生思想政

治工作主要由各年级辅导员和班主任共同负责。第四层，基层班级要成立团支部，在辅导员引领下，学生思想政治工作由学生团支书记负责，引导学生自我管理。这样层级分明、职能明确、分工清晰的工作体制，能充分提高思想政治协同育人的工作效率，真正做到教育、服务与管理合作配合、彼此互动、共同进步①。

三、重视团队建设，确保协同育人实效性

团队建设是确保铸魂育人工作有效运作、促进协同育人创新发展的有效举措。根据政治觉悟高、工作能力强、纪律作风严谨、职业素养高尚的要求，秉承专兼协同原则，不仅要打造一支综合素养高、专业能力强的精英专职团队，而且要全面调动广大教职员工协同育人的积极性、主动性和创新性，以此确保协同育人工作的高效运作和落实落地。

高校宣传部、团委、学生处、马克思主义学院等思想政治工作人员，尤其思想政治专职工作人员，承担着校内思想政治教育工作的开展、组织、协调与落实等主要职责，这些部门工作人员自身的思想政治素养、工作能力以及工作作风直接关系到高校铸魂育人工作的最终效果。要完善工作制度与政策引导，建立健全的思想政治专职工作人员的责任制和激励、奖励与保障机制，确保他们爱岗敬业、克己奉公，加强他们的大局意识、团队意识和协作精神，从而提高整体团队工作的效率与水平。同时，要高度重视思想政治工作的辅导员团队建设，辅导员团队是推动思想政治工作的中坚力量，高校要严格按照教育部相关文件要求足额配备政治素质高、工作能力强、具有高度负责精神的辅导员队伍，并在学习培训、科研项目申报、职称晋升等方面给予一线辛勤工作的辅导员适当的政策性倾斜和扶持，充分贯彻落实党中央文件精神，做好大学生班主任和辅导员的团队建设工作和协同育人意识培养，给予思想政治工作专兼职团队中的优秀分子向上发展的空间和机遇，保障他们工作的积极性和高校铸魂育人协同工作的顺利开展。

---

① 张明会.高校思想政治工作协同育人研究[J].黑河学院学报，2018(10)：24-26.

高校教职员工虽然分工不同，但是都有育人责任，所有教职工都是教育者，都承担着正确引导大学生的世界观、人生观和价值观的职责。高校应明确不同部门工作人员的职责与工作范畴，建立科学合理的工作运行、监督、评价、考核、激励等机制，汇集各种资源，聚合各方力量，共同协作，驱动创新，实现跨界、跨专业、跨领域融合，加速汇聚育人合力。学校各部门要高度协调、上下联动、精准链接，从而形成和谐稳定、团结统一的铸魂育人协同工作格局。

四、构建连续性和全方位的育人机制

首先，完善入学教育机制，从学生入校之初，就要通过开学典礼、校园文化宣讲活动、校规学习等对学生渗透思想政治教育；其次，建立健全心理健康教育机制，制定详实的大学生心理健康教育目标、计划等，尽量选配专业的心理咨询教师，对学生进行专业的心理教育与心理疏导，建立各年级各专业学生的心理健康卡，对于有心理问题或心理障碍的学生及时实施心理疏导或干预等；最后，完善就业创业指导机制，对学生进行理想信念教育，使学生形成科学的就业观、择业观等，从而实现全方位的思想政治育人机制。

建立和健全长远有效的高校思想政治教育协同机制，关键在学校党委。首先是高校党委要体现党对高校思想政治教育的领导权。全面履行党对高校的领导，将学校思想政治教育纳入学校政治建设之中，有效建立党委统一领导，党、政、工、团齐抓共管，专门部门负责，有关部门协同配合，分管领导靠前指挥、履行“一岗双责”的高校思想政治教育运行机制。其次是建立确保横向到边、上下到底的全覆盖展开，分层级推进，兜底性深入的纵横交互发力机制。

此外，在强化学校党委顶层设计的基础上，不断细化管理规范，加强检查督促和考绩奖惩，既做到全程参与、全程联动、全程监控，又使各方各尽其责、既有分工又有合作。打通高校铸魂育人在管理体制机制环节的

"最后一公里"，最大限度地调动各方面的积极性，激发高校思想政治教育创新活力，不断提高高校铸魂育人工作的科学化、时代化水平。

五、创新各类育人载体协同育人模式

高校铸魂育人工作是实践性较强的教学活动，应利用多元化的教育载体促进教学目标与功能的实现。载体之间的协同创新是强化高校铸魂育人工作的主要渠道之一，因而要创新各类载体，努力营造全方位、全过程的协同育人环境。

发挥思想政治理论课课堂教育的主导作用，积极发挥高校思想政治理论课在宣传习近平新时代中国特色社会主义思想过程中的主渠道作用，利用各类媒体开展好习近平新时代中国特色社会主义思想的学习宣传，如利用黑板报、宣传栏、橱窗等固定媒体平台，利用校园广播台、校园展示屏、校园网等音像媒体播放和报道，营造出高校学习宣传习近平新时代中国特色社会主义思想的浓厚氛围，把思想政治理论课的理论学习优势和各种宣传媒介的传播优势融合创新，打造课程载体在习近平新时代中国特色社会主义思想铸魂育人中的新模式。

利用基于移动互联网的新媒体宣传习近平新时代中国特色社会主义思想，依据核心、骨干与基础的结构层次，构建党团干部、优秀教师、学生会干部等完整的工作组织，更好地开展各种网络教育活动，规范大学生的网络言行，引导大学生树立正确的价值观念。此外，建立高校网络思想政治教育平台，根据"网络+思政教育"的创新模式，推行线上引导工程，强化主流意识形态，构建具有思想性、文化性、娱乐性、服务性的一体化综合教育网站，在引导与教育的同时，提高网络思想政治工作的吸引力。通过在线与学生沟通，充分掌握学生的性格特点与实际需求，进而积极组织各种校园活动，拓展思想政治教育的影响面，形成线上与线下的双重教育力。

充分利用"两微一端"等基于移动互联网的现代媒体手段，开展适应新时代大学生需要、满足大学生个性化需求的融媒体宣传。注册专门用于宣传和推送习近平新时代中国特色社会主义思想的微信群、QQ群，微博、微信公众号，定期推送学习宣传习近平新时代中国特色社会主义思想和党的十九大精神的相关文章，让大学生可以通过多种途径学习习近平新时代中国特色社会主义思想，从而更好地融入自身的学习和生活中，增强宣传教育的实效性。开发基于移动端的学习宣传习近平新时代中国特色社会主义思想的移动应用程序。根据学习宣传的需要，设置相应的功能模块，除了定期推送相关文章之外，还可以开设学生互动平台、专家学者讲堂、特色活动集锦等模块，将学习讨论和反馈的功能集中到一个平台上，组织专门的思想政治教师团队来管理和回复，在寓有效性和趣味性于一体的同时，还能及时回应学生学习中遇到的难点和热点问题，有助于大学生掌握习近平新时代中国特色社会主义思想的理论实质和真正内涵。

创新校园文化载体的铸魂育人功能。创新校园文化载体，要以凝聚与弘扬高校精神为内核，将优秀校园文化深入内心。发挥当代高校精神率领先进文化风潮、教育助力学生成才的功能，重视凝聚办学精髓文化，注重良好风气的保持与创造，在潜移默化中陶冶学生的情操和心灵，实现文化育人目的。同时，创新校园文化载体，要以文化建设为基础，将校园文化外化成实际行动。校园中深厚的传统文化底蕴、错落有致的教学楼建筑、优美秀丽的人文景观、缤纷绚烂的文化活动、清净素雅的环境氛围，将时刻陶冶大学生的情操。高校在建设校园文化中，应确保校内文化标识的统一协调，创建自身院校的特色文化形象，促进思政教育工作的创新性发展。

六、建立健全理论学习活动的长效机制

有计划有步骤地开展各类学习宣传活动，建立健全理论学习活动的长效机制，把各种学习活动常态化。如开展各类理论学习主题班会，组织学生开展阅读习近平总书记系列讲话和著作活动，定期向学生推荐《习近平的七年知青岁月》《习近平谈治国理政》（第一卷、第二卷、第三卷）《十

八大以来习近平关于青年学生系列回信和讲话摘编》等理论著作，以丰富学生的理论知识。可以定期播放《辉煌中国》和《厉害了，我的国》等专题片，激发学生的民族自尊心和自豪感，使学生认识到，党的十八大以来国家建设中取得的辉煌成就来源于习近平新时代中国特色社会主义思想的指引，是被实践证明了的正确理论，是指引中国在新时代取得新的更大胜利的根本保障，从而激发学生学习宣传的主动性。每学期根据需要多轮次开展党的十九大精神和习近平新时代中国特色社会主义思想知识竞赛、辩论赛，可以激发学生了解并掌握相关知识，通过辩论的形式，使学生对新时代中国特色社会主义思想形成一致观点，进而自觉地增强“政治意识、大局意识、核心意识、看齐意识”，坚定“道路自信、理论自信、制度自信、文化自信”，自觉成为新时代中国特色社会主义思想的拥护者和践行者。

创新党课、团课等政治教育的有效载体，以学生上讲台等翻转课堂的形式，开展学生党员讲党课活动。在开展讲课和讨论活动的同时，还要组织专门的团队创新宣传的形式和方法，用Flash动画、3D动漫、微信公众号等大学生喜闻乐见的宣传手段，展示学习成果，宣传新时代中国特色社会主义思想，提高党课等理论学习课程的吸引力和影响力。

第七章　新时代高校铸魂育人校际协同机制的构建

如今，国内外两个或两个以上的高校之间建立合作关系，通过教师互聘、资源共享、学分互认和科研项目合作等方式，实现资源优化整合，达到一定办学目的的校际合作办学的现象普遍存在。国内如清华大学等7所高校组成的“华约”、北京大学等13所高校组成的“北约”等自主招生联盟，2009年9所“985工程”重点高校成立的“九校联盟”以及一些区域性、领域性高校合作等。以哈弗、耶鲁为代表的美国“常春藤盟校”是世界上久负盛名的高校校际合作战略联盟，“克莱蒙特大学联盟”是以高水平的本科博雅教育和有特色的研究生教育而著名。这些校际合作的存在为新时代高校铸魂育人校际协同机制的构建提供了可能。

第一节　新时代高校铸魂育人校际协同机制构建的价值和意义

一、有利于满足国家对高校教育的要求

高等教育的发展与社会的发展息息相关，为了应对新时代国内外竞争，各行各业对高素质复合型人才的需求异常强烈。以前那种仅仅依靠一个学校一个专业培养学生具备一种专业知识的培养模式已不能满足飞速发展、

日新月异的现代社会的需要，当今时代的人才需求不仅要具有创新意识、竞争与合作意识，能够正确、恰当地分析问题和解决问题，还要具有应变意识和应变能力，以适应不断变化的社会环境。伴随着知识经济时代的到来，高校处于更加开放的社会环境，肩负着育人重大使命，任何一所高校都不可能仅依靠自身的力量在“自我封闭”的管理下实现可持续发展，只有敞开“怀抱”，开放办学理念，互相交流，才能避免“近亲繁殖”，使不同学科相互渗透，使大学文化相互融合，形成健康良好的教育环境。从国家和社会对高等教育的要求看，校际协同育人机制的构建有利于满足国家战略发展和社会科技发展对高校发展和高水平复合型人才的需要。

二、有利于高校在竞争中生存与发展

办学质量是高校的生命线，构建校际协同育人机制，能够从整体上促进高校办学质量的提高。校际协同育人机制的构建可以使高校有机会接触更多的资源，能够开阔师生视野，使教师接触不同的教育理念，提高教育教学能力；定期开展的学术交流、学术探讨、资料互换等活动能够浓化学术氛围，活跃学术气氛，促进学术繁荣；人员、技术或设备条件等也可以通过联盟拓展；高校管理者可以了解自己所在高校在整个高校坐标系中的位置，有助于其转变管理理念，学习同行的管理经验，促进管理创新，提升管理水平。校际协同育人机制的构建有利于整合高校教育资源，拓展教育服务空间，以更好地实现其服务社会的职能。即使学科门类齐全的大学，也不可能达到所有学科都处于领先地位，而且单凭自身特色优势不能保证其在激烈的竞争中立于不败之地。特别是处于劣势的高校，通过合作可以提高有限资源的利用率，避免因办学成本高、教学资源紧缺而被其他大学合并。因此，高校面对日益激烈的竞争，不仅要加强自身素质，还要加强与其他高校的合作。

三、有利于学生拥有更多的学习和发展机会

随着我国高等教育的大力发展，高校间的竞争日益激烈，高校间的联系和交流也越来越密切，同时高校的快速发展也暴露出了资源紧张或结构性紧缺等问题。校际协同育人机制的构建，不仅可以解决一些高校发展中的瓶颈问题，也能够使学生通过合作平台获得更多的学习资源和机会。选择不同学校课程学习，拓宽学习视野领域，受益于不同学校教师的教学风格，有利于提高学生的学习兴趣和学习效率，从而促进教学质量的提高。学生通过校际合作平台还可以跨校享受图书馆、体育场、音乐厅等各种学习、生活资源，联合开展各种校园文化活动，丰富大学生活，提高人际交流能力，为未来的考研深造和就业做好准备。不同级别不同地区高校之间的合作交流也能在一定程度上弥补一些学生因高考失误错失名校的遗憾，使他们在名校学习、聆听名校名师教学的夙愿得以实现。通过高校间的合作，学生可以跨校选课，教学资源得到充分利用的同时，也使学生有了更多的机会完善自己的知识结构，拓宽知识面，成长为复合型人才。

四、有利于校际实现资源优化整合

高校思想政治教育的内容不断更新，在多元文化和网络信息冲击下学情的变化越来越复杂，高校铸魂育人工作要想取得良好效果，“单兵作战”是非常不理智的，协同联动才是王道。名校名师大讲堂，可以使众多高校学生受益。校际协同育人可以让更多的新理论、新成果、新思想得到宣讲，既节约成本又受众广泛。通过校际合作，思想政治理论课教师可以进行校际集体备课，有利于青年教师的成长和各校教师的培养。此外高校之间大学生开展的党的十九大精神和习近平新时代中国特色社会主义思想知识竞赛、辩论赛，不仅有助于提升高校学习宣传的效果，充分发挥学生在学习政治理论过程中的主动性和创造性，而且是锻炼学生的逻辑思维能力、语

言表达能力、统筹分析能力的较好手段。

第二节　高校校际协同育人的现状

一、高校校际合作的发展历程

中国高等教育学会于1983年成立，是由高等教育工作者及高等教育机构自愿组成的全国性研究高等教育科学的学术团体组成，定期开展高等教育的理论与实际问题的研究，总结经验，探索规律，为高等教育的改革与发展服务。

1985年《中共中央关于教育体制改革的决定》提出积极进行跨部门联合办学的探索——委托培养学生，其中也鼓励高校合作，允许学生选择专业和课程、校际互聘教师、学生跨校上课、互相开放实验室、合作培训师资、相互借阅图书等。全国范围内掀起了一个联合办学的高潮，包括校际联合办学，位于同一省市的许多地理位置相近的高校在当地高教部门和政府的支持下，进行了校际合作的有益尝试和探索。1998年国家制定了“共建、调整、合作、合并”方针，在这一总的方针指导下，不少高校进行了多种形式的校际合作，如1994年地处上海西片的7所高校成立上海市西南片高校联合办学机构，合作内容有跨校选修课程等。随着高等教育的蓬勃发展，校际合作越来越为高校所重视，2002年10月起，山东大学按照“优势互补，资源共享，互惠互利，共同发展”原则先后与近30所高校签署合作协议，合作内容主要是学生互换，即学生在本科期间，可以相互申请到合作高校进行为期一年的交流和学习，成效显著，受到了学界与社会的极大肯定。

2003年《中华人民共和国中外合作办学条例》的出台，标志着中国在合作办学的问题上迈出了新的一步。2009年9所“985工程”重点高校成立

“九校联盟”，签订《一流大学人才培养合作与交流协议书》，目的是建设世界一流大学。“九校联盟”是目前我国高校层次最高、资源最丰富的一次校际合作。

2011年“高水平行业特色大学优质资源共享联盟”由中国地质大学、华东理工大学、中国矿业大学等13所中华人民共和国教育部直属高等学校（行业高校）组成，联盟以《国家中长期教育改革和发展规划纲要（2010—2020年）》为指导，旨在加强互相之间的战略合作和优质资源互利共享，实现共同发展，具体有推动精品课程网络资源共享、学生互派交流、学分互认、重大科技项目合作、仪器设备资源共享、图书文献资源互相开放、学生文体活动交流等各项合作。

二、高校校际合作的形式与机制

目前国内高校之间的合作较多，各高校根据自身办学特色、条件及需要，与其他各个高校采用不同的合作机制进行合作。

（一）自愿组成的学术团体

1983年成立的中国高等教育学会，是比较早的合作组织机制，在中华人民共和国教育部的主管下，由从事高等教育事业的高等学校、社会组织和教育工作者以及支持高等教育发展的事业单位、行业企业和个人自愿组成的全国性、学术性、非营利性社会组织。截至2019年11月，学会有分支机构67家，大学高等教育学会12家，行业高教学会（分会）11家，各省、直辖市、自治区高等教育学会28家，单位会员450个。会员代表大会为学会最高权力机构，理事会是会员代表大会的执行机构，在闭会期间该学会开展的工作，业务有理论研究、学术交流、专业培训、展览展示、国际合作、咨询服务、书刊编辑和行业监测等，其宗旨是为高等教育的改革与发展服务。

（二）通过签订协议形成的联盟

1.九校联盟

九校联盟简称C9，是中国首个顶尖大学间的高校联盟，2009年10月启动，被称为“中国常青藤”。联盟成员都是国家首批“985工程”重点建设的一流大学，包括北京大学、清华大学、复旦大学等九所高校。九校联盟作为高校学术联盟，旨在人才培养、科学研究等领域加强合作与交流，优势互补。

根据《一流大学人才培养合作与交流协议书》，九校联盟合作与交流的主要内容有：一是实施本科生交流和研究生联合培养。二是联合举办系列暑期学校，打造国际知名的“C9”教育品牌。三是联合开展教材建设，教学与教改研究；联合建立和发布以精品课程为骨干的学分互认课程目录；联合建立共享的远程教育平台，进行远程学习。四是建立人才培养对口部门定期交流机制，进行相互间交流、学习和借鉴。五是联合开展青年教师教学能力和青年导师队伍培训工作。六是设立九校合作联盟专门网站，建立九校间博士学位论文网上相互评审系统，共同提高博士研究生的培养质量。七是联合举办以同专业本科生为主参加的联合野外考察、联合生产实习、联合设计实习、联合社会调查等各种专业实践和社会实践活动。八是积极推动研究生培养机制改革，引领中国高水平研究生培养同世界一流大学接轨。九校联盟同其他著名国家级高校联盟，如英国罗素大学集团、日本学术研究恳谈会、德国U15大学联盟、加拿大U15研究型大学联盟、澳大利亚八校联盟等均保持良好合作关系。

九校联盟成立至今展开了多项实质性活动，如互派交换生、召开研讨会、开展暑期夏令营等。尤其是2016年11月7日，中国C9联盟和英国罗素大学集团、日本学术研究恳谈会、德国U15大学联盟、澳大利亚八校联盟、加拿大U15研究型大学联盟、东亚研究型大学协会、欧洲研究型大学联盟等共同签署了合作宣言。这种跨越国界的校际合作与交流，会把我国高校校际合作推向一个更高的发展平台，与世界著名高校联盟和一流大学的合作交流，也会极大促进我国高校人才培养质量的提高和学术研究的快速发展。总之，九校联盟开启了人才培养的新局面，为今后国内高校争创世界一流大学和顶尖人才培养起到了示范与引领作用。

2. 高水平行业特色大学优质资源共享联盟

2011年成立的高水平行业特色大学优质资源共享联盟，由中国地质大学、华东理工大学、中国矿业大学等13所中华人民共和国教育部直属高等学校（行业特色大学）组成。高水平行业特色大学优质资源共享联盟是战略联盟，旨在加强互相之间的战略合作和优质资源互利共享，实现共同发展。根据协议，这13所院校在资源共享、学生学分互认、研究生互送、科技项目合作及学生文体活动交流等八方面开展深入合作。联盟内的高校实现精品课程网络资源共享，本科生互派访学交流，学生注册和学分转换，实现课程互选、学分互认，研究生推荐免试、互换互送，组建跨校学术团队和跨学学校、跨学科科研平台，实现重大科技项目合作。另外，联盟内高校的实验室和研究室也互相开放，图书文献资源开放共享。

联盟设立联盟主席团，主席团由联盟高校校长组成。主席团原则上每年召开一次联席会议，主席团下设秘书处和教学、科研、人事、学生等工作协作组。联盟内的合作机制有：精品课程网络资源共享机制、学生互派访学交流机制、建立学分互认机制、研究生互送机制、重大科技项目合作机制、仪器设备资源共享机制、图书文献资源开放机制、学生文体活动交流机制。

高水平行业特色大学优质资源共享联盟的成立，是有效改善高校人才培养质量和办学水平的有益尝试和重要举措，是加强产学研合作，努力营造学校服务建设创新型国家和增强自主创新能力的必然要求。

（三）对话交流论坛、合作办公室或培养科等形式进行合作

通过对话交流论坛、合作办公室、培养科等形式进行合作。如高水平行业特色型大学发展论坛，由教育部直属、具有显著行业背景和学科特色的30余所大学组成的高水平行业特色型大学发展论坛，包括北京科技大

学、北京交通大学、东北林业大学、中国石油大学（华东）等。其宗旨是探索高水平特色型大学发展之路，分别以“高等教育的结构优化及和谐发展”“行业特色型大学与创新型国家建设”“高水平行业特色型大学的科学定位与创新发展”“行业特色型大学人才培养模式改革与创新”等为主题，举办论坛交流。

又如山东大学的校际合作办公室和吉林大学的校际合作培养科，主要负责本校和合作高校交流生的管理、服务、协调等工作。到目前为止，山东大学先后与近30所高校签署了合作协议，吉林大学已经与国内近20所知名高校签署了合作培养学生的协议书。

（四）区域联合办学

上海市东北片区有九所普通高校自1995年底就建立了大学校际合作关系，基于“优势互补、资源共享、互惠互利、协调发展”的运作模式，他们先后开展了跨校选课、跨校辅修专业等合作项目。1994年，原武汉大学和原华中理工大学等武汉四所部属高校率先在全国开展联合办学。2001年，在原五校联合办学的基础上，武汉大学和华中科技大学等七所高校本着“平等协商、优势互补”的原则，进一步开展更为广泛的联合办学。在人才培养和教学工作方面的主要内容包括校际互相选修课程、相互承认学分、校际攻读辅修专业、第二专业学士学位、双学位、互相利用校际实验室、图书馆和教学基地以及相互推荐优秀本科毕业生为免试研究生等。由各校分管教学的副校长组成的联合办学指导委员会作为领导机构，职责是决策办学中的重大事宜，审批联合办学协调小组制定的有关联合办学的工作计划和步骤，对联合办学小组的工作进行指导和监督；下设联合办学协调小组，由各校教务部（处）长组成，负责制定联合办学规划和具体实施步骤，协调联合办学过程中的具体教学工作。各校副校长、教务部（处）长在联合办学指导委员会与协调小组中以一年为周期，轮值管理联合办学的日常工作，每年至少举行一次工作年会，商讨联合办学事宜，主要包括规划联合办学的发展方向、汇报项目开展情况、交流工作经验、解决疑难的问题、总结经验教训、不断完善校际合作机制等[①]。

(五)与国外知名高校建立联合培养机制

我国一些高校与国外知名高校建立了联合培养机制。比如，新疆师范大学外国语学院为开拓国外办学资源，培养高水平人才创造条件，学院先后与俄罗斯阿尔泰国立技术大学、新西伯利亚国立师范大学、喀山国立大学、莫斯科国立师范大学以及日本早稻田大学等5所知名国外大学建立了合作关系。俄语专业已有百余名学生以“2+1+1”“2+1.5+0.5”等模式在俄罗斯高校学习、实习。2015年，与英国大学学院教育研究院和伦敦南岸大学签订了教师和学术交流协议，为英语专业的本科生和研究生以及教师的交流学习创造了条件[②]。

厦门大学参加了“全球七校联盟”(成员有澳大利亚的墨尔本皇家理工学院、法国的勒阿佛尔大学、以色列的海法大学、韩国的仁荷大学、美国的罗德岛大学和华盛顿大学)，“联盟”主要在教育、科学研究、行政管理三方面进行深层次、实质性的合作与交流。联盟成员可互派师生、互认学分、共授学位；再如复旦大学、南京大学、北京大学、清华大学、中国科技大学等都是“东亚研究型大学联盟”的成员，以与东亚研究型高校之间进行学术及学生交流与合作[③]。

(六)高校联合培养双学位教育

我国高校教育间还存在联合培养双学位教育现象。如重庆六所高校通过运用区域性校际合作办学模式来开展双学位教育，有助于改变联盟高校和重庆市高等教育的发展水平。其中，联合办学培养双学位专业是重点和总项目之一，这种双学位教育模式一方面充分利用了各高校的办学特色和学科优势，增进了校际资源共享；另一方面有力地调动了广大学生的学习

① 牛万玛吉.我国高校校际合作研究[D].北京:中国石油大学,2011.

② 与国内外知名高校建立联合培养机制[EB/OL].(2018-03-16)[2020-04-12].https://wgy.xjnu.edu.cn/2018/0316/c2094a91699/page.htm.

③ 董志惠.战略联盟:研究型大学群体发展之路[D].武汉:华中科技大学,2006.

积极性，拓宽了学生知识资源共享面，为学生综合发展创造了空间。

双学位是指在校本科学生在修读主修专业获取学士学位的同时，又修读其他学科门类而获取的学位，主修专业与兼修的第二专业分别为不同的学科门类。双学位教育要求学生在学习专业课程之余，利用晚上、周末或其他节假日进行跨学科的学习，这种办学模式使双学位教育与学生主修同步进行，大大节约了学生的在校时间。重庆市高校联合培养双学位教育，使学生可以选修其他学校的优质课、教学质量高的特色课和改革力度大的创新课，从而形成群体优势，取得良好的社会效益和经济效益。

重庆市高校联合培养双学位的教育模式充分借鉴其他省市联合办学的经验，紧密结合重庆市各高校各自的办学特色。如西南大学的心理专业、西南政法大学的法学专业、四川外国语学院的商务英语专业均是各校的强势专业。这种教育模式使学生在掌握本专业的基础上对另一学科的知识也有较深入的了解，培养了他们在不同学科间分析问题和解决问题的能力，更好地满足社会对跨学科人才的需求①。这种区域性高校联盟双学位培养模式，值得借鉴。

（七）大学城区域联合培养机制

大学城体现了教育协同发展的大思路。大学城的建设为区域内高校校际协同创造了条件，高校要利用地缘优势建立区域联合培养机制。高校间可以采取联合共建的模式，建立联合培养平台，将区域内思想政治教育专家集中到一起，基于合作共赢、资源共享，进一步完善互访机制与组织机构，优化管理，推动区域内校际的协同育人，形成良性的区域联合培养机制。

如南京仙林大学城本科高校教学联盟于2011年成立，由南京大学、南京师范大学、南京中医药大学、南京邮电大学和南京财经大学5所高校组成。该联盟利用校区集中的优势，打造一体化教学平台，探索高校联合培养人才的新路径：学分互认、课程互选、教师互聘、学生互派。依托各自

① 胡建.重庆市高校联合培养双学位教育机制研究[J].重庆行政公共论坛,2015(3):82-84.

的优势学科专业，南京仙林大学城本科高校教学联盟还开展跨学校的双学位培养，学生可以通过暑期学校、周末课程、延长学制等形式，申请、完成双学位学习和培养。搭建开放的教学资源共享平台，联盟内实行图书通借，各高校特色专业实验室和科研实验室逐步互相开放。同时，组建联盟校互聘教师协调机构，制定互聘互认管理办法，开通盟校教师互聘网，提升教师的教学能力和授课水平。

合作共赢是全球高等教育发展的大趋势，构建江苏区域高校战略联盟，在高校之间实现优势互补、强强联合，从而带动区域高等教育整体水平的提升，这既是国际高等教育发展的新趋势，也是现阶段江苏深化高等教育综合改革、转变高等教育发展方式的重要举措①。

（八）区域职业教育协调同发展机制

区域职业教育可以相互配合、协同发展，如京津冀地区建立职业教育协调发展治理机制。京津冀区域职业教育协同发展是指为了满足京津冀区域内个体和社会对职业教育的要求，在遵循职业教育发展内在规律和逻辑的基础上，结合三省市各自的功能定位，紧紧围绕北京非首都功能疏解的目标任务，通过有效的协调机制推进三省市在职业教育发展上相互配合、相互促进、职能互补、关联互动、共同发展，并与外部环境之间达到相互适应，以实现区域整体利益最大化的长远过程。京津冀区域职业教育协同发展机制的总目标是立足于京津冀三省市功能定位调整背景下，满足个人职业发展需求和区域经济社会发展对高技能人才的需求。目的是打破三省市职业教育"资源独享""生源独有""规划独设"等相对孤立的发展格局，推进并形成三省市职业教育之间相互影响、利益共享的局面，达到三省市职业教育优势互补、和谐发展的状态②。

职业教育肩负着培养技能型人才、提高劳动者素质、推动区域经济社

① 南京仙林大学城本科高校教学联盟成立大会召开[EB/OL].(2011-11-18)[2020-04-14].https://www.jseea.cn/contents/channel_148/2011/11/1111181005707.html.

② 曹星星.京津冀区域职业教育协调发展治理机制研究[D].天津:天津大学,2017.

会发展的重任，京津冀区域职业教育协同发展是京津冀协同的重要组成部分。构建适应京津冀职业区域教育协调发展内涵、符合职业教育协调发展的协同发展机制，对于促进京津冀区域职业教育协调发展以及推动京津冀区域整体协同发展具有重要意义。

（九）校际资源共享机制

校际资源共享，又分为区域内校际资源共享、区域间校际资源共享和“无边界”校际资源共享。通过交流与合作，不同地区和不同机构的高校之间可以实现资源共享，让教育资源实现无边界化，即使存在地理和区域等其他限制的区域内之间的教育资源共享也能实现无障碍化。让不同区域或同区域高校之间进行教学和教学资源上的交流与合作，有助于提升区域内高校教育质量。一些高校建立了资源共享中心，为其他高校提供了有效的资源配置，让资源可以得到最大化利用。

区域高校内的公共设施资源实行全面开放，各院系之间相互开放实验设备等教育资源，可以实现高校内部教学资源和文献资源的共享。根据教育资源共享机制，以学校图书馆为资源共享网络中心，建立一个完善的资源共享网络平台，可以使教育资源在校园内部得到共享。

教育投入不足，教育资源短缺，是我国高校发展建国初期就存在的一个问题。随着高等教育大众化，实行教育资源共享一定程度上可以缓解一些学校发展的瓶颈问题。近年来，部分高校结合自身实际发展需求以及发展现状，加强与其他兄弟院校的沟通与交流，取长补短，如课程交流、慕课开放、师资共享等教育教学资源共享等多种形式的沟通，从而为自身内涵式发展和提高人才培养质量开拓了新路径。但是一些高校教育资源分布的不平衡、教育资源浪费现象依然存在。所以，加强教育资源共享意识的培养、建立并加强教育资源市场化配置机制、建立健全教育资源产权明晰机制以及建立并完善有偿共享机制非常必要。

（十）学分互认制度

学分互认是指实行学分制管理的不同高校之间，互相认可学生跨校所修的学分。推进学分互认机制的实施，主要包括四方面工作：一是积极推进学校之间、区域之间及专业之间的学分互认；二是建立学分银行，对学生学分获得情况进行综合统计和管理；三是学习者已有的学习和实践经历可折算成相应的学分；四是对于实行学分制的高校，加强教学安排和教学质量的检查与评估，通过互认、管理、折算、监控四方面规范学分互认机制。学分互认机制可以帮助各合作高校学生成绩实现相互认可和换算。学生不但可以根据本校课程获得相应学分，还可以通过与本校联合办学的其他高等院校提供的相关课程获得所需学分。我国高校之间的学分制管理差异很大，有的高校实行学年制，有的是学年学分制，有的正朝完全学分制过渡。各学校规定学生每学期至少需修学分数及至多能修学分数也不尽相同。2002年6月，上海交通大学、西安交通大学、浙江大学三所名校率先签署了合作协议，宁夏大学和西藏大学先后加入，基本形成东、中、西互动的局面。

三、高校校际合作的类型

从不同角度对以上高校校际合作形式或机制进行划分，可以得出不同的结果。从合作的紧密程度划分，可分为松散型合作和紧密型合作，如通过学术会议或交流对话的合作就较为松散，联合办学和学分互认的合作较为紧密；从合作的领域划分，可分为全面合作和局部合作，如大学城区域联合培养的合作较为全面，双学位教育机制和学分互认机制则是局部合作；从合作主体相互关系的角度划分，可分为双边校际合作和多边校际合作，如国内一流大学与边疆或地方大学结对帮扶性质的合作是双边校际合作，如“九校联盟”则属于多边校际合作；从高校合作的性质划分，可分为资源互补类型、战略联盟类型和对口支援类型；从合作高校的地域划分，可分为跨区域合作和区域内合作；等等。

第三节　新时代高校铸魂育人校际协同机制构建的策略

一、高校校际协同育人取得的成绩与存在的不足

（一）高校校际协同育人取得的成绩

20多年来，我国高校校际合作发展较快，校际协同育人形式多样，一些高校不断创新校际合作办学模式，取得了良好的办学育人效果，得到了社会的高度评价，积累了一些成功的经验。首先，校际合作增加高校之间的了解和交流，促进高校互补发展。校际合作有利于集中力量探讨和解决面临的共同问题，拓展高校的办学思路和办学视野。校际合作促进了高校在合作中的有序竞争，共同发展、共同进步，提升我国高校的核心竞争力。校际合作还促进了高校互相借力发展、借势发展。其次，校际合作可以优化资源配置，提高办学效益。邻近高校通过协议共建图书馆、体育场馆，不仅降低了办学成本，而且提高了图书、报刊的使用价值和体育场馆的利用率。再次，校际合作有利于提高学生综合素质，提升教师业务水平。校际合作为学生扩展知识面提供了有力保障，满足了学生的求知欲，有利于锻炼学生适应新环境的能力，有利于培养复合型人才，有利于学生接受更多名师的教育和影响。校际合作有利于高校教师的相互学习和交流，促进教师教学质量的提高，促进教师学术水平的提高。最后，校际合作有利于增强高校核心竞争，提高社会影响力。每所学校都具有各自的学科优势和办学特色，不同层次高校之间的合作，不仅相互支持或补充，实现资源共享和优势互补，提升学校的综合办学实力与核心竞争力，还可以通过合作

的品牌效应提高层次较低的高校的社会声誉和影响力。

（二）高校校际协同育人存在的不足

尽管我国高校校际合作取得了一些成绩，积累了一些宝贵经验，但是校际合作中存在的问题也需要引起高度关注。首先，校际合作多是自发形成，政府的参与往往是辅助性的，政府既缺乏宏观的主导，也缺乏在相关政策方面的支持和指导，导致校际合作发展缺乏一个规范的框架，发展相对较为缓慢。同时，高校校际合作的经费也需要获得政府的财政支持。其次，合作机制不完善。我国高校的校际合作处于初步探索阶段，合作机制不够成熟，管理松散缺乏有效性，有些高校的合作停留在协议层面，只是有宏观合作意向，没有进一步把协议固化为合作机制；有些高校虽然制定了具体合作的机制，但缺乏把这些机制落到实处的具体办法和具体要求，也缺乏对合作程序和办学科学性的研究。再次，合作深度不够。校际合作的内容主要包括学生互换，教师互聘，联合科研，图书馆、实验仪器设备、教学科研场所和体育场馆共用，信息共享等，要使这些合作真正落到实处，需要进一步探讨各项合作的方式和具体内容。最后，操作层面相应的规范和措施不完善，学校原有的体制限制学生流动，缺少战略发展规划等带来了一些合作办学的后续问题，不同程度地影响了高校校际合作办学的发展。如学生的课程对接困难、课程学习不适应，派出学生的综合测评不易评价，与原班同学关系的相对生疏，学生成绩出现问题而不便于查询，学生回校后奖学金的评定及班干部的选拔等。总之，校际合作缺少务实、长效和有效的合作机制，缺失政府对鼓励学校开展学生合作培养的政策支持，合作高校间培养学生整体规模小、交流数量不平衡等[①]。

① 王海华.国内高校合作培养学生研究——以山东大学“第二校园经历”为例[D].济南:山东大学,2008.

二、新时代高校铸魂育人校际协同机制构建的策略

(一)加强政府对校际合作的支持和帮助

校际合作协同育人要规模化、规范化、长效性发展，离不开政府的支持和帮助。我们的高校是党领导下的高校，是中国特色社会主义高校，必须坚持以马克思主义为指导，必须全面贯彻党的教育方针。我国高校校际合作协同育人同样需要党和政府对高校校际合作进行宏观调控指导，给予资金支持和保障。我国大部分高校是公办学校，办学经费主要来自政府拨款，因此校际合作的办学经费，需要政府的大力支持，如果合作经费得不到保障，校际合作就无法长期发展下去；同时也要进行财务监督，确保准确、合理地使用资金，这是我国高校校际合作协同育人长远发展的重要保障。

(二)积极学习国外校际合作协同育人的先进经验

我国高校校际合作协同育人起步较晚，所以积极学习借鉴国际上一些先进的校际合作经验，对我国的校际合作协同育人的发展极为有利。如美国校际合作卓有成效。20世纪60年代，美国高校之间的合作团体高达1047个之多，245个大学合作联盟正在向纵深发展[①]。美国第一个大学联盟是美国大学协会，成立于1900年，组织管理体系严密，入会严格，对美国高等教育发展起到了重要的推动作用，成为众多大学建设效仿的典范。

联盟高校通过建立有机的合作机制，形成了持久稳定的合作，取得了明显的合作成效。如罗素集团由20多所英国一流的研究型大学组成，成立于1994年，是全世界产生诺贝尔奖得主最多的大学联盟。由一名主席和一名执行总监全面负责，在各个专业性的工作小组的协助下开展工作，这使得罗素集团的组织结构更加专业化。成立于1999年的澳大利亚八校集团，

① 董志惠.战略联盟:研究型大学群体发展之路[D].武汉:华中科技大学,2006.

是澳大利亚一个著名的高校联盟，对促进澳大利亚的经济、社会、文化发展具有不可替代的作用。

在国外，政府出台相关政策及法律法规，促进了校际合作有序发展方面，比如，美国在1965年颁布的《高等教育法》中明确规定要给予大学联盟资金支持和奖励①。国外大学联盟的活动经费主要来源于各大学的会费、校友或私人的捐助，外部提供支持资助，形成了高校间合作的有力保障。国外大学联盟一般都设有专门负责联盟事宜的联合机构，如美国中西部院校协作委员会，科学有效的管理保证了大学联盟长久的生命力。以上这些国家的高校校际合作联盟不仅在协同育人方面，而且在高校自身发展以及科学研究、服务社会方面都有着很大贡献，他们的校际合作经验非常值得学习和借鉴。

(三)进一步建立健全校际合作协同机制

完善有效的校际合作组织机制，可以使各项工作稳步发展，保持长久的活力，可以使校际合作发挥出巨大潜力。

1.设立校际合作专门机构或办公室

校际合作要想长久地走下去，必须要有相应机构或明确专人负责合作的实际运作和管理监督即校际合作办公室，合作院校要有专人负责校际合作事务，确保各项合作事务的管理和运行。如高校思想政治教育方面，加强和完善共建联合培养平台，各高校的思想政治教育学科带头人和专家可以共同商讨，沟通交流制定出科学、可行的教育目标和课程体系等；通过开设优质的思想政治教育公开课、在线直播课堂等方式，可以让各高校间分享优质课程资源，丰富高校思想政治教育的形式与内容。优质教学资源和在线课程的平台需要有人管理维护，资源需要定期更新等，所以设置专门的校际合作协同育人机构和人员是保证校际合作协同发展的有力举措。

2.完善定期举行非正式会议或定期互访机制

校际合作组织定期需要召开合作会议，主要是对校际合作做出宏观规

① 董志惠.战略联盟：研究型大学群体发展之路[D].武汉：华中科技大学，2006.

划，商讨校际合作事宜，包括制定计划、汇报项目开展情况、校际合作工作总结、需要解决的问题以及应当吸取的经验教训。通过会议加强经常性联系，建立商讨实质事宜的联系纽带。

高校间每年都应组织校际互访活动，可以通过各种项目合作、人才培养、教学研讨会议等形式开展活动，这对教师和学生都是有所助益的。在这个过程中，教师可以通过活动与其他兄弟院校同行专家交流学习，收获更丰富的教学经验、更先进的教学理念以及更扎实的科研能力；而学生可以通过各项交流学习活动与其他学校的教师和同学交流学习，开阔眼界、增长知识、拓宽人际交往的同时，可以感受到其他学校的校园文化以及其他学校师生的认真态度和优秀品行。

3.成立合作联合机构，健全校际联合管理制度

成立合作联合机构，由各校领导、与合作项目相关的主要负责人和各合作高校校际合作办公室的负责人组成。通过举行定期或不定期的会议，决定校际合作的短期目标和长期目标，制定有效的校际合作政策，审批校际合作办公室制定的计划并解决各合作高校校际合作办公室无法解决的重大问题，保证校际合作工作高效率、高质量运行。在协同育人方面，校际联合培养机制建设中，要设立一个专门的思想政治教育管理机构，负责协同育人各项工作日常运行，监督管理学生的学习状况，并形成反馈机制，以保证协同育人联合培养的实效性。

第八章 新时代高校铸魂育人校外协同机制的构建

高校铸魂育人工作是一个长期的复杂的系统工程，需要家庭、学校、政府、企业、科研院所等社会所有育人力量齐抓共管、协同发力，构建全员、全过程、全方位的“大思政”育人格局。

第一节 家校协同育人机制的构建

一、家校协同育人机制构建的价值和意义

（一）有助于高校与家庭的沟通与协作

《关于进一步加强和改进大学生思想政治教育工作的意见》明确指出，学校要探索建立与大学生家庭联系与沟通的机制，相互配合对学生进行思想政治教育。家校协同育人机制的构建有助于高校与家庭的相互沟通、相互协作，促进学校与家庭两种教育环境、教育形式、教育资源相互整合，实现协同发展。家庭是我们每个人的第一所学校，家长是孩子的第一任启蒙教师，也是孩子的终身教师，家长的知识修养、思想品德以及待人接物的言行举止等对孩子的影响是极为深刻的。家庭在教育孩子过程中具有时间上、情感上和资源上的先天优势，家庭教育作为树人教育的第一环节是

学校教育的重要基础，事关学生身心健康和终身发展。对每个学生而言，他们从出生到进入大学学习，大多数时光都未曾离开过家庭，家庭从价值观念、行为习惯、情感表达、品行修养等方面对学生具有潜移默化的影响，这种无形的教育力量强大有力、影响深远、持久有效。家庭育人环境是大学生成长成才的首要环境，家庭的思想政治教育成效如何直接影响着大学生一生的发展方向。所以，家庭教育一定要给孩子讲好“人生第一堂课”，筑牢孩子生命成长的基点。但对一个人一生的成长发展来说，仅仅依靠家庭教育是远远不够的，组织严密、内容系统、作用广泛的学校教育具有多种优势，能很好地弥补家庭教育的不足，助力大学生更加全面迅速地成长成才。苏联著名教育理论家苏霍姆林斯基说，若只有学校而没有家庭，或只有家庭而没有学校，都不能单独承担起塑造人的细致、复杂的任务。家校协同育人不仅能够促进两种教育环境、教育形式、教育资源相互整合、互相补充，实现协同发展，而且能够更好地让大学生从家庭教育到学校教育实现无缝对接，全程无障碍顺利成长。

（二）有助于高校落实“三全育人”要求

全员、全过程、全方位育人，不管是育人时间上、空间上还是育人主体上都包含着家庭育人和学校育人两大组成部分，家校合作协同育人是其中的关键环节。所以，高校铸魂育人工作要真正把“三全育人”落实、落细、落地，必须建立健全家校协同育人机制，并确保其能够良好地运行。这不仅是高校打造“大思政”格局的需要，也是实现了教育在时空上的衔接与拓展。当然，家校协同育人机制的构建需要家庭、学校对于“协同育人”“三全育人”等育人理念的深刻领会和在教育实践中的自觉践行，要形成全员育德的一致目标。学校和家庭都要积极参与教育工作，任何一方在家校协同育人机制的构建和运行中没有切实尽到应尽的责任或者敷衍应付，都会使“三全育人”要求得不到贯彻落实。

(三)有助于高校实现立德树人目标

高校坚持立德树人，其本质是要引领思想、铸塑心灵、培养有德之才。经济全球化、交往网络化、个体独立化深深改变着大学生的思想、行为和生活，文化多元的影响、思想交融的冲突、复杂环境的冲击，使他们的信仰确立、价值选择、行为特征和生活方式都发生了深刻的变化。家校合作有利于家校双方深入了解学生思想发展水平及特点，有针对性地对学生进行思想品德教育和价值导向教育。良好的价值导向有助于学生树立正确的世界观、人生观和价值观，家校合作协同育人对学生正确的世界观、人生观和价值观形成方面起着重要的作用，也有利于弘扬和传承社会主义核心价值观，引导家长注重家庭、注重家教、注重家风，从而营造积极向上的良好社会氛围。家长通过家校合作了解学生在校学习的基本情况，参与学生日常教育管理，协同学校教育，这样的协同育人机制可以提升学校和家庭教育的质量，促进学生身心健康发展。家校协同育人会促进学校的内涵式发展，同时，家校合作协同育人有利于学校构建全方位的教育治理和管理监督体系，对创设学校理念文化、增强教师队伍素质、提升人才培养质量等方面有着积极的意义。

二、家校协同育人的内涵与现状

(一)家校协同育人的内涵

家校协同理论认为，作为学生最重要的社会化活动单元，家庭教育子系统和学校教育子系统既独立运行，又关联合作，当关联作用占据主导地位时就会产生协同效应，形成整个教育系统的共同体。家庭教育与学校教育是相互衔接的合作关系，它们有机互补、相互促进，是实现最佳教育效果不可或缺的存在。

家校协同育人就是家庭和学校在教育大学生的过程中行使各自的权利

和承担各自的责任义务，为了共同的育人目标，利用各自的资源、环境和优势团结协作，同向同行，有效联动，形成合力，协同育人。家校协同育人包含两层含义：一是学校协同家庭教育孩子，即学校教育系统要素进入家庭教育系统协同产生教育功能，其本质上是家庭教育的范畴；二是家庭配合学校开展育人工作，即家庭教育系统要素进入学校教育系统产生教育功能，本质上则是学校教育的范畴。无论是学校协同家庭教育，抑或是家庭协同学校教育，受教育的主体都是学生，共同的目标是促进学生成长成才，这样才能确保家校协同育人同频共振，形成“1+1 > 2”的整体功能效应。

（二）家校协同育人的现状

1.一些家长在孩子教育上依赖学校

一些家长在家校协同育人问题上不重视，孩子教育依赖学校。在一项调查中，有49.8%的家长对于家校协同育人的理解是由教师牵头召集家长参与子女教育的活动[①]。事实上，长期以来以学校为中心、家庭是辅助的家校合作协同育人模式，导致家校双方对家校合作协同育人产生了认知上的错误。所以在家校协同育人问题上，一些家长认为是高校要求家庭协同高校育人，即在家校协同育人机制构建过程中，学校是主导的一方，家庭往往是被动配合的一方。这一方面是因为与单个家庭教育相比学校教育影响力更大，在大学生的教育中主体地位更强；另一方面是因为部分家庭和家长在大学生教育问题上往往忽视或不够重视，除了满足大学生在校学习生活必需的费用开支以外，更多的是把大学生的教育问题依托学校来完成，认为大学生的教育任务就应该是学校来完成。家长缺乏家校合作共育意识，对参与学校管理、教育过程、决策监督等深度合作模式期望值不高。当然，还有一种情况是，有些父母忙于外出打工整日辛勤劳作，没有过多的时间和精力考虑孩子的教育问题，认为学校教师应该更有能力教育好自家的孩

① 唐澜.中职学校家校合作协同育人的现状与问题研究——基于桂林市的调查[D].桂林：广西师范大学，2016.

子。不管是哪种情况，家长对孩子的学业成绩与个人职业发展都有着较高期待，生活上尽量满足孩子的要求，学习上对学校教师的要求和期待很高。当孩子的个人成绩未达到预期目标时，一些家长对学校的抱怨就会不绝于耳，认为在协同教育过程中占据主导地位的教师没有履行好应尽的义务。

2. 一些高校对家庭在家校协同育人上的诸多不满意

一些高校在家校协同育人问题上往往认为家庭投入家校合作的时间和精力不足，与学校的沟通不够及时，影响了育人效果。大学生在校期间的教育是由多方育人主体共同完成的，与家长沟通交流的主要是辅导员，这种联系往往是学生有什么问题需要解决时才开启。在这些问题处理过程中，由于教育责任模糊等原因而导致家庭和学校在协同育人问题上观点不一致，育人效果受到影响。从高校的角度看，部分教育管理人员认为家长普遍缺乏高等教育管理的理论知识，高校与学生家庭的沟通仅限于临时告知类的信息传达，并没有将建立科学化的双向合作机制纳入大学生思政工作体系构建的顶层设计中。

3. 部分大学生对于家校协同育人排斥

部分大学生出于各种原因对家校协同育人有排斥心理，一定程度上影响了家校协同育人机制的构建和运行。在一项关于影响家校合作协同育人的因素调研中，有 20% 的学生因为成绩差而不愿意与教师联系，有 75% 的学生在学校成绩差或表现不好不会主动告诉家长，或者说根本不希望家长知道[①]。大学生作为家校协同育人的对象和参与者，是家庭和学校联系的桥梁和纽带。学校和家庭是因为学生而发生联系的，如果学生不能够积极配合家校协同育人，甚至极为排斥家校协同育人，那育人效果可想而知。事实上，有相当一部分学生进入大学后，因为没有了中学高考的压力和父母的看管约束，进入一个迷茫的阶段，找不到学习的目标，在混沌的状态下，放松学习、沉迷游戏、生活作息没有自律等。在家人眼里的大学生光环还没有褪去的情况下，有一定自主意识的大学生是不希望自己在校不好的一

① 唐澜.中职学校家校合作协同育人的现状与问题研究——基于桂林市的调查[D].桂林：广西师范大学，2016.

面被家长知道的，他们隐瞒不报或粉饰太平，即使问题严重了，也往往是学校联系家长或家长联系学校，而不是大学生主动与家长或学校辅导员联系。实际上，当今时代，社会竞争激烈，作为“95后”“00后”的大学生所面临的竞争压力、情感难题、学业负担都更为复杂，是非常需要教师的专业帮助与辅导以及家人的关爱与温暖。因为部分大学生的排斥而导致家校协同育人渠道不畅通，所以学校和家庭应该重视这种效果不理想的现状。

三、家校协同育人机制构建的策略

基于家庭和学校在协同育人问题上认知的偏差、协同积极性不够、协同育人形式和内容较为单一、沟通渠道不畅通、育人效果不理想等问题，提出以下几点策略。

（一）强化育人理念，纠正认知偏差

不管是家庭还是学校，首先要强化“三全育人”和家校协同育人理念，及时纠正认知偏差，切实形成家校一体化育人体系。

“三全育人”涉及的不仅仅是学校育人，更有家庭育人和社会各育人平台要素的育人，因此，强化“三全育人”和协同育人理念，构建“三全育人”的“大思政”格局，不仅是对学校的要求也是对家庭的要求。此外，家庭和学校在“三全育人”的要求上要一致，在“三全育人”的行动上要同向同行。所以，家庭和学校应该为共同的目标和任务共同努力，在教育理念、教育方法和教育责任上积极探讨交流，加强责任担当意识，形成内生动力。在协同育人过程中，家校双方要深入对话、深度合作，构建平等参与、优势互补、功能互助的合作伙伴关系和协同育人共同体，让共商、共育、共赢的理念深入人心。高校要充分认识到家长也是学校教育的重要资源，需要运用先进的教育理念引领家长积极参与学校教育，共同营造良好的育人环境。只有树立这样的教育理念，高校和学生家庭才会在育人过程中结成同盟军，凝聚双方力量和资源，形成家校一体化育人体系。

(二)加强指导和培训,创新家校协同育人方式和内容

在家校协同育人过程中，普遍存在沟通问题和认知偏差问题，所以加强家校协同育人的指导和培训非常有必要。一方面，对家长开展家庭教育培训班，可以利用开展教育讲座、线下讨论交流等形式，对没有教育素养和教育能力的家长进行一定的专业化培训，帮助家长们树立正确的教育观，从思想上重视家校合作，掌握科学的教学方法，提高教育子女的能力。另一方面，学校主要负责家校协同育人工作的相关人员，也要通过培训学会如何更好地与学生家长、朋友等进行良性的交流互动。

通过学习和培训不仅优化家长和学校之间的交流和互动，也可以不断创新家校协同育人的方式和内容。在如今互联网如此发达的时代，仅仅依靠电话沟通的形式是远远不够的。学校可以举办交流会、分享会和联谊活动，也可以利用微信群、QQ 群等网络平台进行交流互动；教育讲座、经验分享会、学生日常管理、课外志愿活动、管理家长委员会等形式多样的家校协同育人方式，对于远离家乡的大学生家长来说是很感兴趣的。家长在培养孩子的自理和独立能力、加强孩子的思想品德教育和加强孩子的心理健康等方面需要教师的专业指导，这有助于学校协同家庭教育有针对性地开展。同时，学校可以邀请这些具有丰富经验的家长和教师分享经验，将他们的具体经验和先进理念转化为宝贵的文字或影像资料，指导其他教师和家长正确地开展家校合作活动，创设积极向上的家校合作氛围，让家校双方看到家校合作的具体成效。

(三)学习借鉴先进经验和优秀成果并寻求必要的帮助

美国、英国等国外的家校合作理论和实践研究经验值得借鉴。近年来，美国为了解决公立学校教育危机问题，把家校合作作为教育研究和学校改革的主题；英国、德国、芬兰和挪威等欧洲国家，也将家校合作作为教育改革的重要组成部分。我国高校要积极学习借鉴国内外家校协同育人先进经验和优秀成果，这对于家校协同育人机制的良好构建和运行有很大帮助。

马忠虎在《家校合作》一书中，基于家庭教育和学校教育各自的优势与局限性，家庭教育和学校教育的冲突与协调，认为家校合作是双方有默契的互动，需要家庭教育与学校教育的密切配合、互相支持；强调把学生作为关注的焦点，家校合力共同促进学生的健康成长，家校合作强化教育机构的自我管理；提出了“以校为本”和“以家为本”两种不同的家校合作模式的构建及合作活动[①]。岳瑛在《我国家校合作的现状及影响因素》一文中认为，家校合作是一种双向活动，是家庭教育与学校教育的相互配合。家长要对学校教育给予支持，学校要对家庭教育做出指导，其中学校教育应起主导作用。家校合作的目的在于促使家庭教育和学校教育保持一致，形成合力。乔伊斯·艾普斯坦在《从理论到实践：家校合作促使学校的改进和学生的成功》一文中强调了学校、家庭和社区对孩子的教育和发展负有共同的责任，以及学生在家校关系中的主体地位和作用。他认为家校合作的参与者之间是平等关系，学生是家校关系中的重要一员[②]。

（四）寻求社会和政府对家校协同育人的支持和帮助

高校构建完善的家校协同育人机制，离不开政府和社会的支持和帮助。如全社会的协同育人价值引导、教育主管部门制定相关考核评价制度，政府完善家校合作政策法规和资金保障机制等。制定具体的操作性强的评价指标，将其纳入教师绩效考评，可激励教师提高家校合作协同育人的水平。对家长开展阶段性评价监督机制，可让教师或者家校合作组织机构对家长参与家校合作的具体情况进行阶段性评价监督。制定家校协同育人的相关政策法规，对家长参与学校教育的权责细则给予明确规定，可以为家校协同育人提供制度保障。宏观政策法规的支持是家校合作的保护伞，有利于为家校合作创建相对自由、健康的政策环境。政府要加大资金投入，健全经费投入机制，根据发展需要和财力可能逐步提高拨款力度。学校要善于挖掘和运用家长资源来弥补学校教育的不足，加强家庭、学校与社会合作，

① 马忠虎.家校合作[M].北京：教育科学出版社，1999：1-3.

② 岳瑛.我国家校合作的现状及影响因素[J].天津市教科院学报，2002(3)：50-53.

充分利用家长和社会资源协同育人。

第二节　校企合作协同育人机制的构建

一、校企合作协同育人机制构建的价值和意义

（一）校企合作协同育人是高校内涵式发展的必然趋势

从20世纪80年代以来，我国高等院校、科研院所和产业部门在借鉴世界发达国家产学研一体化的先进经验的同时，积极结合本国国情，制定出台了一系列的倾斜性政策和有效措施，在产学研各主体多方协同配合下，开展了产学研一体化的试验研究。实践证明，产学研一体化不仅是我国教育、科技、经济协调发展的需要，也是产学研各主体生存与发展的共同要求。它对于深化高校教育体制改革，探索理论与实践相结合的科研模式，加速科技成果的转化和产业化，培育具有市场竞争优势的高新技术企业集团，提高企业产品的科学技术含量，促进科技与经济的协调发展，提升国际竞争力和增强综合国力，都具有现实意义和深远影响。

产学研一体化已经成为高校发展的必然趋势。高校要构建产学研一体化协同育人机制，充分利用产学研过程中的思想政治教育资源，培养学生崇高的职业道德，务实、勤恳的作风，利用企业精神、科研精神等对学生进行思想教育，不断丰富新时期高校思想政治教育内涵，拓展思想政治教育路径。进行校企合作，解决了学生工程实践的基础训练缺乏和实际解决工程问题能力的不足，以及企业工程师进校讲课和专任教师企业研修的问题，提高了专业教师的工程实践经验，有效促使了高校由“教师本位”向“学生本位”的转变。

(二)校企合作协同育人是高校提高育人质量的重要举措

我国高校走产学研结合道路，不仅是高校职能转变的必然结果，也是实现国家“两个根本性转变”的需要。党的十八大报告明确提出，全面实施素质教育，深化教育领域综合改革，着力提高教育质量，培养学生社会责任感、创新精神、实践能力。党的十九大报告强调，深化产教融合、校企合作。《国家中长期教育改革和发展规划纲要（2010—2020年）》指出，创立高校与科研院所、行业、企业联合培养人才的新机制。校企合作为高校适应社会需求开门办学、服务社会提供了载体，为企业反哺社会、关注支持高校教育事业发展搭建了平台。校企合作协同育人对激发大学生创新思维，增强大学生实践能力和适应社会能力，提高人才培养质量具有重要的意义。

高校要打破封闭的办学模式，走出去，请进来，使大学和社会、社区、产业相融合，从而走出一条教研一体的高等教学之路。以校企合作的方式推进高校教育改革，既有效解决了企业和社会所需人才的难题，又有利于提高高校办学质量。高校通过校企合作不仅能研究出科技成果，进一步提高自身的科学研究水平和教育质量，而且能通过科技成果转让和技术服务取得收益，开辟科研经费来源，改善办学条件，从而形成产学研各方互相促进的良性循环，最终实现开放式办学；还能够在产学研一体化校企合作过程中，对大学生进行科研精神、企业文化、人生价值和职业追求等教育，培养企业需要的踏实肯干、拼搏进取的创新型人才。

(三)校企合作协同育人有利于大学生的全面发展

校企合作协同育人对于大学生的专业理论知识与工作实践相结合，以及科研精神、工匠精神、奉献精神的培育有重要意义。在德国，大多数青年都要接受不同类型的职业技术教育，一方面可以在企业工作，学习生产实践技能；另一方面进入职业高等院校，接受有关职业理论学习。工作实践时，以企业为主，合作院校派出教师进驻企业给予理论指导；理论学习时，以院校为主，企业派出技术专家到院校协助课程的设置与教学。这样的培养模式使大学生在走出校门时就具备了企业需要的既具有专业理论知识又具有专业技能的实用型人才，这不仅大大节省了企业对新进人才培养的成本，也为大学生的就业提供了方向性指导，还对大学生在大学期间深入社会企业进行社会实践、了解未来个人发展方向和社会对人才需求有极大帮助。日本在这方面特别注重专业的高级人才共同培养，加强了高等院校、科研院所和企业密切合作。研究生在学校完成基础理论学习后进入合作的科研院所或企业，完成后半期课题的实践性学习。我国在积极学习外国先进经验的同时，也在市场经济大潮中加快了校企合作协同育人的步伐。从课堂到实验室到企业，这对于科技人才的全面发展、快速成长以及大国工匠精神的培育极为重要。

二、校企合作协同育人取得的成绩与存在的不足

(一)校企合作协同育人取得的成绩

在大众创业、万众创新和产教融合、校企合作的背景下，我国高校产学研合作获得了较快发展。截至2017年底，全国已有200多所地方高校参加了转型改革试点，安徽、重庆、长三角地区还成立了区域性应用型本科高校联盟。校企合作在创新创业人才的培养上发挥着重要的作用与价值，探索出了一些典型的校企合作协同育人模式，如教学工厂、工学交替、技术服务、科技服务、校企互动、“订单”式合作等模式。这些模式普遍应用在各类大中专和高职院校中，是职业教育探索出来的“七分实践，三分理论”的新型教育。校企合作协同育人改变了传统教育的培养模式，提高了育人的针对性和实效性，以大学生在校学习与企业实践相结合的形式，让高校与企业实现输出、输入人才对接和科研、生产优势共享。同时，企业充分利用了高校的科研和人才资源优势，促进了自身的发展。

（二）校企合作协同育人存在的不足

1.与高校合作协同育人的企业不多

一些高校没有充分认识到校企合作的价值，缺乏与现代社会发展相适应的教育理念和思维。校企合作实践教学组织过程中，校企双方价值观不同。一方面，高校和企业在认识上存在偏差，导致目前校企合作的企业为数不多。另一方面，支持高等教育的企业不在多数。与高校合作协同育人的一般是校友创业企业或通过校友资源引进的企业，这些企业与高校合作投入的资金支持较有限，不符合市场经济发展的要求和人才成长的需要。

2.形式较为单一，机制不健全，实效性有待加强

目前，与高校合作的企业一般通过在高校设置企业奖助学金或在企业设立教学实习就业基地。这类合作形式较单一，不够深入，即使有一些如教学工厂、工学交替、技术服务、科技服务、校企互动、“订单”式等协同合作育人模式，但还是缺乏成熟、规范、系统的校企合作机制。

有些校企合作建立的教学实习就业基地就是为毕业生提供就业岗位的，引进人才的作用更突出，可以对招聘的人才进行提前培训，这样的校企合作协同育人企业主要考虑的往往是自身的利益，对于大学生日常教学实习、深入企业一线进行社会实践的功能薄弱。学生在教学过程中实践机会依然偏少，实践动手能力依然得不到提升，所以，校企合作协同育人需要企业的奉献精神和对人才培养过程的进一步落实。同时，一些高校人才培养方案和协同育人方案跟不上社会经济发展需要，专业教师深入企业、服务企业的积极性不强，教师服务企业和辅导学生的专业技能的能力有待提高，课程设置合理化不够，实践教学跟不上，个性化、实用性人才培养不足。

三、建立健全校企合作协同育人机制的策略

(一)加强政府扶持,激发校企合作协同育人的内生动力

作为企业，如果在校企合作中寻求不到实实在在的利益，企业主动参与人才培养的积极性就会打折扣。企业参与校企合作的动力不强，参与的范围不广泛，合作内容、合作层次都会受到很大限制。要促进校企合作协同育人的高质量、可持续发展，不仅需要校企之间建立良性互动的关系，高校要真正想企业之所想，解决企业发展的需求，赢得企业的信任和大力支持，还需要政府的推动和帮助，地方政府要从服务经济、服务教育的高度确保企业和高校愿意合作培养高端技能型人才。政府要制定相关政策，明确学校和企业的权利与义务，并采取减免税收或资金支持等方式鼓励企业为学生提供实训与就业岗位，激发其加强校企合作协同育人的内生动力。要完善保障体系，构建激励机制、协调机制、约束机制并对校企合作情况进行有效监督与评估。政府、高校和企业可以成立校企合作专职机构，指派专人负责校企合作事宜。学校要进一步优化教学管理、人事管理、学生管理并激活组织功能制度。企业要分配专职人员来负责管理，监督校企合作事项。

(二)学习借鉴国外经验,优化校企协同育人方案

德国的“双元制”校企合作模式、美国的职业教育“合作教育”模式及澳大利亚TAFF模式——澳大利亚技术与继续教育学院模式等都是非常著名的校企合作育人模式。学习借鉴他们的成功经验，可以大大减少我国校企业合作协同育人的弯路。德国的“双元制”校企合作模式，以市场和社会需求为导向，尽可能地利用学校和企业的优势共同培养学生，真正培养出既具有专业理论又能够解决工作中实际问题的高素质技术人才，这样既解决了学生就业问题又满足了社会的需求。美国的“合作教育”模式把职

业教育、社会和企业紧密地结合起来，成为一种社会责任，三方参与并达成共识，为学生就业创造了条件。澳大利亚TAFF模式，坚持以能力为本位、以就业为导向、实践终身学习的理念，具体教学内容和安排由企业、行业团体、教育部门和学院联合制定，教材注重实用性，实践考核要求很严格①。借鉴成功经验，进一步优化我国当前校企合作育人模式和育人方案，在高校课程调整、课程考核和企业实践实训方面要求做出一些调整，进一步重视学生的实践实训，对提高我国科技人才的培育质量具有重要作用。

（三）校企共同制定完善的人才培养方案

通过校企共同制定完善的人才培养方案，加强学生科技创新能力培养的同时，强化企业文化育人功能。政府在校企合作协同育人方面要发挥主导作用，协调高校和企业共同制定完善的人才培养方案，激励企业参与高校人才培养，鼓励社会各界参与高校人才培养。在产学研合作项目上，要改变高校利用企业调查资源，争取项目经费，促进成果转化的现状；要让学生在企业实习期间真正学到核心技术。高校和企业在培养方案中要注重科研在教学中的育人功能，让教学、科研、人才和知识之间形成良性循环。高校要主动邀请企业或公司相关部门人员共同制定或审定人才培养方案，要进行课程内容的重组、教材编写和教学方法及教学手段的变革，增加实践教学学分比例，强化学生实践动手能力、创新能力和创业能力。高校应该从企业聘请行业企业技术专家、能工巧匠，进一步优化教师队伍结构，安排专业教师赴企事业单位参加生产服务一线岗位挂职锻炼，选送专业教师深入实验室、基地、厂矿开展科学研究、校企帮扶、产学研合作进行实践技能培训，加强理论教学和实践教学的结合。在培养方案中，要有以典型案例对学生进行大国工匠精神的培养教育，要有以成功校友和著名企业家为榜样对学生进行回馈社会的责任感教育。特别是那些得到企业奖励资助顺利完成学业的优秀贫困大学生，要教会他们用自己的所学回馈社会，

① 曹雪梅，夏材中，谭晓林，等．高职院校企合作现状与建议[J]．教育教学论坛，2018(9)：44-46.

感恩他人。

校企合作协同育人是一项复杂的系统工程，教学理念、培养方向、服务导向、教学队伍、教学质量、教学评价、教学管理服务等环环相扣。要以高素质应用型人才培养思想为指导，制定更符合企业需求的创新型人才培养方案。把人才培养、科学研究、社会服务、文化传承融为一体，才能真正达到校企合作协同育人的目的。

第三节　学校、家庭、社会协同育人机制构建的策略

一、发挥学校、家庭、社会的协同育人主体责任

学校、家庭、社会“三维立体”协同育人机制是一个大系统，包含子系统主要有：学校家庭社区联动协同机制、学校政府行业联动协同机制、学校与宣传媒体平台联动协同机制、产学研联动协同机制等。高校要发挥自身在思想政治教育协同育人中的主导作用，充分发挥家庭、社区等在协同育人中的作用，通过有效的家校互动机制，推动高校与家庭之间的交流沟通，共享思想政治教育信息资源，发挥家长榜样作用，通过和谐的家庭氛围、社区人文自然历史文化环境对学生思想进行潜移默化的熏陶；要充分发挥社会宣传媒体、文化机构、红色革命基地、著名企业文化以及社会名人等在思想政治教育中的作用，挖掘社会各行各业各类人群的德育资源、社区人才环境育人资源等，传播正能量。

要进一步增强思想政治教育的实效性，必须完善学校、家庭、社会三方共同参与的协同育人机制。现实生活中，社会大环境与家庭小环境对大学生的影响，并不亚于学校课堂教学、校园文化对大学生的教育影响。所以，学校教育的主导作用需要家庭、社会环境育人的辅助和支撑，建立健全校内外结合的协同育人机制是增强大学生思想政治教育实效性的重要途径。

二、发挥学校、家庭、社会各子系统的育人功能

习近平总书记在2018年全国教育大会上指出，办好教育事业，家庭、学校、政府、社会都有责任。教育、妇联等部门要统筹协调社会资源支持服务家庭教育。各级党委和政府要为学校办学安全托底，解决学校后顾之忧。全社会要担负起青少年成长成才的责任。为此，高校应与社会密切合作，着力构建社会全员育人网络。社会各界育人力量和要素也应积极配合学校教育，要在全社会大力营造良好的育人氛围，为大学生提供健康向上的社会精神文化生态。

高校作为人才培养和大学生思想政治教育的主阵地，要切实担负起大学生思想政治教育的专门主体责任。坚持依法治校，建立健全高校协同育人的制度体系，完善校内课程教学科研管理服务文化等协同育人机制，不断优化办学环境，提高教学质量，进一步加强与外界的交流与合作，以强大的内生动力吸引校外单位和家庭依法参与学校人才培养各个环节，努力营造学校、家庭、社会共同参与的良好育人氛围。

家庭应当切实承担参与高校人才培养和思想政治教育的基础性的持久责任。家长应加强与高校在人才培养中的合作和信息沟通，要注重家庭、家教、家风紧密结合，强化家庭教育功能，帮助学生树立良好的人生观和价值观。

各类社会组织、单位、个人应积极参与到高校人才培养的过程中。要真正担负起其在人才培养过程中的责任，加强校企、校社合作，着力解决学生最为关切的实习、实践和就业基地建设问题，强化对学生的创新创业指导和帮扶，切实解决大学生面临的实际问题。

三、加强学校、家庭、社会育人资源的优势互补

加强和改进大学生思想政治教育，离不开学校、家庭、社会三方的有效协作和共同努力。一方面，面对社会经济快速发展带来的价值多元化和西方不良社会思潮的侵扰，大学生由于缺乏足够的社会生活经验，在理想信念、价值判断和人生追求方面很容易出现偏差。另一方面，大数据时代下移动互联网庞杂的信息洪流对大学生产生的影响不可低估，再加之网络信息的鱼目混珠，使得大学生难以准确剖析和认识诸多社会事件背后的真相及其本质。所有这些都要求学校、家庭、社会三方通力合作，才能充分发挥育人作用。

首先，高校要加强与家长的沟通，充分发挥家庭的教育作用。家庭教育是人生的起点，是立德树人的第一个环节。爱国爱家、相亲相爱、民主和谐的家庭美德蕴含着丰富的育人资源，家长言传身教，以身作则，大学生耳濡目染，在亲情中引导孩子孝敬父母、尊敬长辈、学会感恩。

其次，高校要加强与社会的联系，组织学生参与社会实践。实践证明，社会实践活动是对大学生进行思想政治教育的重要途径。组织学生参加生产劳动、志愿者服务、社会调查等社会实践活动，是帮助大学生了解社会、了解国情，提高分析问题、解决问题能力的重要途径。

最后，社会要积极配合高校做好大学生思想政治教育。发挥社会各部门、各组织、各类基层阵地的道德教育作用，统筹协调社会资源，搭建社会育人平台。抓好重点人群的教育引导，发挥公众人物的道德影响力，树立社会的先进典型，产生社会正能量。社会各部门要增强立德树人的自觉意识，积极与高校教育配合，宣传部、文明办、妇联、团委等部门以社会资源整合利用为重点，凝聚社会的教育力量，为大学生成长创造良好的文化生态和社会环境。

四、构建大中小幼立德树人一体化协同机制

所谓大中小幼德育一体化，是指将立德树人的德育要求落实在大中小幼课程、教材和教学之中，形成各学段纵向衔接，各学科（专业）横向配合，教育内容逐层递进、螺旋上升的一致性连贯体系。在横向上，是德育、智育、体育、美育和劳动教育一体化，还包含了教育目标、内容、途径、方法与评价等要素的结合，构成一个教育整体；在纵向上，主要是指五育在不同年龄、不同年级、不同学习阶段之间的衔接，包括幼儿教育、小学、初中、高中、大学实施立德树人的序列。“五育”的一体化就是要建立全面发展的立德树人体系，实现立德树人教育内容的整体化建构；学段的一体化，就是要在大中小幼阶段建构立德树人的目的、内容、课程、方式、方法的序列化体系，实现立德树人在不同学段的有效衔接、循序渐进。大中小幼立德树人的一体化，就是要建立横向贯通、纵向衔接、分层递进、螺旋上升、整体推进的立德树人教育系统，实现大中小幼立德树人的整体规划①。

构建大中小幼立德树人铸魂育人一体化协同机制，是学校贯彻落实“三全育人”的体现。2010年，国务院颁发了《国家中长期教育改革和发展规划纲要（2010—2020年）》，提出构建大中小学有效衔接的德育体系，创新德育形式，丰富德育内容，不断提高德育工作的吸引力和感染力，增强德育工作的针对性和实效性；2017年，中共中央办公厅、国务院办公厅印发《关于深化教育体制机制改革的意见》，强调构建以社会主义核心价值观为引领的大中小幼一体化德育体系，针对不同年龄段学生，科学定位德育目标，合理设计德育内容、途径、方法，使德育层层深入、有机衔接，推进社会主义核心价值观内化于心、外化于行。德育一体化由此提出和实施。2020年初，国家教材委员会印发《全国大中小学教材建设规划（2019—2022年）》，提出要系统设计大中小学课程教材落实习近平新时代

① 冯建军. 构建立德树人的系统化落实机制[J]. 国家教育行政学院学报，2019(4)：8-18.

中国特色社会主义思想实施要求。整体设计大中小学思想政治课课程教材，促进知识教学与核心价值观的融合，将知识传授、能力培养与思想理论、理想信念教育有机融合，在不同学段、不同学科和不同类型学校实现德育一体化，提高教材的育人功能。充分尊重学生身心发展规律，把握学生成长的差异性和关键期，结合学科特点，加强德育目标在各学段、各学科领域教材中的转化研究，确保教材育人目标、内容结构、呈现方式等适应学生发展需要，真正实现学段纵向衔接、学科领域横向配合。因此，课程、教材、教师、教学等各环节要扎实、科学有效实施，有力促进各学段各学科领域实现育人目标。

构建大中小幼一体化德育体系尤其是德育课程一体化的探索上海走在前列，上海推行的贯穿大中小各学段的“两纲”，建立起以社会主义核心价值观为内核、以“政治认同、国家意识、文化自信、人格养成”为重点的德育顶层内容架构，以及相应的工作体系，在全国率先提出中小学“学科德育”和高校“课程思政”育人理念并付诸改革实践，这一改革的核心就是各学段的政治课。上海在学生民族精神教育和生命教育方面的持续努力，不仅得到广大师生和社会各界的广泛认可，其成功经验非常值得国内兄弟省市借鉴。

上海承担的教育部哲学社会科学重大攻关项目“大中小德育课程一体化建设研究”，2013年立项以来集聚清华大学、复旦大学、华东师大和上海师大等高校著名专家学者和上海及全国10多个省市的一线教师，围绕大中小学德育课程如何一体化培育践行社会主义核心价值观、传承弘扬中华优秀传统文化等开展理论创新和实践探索。2016年一期研究结题，在构建德育顶层内容体系、课程教材和教学改革、体育艺术一体化实验、德育课程一体化评价、体制机制保障和政策建议等方面取得了重要成果，在固根铸魂、立德树人方面做出了突出贡献，获得了高度评价。这些成果对于高校以立德树人铸魂育人为根本宗旨的课程思政建设，有着重要的学习和借鉴意义。

第九章　新时代高校铸魂育人课程协同机制的构建

课堂教学是高校铸魂育人的主渠道，教师在课堂上不仅要教书，更要育人。把教书与育人结合起来，在进行专业知识和专业技能传授的同时加强思想政治教育，是高校所有课程教学的重要使命，也是当前高校课程思政建设的目的所在。课程思政不仅是思政课程教育教学改革的理念创新，更是思政课程教育教学改革的实践创新。课程思政概念的诞生和课程思政建设任务的提出，凸显了全课程内容育人、全专业知识育人和全课堂教学育人在高校思想政治教育工作中的突出重要地位。因此，高校铸魂育人协同机制的构建中，课程协同机制的构建是最核心的内容所在。

第一节　新时代高校铸魂育人课程协同机制构建的价值和意义

一、课程协同是高校实现立德树人根本任务的重要举措

高校作为国家高层次人才成长的摇篮，立德树人是根本任务。课程协同能够满足全员、全过程、全方位育人要求，有助于立德树人根本任务的落实。长期以来，高校立德树人任务主要由思想政治理论课程承担，难免出现“单兵作战”的“孤岛”困境。为此，上海部分高校在大中小幼德育

课程一体化建设的基础上，2014年开始了课程思政实践。实践证明，课程思政的教学实践极大地挖掘和发挥了其他各类课程的育人功能，取得了思政课程“单兵作战”无法比拟的良好育人效果。2016年课程思政概念正式提出后，全国各高校纷纷学习上海高校的做法，相继开启了课程思政教学改革，摸索各类课程和思政课程协同育人的具体做法。2018年全国教育大会上党和国家对新时代教育事业的发展和全面落实立德树人的根本任务提出了新的更高的要求。会议的主旨、主题、核心任务和根本要求都是培养人，而人才培养最根本的问题是培养什么人，怎样培养人以及为谁培养人。高校要把铸魂育人工作贯穿教育教学的全过程。高校铸魂育人工作不能依靠思政课程单纯一条线孤立进行，更不能和专业教育教学分开或者对立，要在专业学习时加强嵌入式、融入式、渗透式的德育教育，把铸魂育人工作融入专业教育教学的各个环节，形成所有课程协同作战的“大思政”局面，真正实现立德树人的根本任务。

二、课程协同能够确保社会主义大学培养目标的顺利实现

在中国特色社会主义进入新时代这一新的历史方位中，高校责任重大，必须继续坚持办好社会主义大学的原则，坚持办学的正确政治方向，承担起为国家和社会培养人才的历史使命。2014年，习近平总书记在与北京大学师生座谈会上指出，“办好中国的世界一流大学，必须有中国特色。没有特色，跟在他人后面亦步亦趋，依样画葫芦，是不可能办成功的。”①我国高校发展方向必须要同中国特色社会主义建设的现实目标和未来方向保持一致，必须为改革开放和社会主义现代化建设服务。而只有坚持道路自信、理论自信、制度自信和文化自信，才能培养出中国特色社会主义建设者和接班人。2016年全国高校思想政治工作会议上，习近平总书记强调，我国高等教育肩负着培养德智体美全面发展的社会主义事业建设者和接班人的

① 习近平.青年要自觉践行社会主义核心价值观——在北京大学师生座谈会上的讲话[N].人民日报,2014-05-05(2).

重大任务，必须坚持正确政治方向。2018年全国教育大会上，习近平总书记强调，要把立德树人融入思想道德教育、文化知识教育、社会实践教育各环节，贯穿基础教育、职业教育、高等教育各领域。习近平总书记的系列讲话非常明确地指出在中国大地办教育，必须坚持社会主义办学方向，必须培养坚决拥护中国共产党的领导，坚定中国特色社会主义发展道路的一代新人。高校思想政治教育任务重大，要用好课堂教学这个主渠道，充分挖掘所有课程的思想政治教育功能，协同发力，以便确保社会主义大学培养目标的顺利实现。

三、课程协同能够满足知识传授与价值引领有机结合的需要

对于高校来说，思想政治工作说到底是育人工作，承载着对大学生世界观、人生观和价值观的培育和塑造，对健全人格、文化传承、体育精神、审美情操和劳动热情的培养和引导，其出发点和落脚点都是为了育人，育人是其价值本位。由思政课程到课程思政，实现课程协同，围绕立德树人这一教育的根本任务，坚持大局意识，深挖各专业各学科的育人价值，根据不同学科专业的特色和优势，深入研究不同专业的育人目标，深度挖掘提炼专业知识体系中所蕴含的思想价值和精神内涵，科学合理地拓展专业课程的广度和深度，从课程所涉专业、行业等角度，增加课程的知识性和人文性。公共基础课程注重在潜移默化中坚定学生理想信念、厚植爱国主义情怀、加强品德修养、增长知识见识、培养奋斗精神，提升学生综合素质。专业实验课程，要注重学思结合、知行统一，增强学生勇于探索的创新精神、善于解决问题的实践能力。创新创业教育课程，要注重让学生敢闯会创，在亲身参与中增强创新精神、创造意识和创业能力。社会实践类课程，要注重教育和引导学生弘扬劳动精神，将“读万卷书”与“行万里路”相结合，扎根中国大地，了解国情民情，在实践中增长智慧才干，在艰苦奋斗中锤炼意志品质。通过课程协同把知识传授与价值引领融为一体，形成课程整体育人的联动效应，切实达到育人的目标，促进大学生的全面

成长成才。

四、课程协同是高校贯彻党和国家对思想政治教育的新要求

习近平新时代中国特色社会主义思想内涵十分丰富，涵盖了社会主义建设各个方面的内容，其中文化和教育就是重要组成部分。在思想政治理论课改革创新方面，习近平总书记提出“八个相统一”要求；在“三全育人”协同育人方面，习近平总书记一直强调把思想政治教育融入教育教学全过程，形成全员、全方位育人的新局面。习近平总书记在2014年第二十三次全国高等学校党的建设工作会议上提出，办好中国特色社会主义大学，要坚持立德树人，把培育和践行社会主义核心价值观融入教书育人全过程。这是对思想政治教育提出的具体要求。在中国特色社会主义新时代，思想政治教育要注重与教育的各项要素之间的协同联系，将思想政治教育的外延进行延伸，将思想政治教育融入教育教学全过程，充分发挥各项课程的思想政治教育功能，营造氛围浓郁的思想政治教育环境。

2020年4月，教育部等八部门联合发布了《关于加快构建高校思想政治工作体系的意见》，其目标任务就是要健全立德树人体制机制，把立德树人融入思想道德、文化知识、社会实践教育各环节，贯通学科体系、教学体系、教材体系、管理体系，加快构建目标明确、内容完善、标准健全、运行科学、保障有力、成效显著的高校思想政治工作体系，把坚持以马克思主义为指导落实到教育教学各方面。2020年5月，教育部印发的《高等学校课程思政建设指导纲要》，明确提出了课程思政建设的目标要求和内容重点，从而把课程协同建设要求推向了一个新的高度。

五、课程协同是高校全面提高人才培养质量的重要任务

高校人才培养是育人和育才相统一的过程，培养目标是德智体美劳全面发展的社会主义建设者和接班人。建设高水平人才培养体系，必须将思

想政治工作体系贯通其中，必须抓好课程思政建设，实现课程协同。要牢固确立人才培养的中心地位，围绕构建高水平人才培养体系，不断完善课程思政工作体系、教学体系和内容体系。大学生在校期间的专业知识学习和专业技能训练时间占全部学习时间的2/3以上，因而对于专业课的学习给予了高度重视。专业课教学融入思想政治教育，让专业教学成为思想政治教育实践的重要组成部分，这是我国对高校提高人才培养质量的现实要求。高校要紧紧围绕国家和区域发展需求，结合学校发展定位和人才培养目标，构建全面覆盖、类型丰富、层次递进、相互支撑的课程思政体系。要切实把教育教学作为最基础、最根本的工作，加强思政课程教研室和教师与其他专业教研室以及教师的协同联动，深入挖掘各类课程和教学方式中蕴含的思想政治教育资源，形成专业学习内容。要让学生通过学习，掌握事物发展规律，通晓天下道理，丰富学识，增长见识，塑造品格，努力成为德智体美劳全面发展的社会主义建设者和接班人。

六、课程协同是发挥课堂育人主渠道作用的必然选择

高校虽然可以通过各种途径对学生进行思想政治教育，但课堂教学仍旧是一个十分重要的手段和途径。用好课堂教学主渠道实现全员育人、全程育人和全方位育人，高校必须转变思路，开启课程思政建设。实践证明，提升高校思想政治教育实效性，把高校铸魂育人任务落到实处，必须充分发挥课堂育人主渠道作用，将学科资源、学术资源转化为育人资源，实现知识传授和价值引领有机统一，推动思政课程向课程思政转变，形成课程协同的立体化育人格局。从课程设置管理、课程标准制定、教学督导听课、教学纪律约束等方面建立规范性的制度安排；加强师资队伍培养培训，形成考核评价和激励机制，最终通过科学的制度设计和机制激励，激发教师工的内在动力，让课程协同发挥最大效能。

第二节　新时代高校铸魂育人课程协同的发展现状

一、高校铸魂育人课程协同的发展历程

(一)从思政课程到课程思政的转变

高校探索试点课程思政建设源于上海高校的思政课程教育教学改革，而上海高校思政课程教育教学改革又是上海“大中小学德育课程一体化建设”探索的一个组成部分。早在2005年，上海为贯彻落实《中共中央国务院关于进一步加强和改进未成年人思想道德建设的若干意见》，在继承优秀德育传统和广泛调研基础上，颁发了《上海市学生民族精神教育指导纲要（试行）》和《上海市中小学生生命教育指导纲要（试行）》。十多年来，上海基础教育始终坚持“学科德育”的核心理念，即把德育的核心内容有机分解到每一门课程，充分体现每一门课程的育人功能，每一位教师的育人责任。上海在中小学生民族精神教育和生命教育方面的持续努力，不仅得到广大师生和社会各界的广泛认可，其成功经验也为上海进一步推进大中小学德育课程一体化建设奠定了扎实基础。上海高等教育界越来越感受到，有必要进一步在高校探索试点课程思政。

近年来，上海高校在上海市教委的领导和推动下，通过积极打造“3+1+X”的思政课程体系建设，深入挖掘综合素养课程、专业课程中蕴含的思想政治教育资源，充分发挥所有课程的育人功能和所有教师的育人职责，逐步实现了从思政课程向课程思政的转变①。2016年，上海以思想政治理论课为核心、综合素养课为支撑、专业课程为辐射的先期探索经验被吸纳

① 朱梦洁.“课程思政”的探索与实践——以专业课为视角[D].上海:上海外国语大学,2019.

进了中共中央国务院印发的《关于加强和改进新形势下高校思想政治工作的意见》；2017年，课程思政被纳入中央《关于深化教育体制机制改革的意见》，使之从地方实践探索转化为国家战略部署；2018年，教育部先后印发《高校思想政治工作质量提升工程实施纲要》和《关于加强新时代高校“形势与政策”课建设的若干意见》，在全国推广课程思政；2020年5月，教育部印发了《高等学校课程思政建设指导纲要》，明确提出所有高校、所有学科专业全面推进课程思政，推动全国课程思政建设向纵深发展。

从2005年中共中央宣传部、教育部发布《关于进一步加强和改进高等学校思想政治理论课的意见》，到2015年中共中央宣传部与教育部联合颁发《普通高校思想政治理论课建设体系创新计划》，再到2016年习近平总书记在全国高校思想政治工作会议上对思想政治理论课提出的改进要求，党和国家一直高度重视思想政治理论课的发展。高校思想政治理论课虽已取得一定成效，但长期以来，思想政治理论课教师孤立奋战，势单力薄，教学内容较为单一，教学方法吸引力不够。为了更好地铸魂育人，促进学生德智体美劳全面发展，思想政治理论课教育教学改革势在必行。

（二）上海高校课程思政建设的探索与成就

2014年，上海高校探索从思政课程到课程思政的转变，逐步推进课程思政理念的形成与发展，并选取了部分高校进行试点，着力挖掘综合素养课和专业课程蕴含的思想政治教育资源。2017年4月7日，时任中共上海市委书记韩正在上海高校思想政治工作会议中强调，要学深悟透习近平总书记在全国高校思想政治工作会议上的重要讲话精神，切实把高校思想政治工作各项任务落到实处、见到实效，要突出思想引领，着力把正确的政治方向、价值导向，贯穿到立校办学、育人育才全过程；同时，他还指出上海现有在校大学生66万人，思想政治教育一定要着眼于人、落脚于人，围绕学生、关照学生、服务学生，引导学生正确认识世界和中国发展大势、中国特色和国际比较、时代责任和历史使命、远大抱负和脚踏实地。要抓好课堂育人、实践育人、网络育人的改革创新，推动思政课程向课程思政转变。引导广大教师坚持教书和育人相统一、言传与身教相统一、潜心问道和关注社会相统一、学术自由和学术规范相统一，努力成为先进思想文化的传播者、党执政的坚定支持者，更好担起学生健康成长指导者和引路人的责任①。由此，上海牢牢抓住思想政治理论课堂这个主渠道，抓住高校育人的本质要求，积极探索在高校构建思想政治理论课、综合素养课程、专业教育课程三位一体的高校思想政治教育课程体系，着重加强在专业课程教育中根植思政理念，挖掘更多的精神养料，润物无声地将正确的价值追求和理想信念传达给学生。

上海课程思政的探索和实践引起了教育部的高度重视，并迅速转化为国家战略，在全国推广。2017年，教育部发布了切实构建“十大”育人体系的《高校思想政治工作质量提升工程实施纲要》，其中，第一点是关于课程育人质量提升体系，首次明确提出大力推动以课程思政为目标的课堂教育教学改革。

2018年1月9日，中央电视台《焦点访谈》节目专题报道了上海外国语大学和上海其他高校开展课程思政探索的情况，引起了全国的关注和热议。

2018年1月16日，为深入学习宣传贯彻党的十九大精神，深入推动习近平新时代中国特色社会主义思想进教材、进课堂、进头脑，总结2017年高校思想政治理论课教学质量成果，宣传推广上海加强高校思想政治理论课建设、推动课程思政取得的明显成效，对加强新时代高校思想政治理论课建设，特别是思想政治理论课教师队伍建设作出全面部署和安排，教育部专门在上海召开了加强新时代高校思想政治理论课建设现场推进会。

2018年5月2日，习近平总书记在北京大学建校120周年之际视察了北京大学，明确提出了高等教育的“一个根本任务”（培养德智体美全面发展的社会主义建设者和接班人）和“两个重要标准”（把立德树人的成效作为检验学校一切工作的根本标准，把师德师风作为评价教师队伍的第一

① 曹继平，颜维琪．上海高校思想政治工作会议召开：切实把高校思政工作落到实处[N].光明报，2017-04-08(6).

标准）。

2018年6月21日，陈宝生部长在新时代全国高等学校本科教育工作会议的讲话中，特别强调了课程思政、专业思政的问题。他指出，2018年高校师生思想政治状况滚动调查结果显示，对大学生思想言行和成长影响最大的第一因素是专业课教师。加强课程思政、专业思政十分重要，要提升到中国特色高等教育制度层面来认识。我们要旗帜鲜明，在持续提升思想政治理论课质量的基础上，推动其他各门课都要“守好一段渠、种好责任田”，与思想政治理论课同向同行，形成协同效应。高校要明确所有课程的育人要素和责任，推动每一位专业课教师制定开展课程思政教学设计，做到课程门门有思政，教师人人讲育人。

2018年8月29日，《人民日报》以“上海高校十三年来全面推进‘课程思政’教改，新型课程体系逐渐成型——把思政之‘盐’溶入教育之‘汤’”为题，专题报道了上海高校13年来全面推进课程思政教改的情况。复旦大学首批课程思政示范课程中，九门建成全国共享在线课程，累计修课学生近75万人次。复旦大学是2017年6月启动的上海市高校课程思政教育教学改革整体试点之一。一年多时间，学校全力推进三门思想政治理论示范课程、两门“中国系列”课程、13门综合素养课程、28门专业课程，明确提出打造以思政课程为核心，以“中国系列”课程、综合素养课程、哲学社会科学课程为主干，以专业课程思政建设为支撑的课程体系，努力形成从思政课程到课程思政的圈层效应。

复旦大学在全国率先开设习近平新时代中国特色社会主义思想系列专题十讲。九门课程已建成全国共享在线课程，吸引近500所高校学生选修。“思想道德修养与法律基础”混合式教学模式课程，有182所高校、累计18万余人修读，是目前持续时间最久、学习人数最多的“互联网+”思政课；闻玉梅院士开设的“人文与医学”网络公开课，也有超过150所高校、累计六万名学生修读。

截至2018年，上海高校已形成以思想政治理论必修课为核心、数十门“中国系列”思想政治理论选修课为骨干、500门综合素养课为支撑、1000

余门专业课为辐射的课程思政同心圆，思想政治理论教育的“上海体系”日渐成熟成型[①]。

二、高校铸魂育人课程协同发展的困境

当前，全国各高校全面推进课程思政建设，促进了课程协同的发展，但是和上海高校的课程思政建设相比，还有很大差距。通过以上内容可以看出，上海高校思想政治教育课程协同的探索和实践成绩斐然，是非常成功的。

全国其他地区课程思政建设起点较晚的高校本着“请进来”“走出去”的原则，一方面派教师到上海各高校学习取经，另一方面聘请上海高校课程思政专家和教师到各地兄弟高校传授经验，指导他们的课程思政建设。虽然全国各高校都在不同程度地推进课程思政建设，但是发展不如上海高校成绩突出。许多高校一线教师一般被动接受一些教学任务，很难有机会参与到课程思政建设的设计规划层面，课程思政建设纵向贯通不到底，横向链接不到边，基层实践难见成效；有部分学校一般只停留在开会和学习文件上，要真正落地落实到具体课程建设行动还有很长一段路要走。

三、高校铸魂育人课程协同发展困境的原因分析

(一)深层次协同问题没有从根本上得到解决

总体来说，当前课程教学中协同育人的深层次问题没有从根本上解决，具体表现为：学科横向贯通不够、思政课程与各专业课程融合度“低”，课程设计主要仍以各个教研室为主，没有统筹全校所有课程进行课程设计，思政课程在课程思政中的教育引领性不强。课程思政的推行，一定程度上

① 姜泓冰.上海高校十三年来全面推进“课程思政”教改，新型课程体系逐渐成型——把思政之“盐”溶入教育之“汤”[N].人民日报，2018-08-29(6).

改变了一些高校思政课教学中学生“出勤率”“亲和力”“抬头率”和“点头率”低的现象。专业课程对学生进行专业知识的传授和具体技能训练的同时，也注意到对人文素养的关注度和对思想政治教育资源的挖掘。高校思想政治教育课程融合度有所提高，但是一些高校教师在教育理念和教学设计上还远远不够。思想政治理论课价值引领作用得不到有效发挥，高校思想政治教育缺乏一定的体系性。

追根究底，是因为协同育人理念没有深入人心、协同育人的人才培养机制不健全、管理制度不完善等。这些都说明在当前高校课程协同育人过程中，思想政治理论课在协同育人的地位还有待提升，哲学社会科学、自然科学专业课思想政治育人功能还有待进一步强化，课程协同育人的具体实践还有待进一步落实落细。

（二）教师的育德意识和育德能力有待提升

从思政课程到课程思政，落实课程协同育人的关键是教师。这对每一位教师提出了更高要求，不仅要掌握专业课知识，更要掌握每门知识背后所蕴含的社会价值，也就是既要能够育才又要能够育德。但是长期以来，教师的教育理念中课程思政意识和协同育人意识相对缺乏，一些高校，特别是一线教师在谈起大学生思想政治教育的问题时，往往认为这主要是思想政治理论课教师和辅导员的事，专业教师只要完成专业教学任务就可以了。这就导致大学生思想政治教育的责任主体出现割裂和偏差，忽视自身应该承担的育人职责，缺乏课程育人的意识。这种认识上的偏差必然带来协同育人行动上的缺乏。

各类课程的教师在日常专业课程教学实践中精准运用马克思主义，回应学生在专业课学习中的现实需求，润物无声地实现对学生的思想教育和价值引领，是高校课程协同育人常态化发展的重要保证。但是，有少数高校教师在社会变革中出现不适，具体表现为：理想缺失、信念模糊、急功近利、心态浮躁，从而导致在教学上敷衍，在育人上失职，在学术上失范等。这些教师没能站在学生的角度去考虑“满足学生成长发展需求和期待”，更不可能“守好一段渠、种好责任田”。一是部分高校思想政治教育理论课教师受制于繁重的教学任务，对课程思政教学设计不完善、不科学，这不仅难以提升思想政治教育理论课的吸引力和感染力，也难以发挥对课程思政的辐射引领作用。二是专业课教师的思想政治教育意识和教学能力同课程思政的目标要求还存在一定的差距。在课程思政建设过程中，在对专业课程挖掘铸魂育人资源方面与其他课程协同联动方面就难免出现短板和盲区，从而使课程协同育人失去应有的协同效应。

(三)课程协同机制不健全，内生动力不足

从思政课程到课程思政的课程协同育人，目的是挖掘所有课程的思想政治教育功能，实施所有课程协同一致、共同育人，形成协同育人效应，达到课程育人效果最大化。构建高校思想政治理论课与其他各类课程的融合互补机制，形成协同育人合力，是高校课程思政建设实现课程协同育人的重要保障。但当前，部分高校领导对思想政治理论课建设重视不够、创新不足，不能立足区域特点和办学特色建设好思想政治理论课。同时，部分高校缺乏统一的课程思政建设职能部门，致使一些思想政治理论课教师和其他专业课教师沟通渠道不畅、教学交流融合共享较少，难以形成协同育人合力。

高校铸魂育人工作是一项复杂的系统工程，思想政治理论课虽然是主渠道主阵地，但需要与其他渠道其他环节衔接配套，共同发挥作用。从目前的教育实践看，由于各种主客观因素的影响，一些思想政治理论课教师与专业课教师交流还不够，合作不够紧密，机制尚未完全构建。在教学实践中，一些专业课程教师对育人责任认识不足，认为专业教师的职责就是讲授好本课程知识，而在教学中加入“思政”元素，无疑是给教师提了分外的要求。

课程思政的实现手段“少”，在课程思政如何具体落实的问题上缺乏完善的制度和设计规划，这在一定程度上限制了课程思政化的进程。在教学平台建设上，职能部门和其他专业课程对课程思政缺少主动融合意识，制

约了工作合力的真正形成。在教学团队建设上，一些高校为思想政治理论课教师与专业课教师建立共建、共享、共惠的教学平台不够，联合高校教务处、团委等职能部门开展多领域、多维度的课程思政建设还远没有形成规模，课程思政改革的内生动力不足。

第三节　新时代高校铸魂育人课程协同机制构建的策略

一、强化课程协同育人理念，构筑课程协同育人共同体

教育共同体是基于一致的教育信仰，为了共同的教育目标，在培养人的社会实践活动中教师或组织基于一定的行业规范，在充分合作的基础上形成稳定的、志同道合的团体①。课程协同育人共同体是基于协同育人的理念，为了完成高校立德树人的根本任务，在课程协同育人过程中，落实所有课程思想政治教育，在协同合作的基础上学校各部门以及所有的育人主体形成的志同道合共同体。因此，共同体单位和成员，首先要增强课程协同育人意识，树立课程协同育人理念。有了协同育人的理念，确立协同育人的目标，进而建立有效的自上而下的协同育人引导机制。其次，要加强顶层设计，发挥高校党委领导核心作用，全面统筹办学治校各领域、教育教学各环节、人才培养各方面的育人资源和育人力量，构建高校“全课程”育人体系机制。高校对课程培养方案、教材选定等关键教学环节的管理是课程协同育人的先决条件，它直接关系课程协同育人执行的层层落实和课堂教学效果的取得。高校马克思主义学院在课程协同育人中要发挥应有的协同引领作用，特别是在专业课程思政资源的挖掘方面，思想政治理论课

① 何红娟.“思政课程”到“课程思政”发展的内在逻辑及建构策略[J].思想政治教育研究，2017(10):63.

教师要和专业课教师协同合作、共同研讨。同时，学校各职能部门、教学科研单位以及教研室，应明确在推进全过程育人、“全课程”育人方面应该做什么、可以做什么，将课程思政纳入年度重点工作予以推进，校、院两级分管的思政工作和教学工作要紧密结合，学校各部门要整合资源，为课程思政工作的实施、研究和创新提供技术支撑。

学校、学院、教师层层推进，从顶层设计到基层落实要压实、做细，让课程协同落地有声。牢固树立课程协同育人理念，方能保证协同育人的实效性。要打破过去把思想政治教育课程局限于思想政治理论课的传统观念，树立“全课程”育人理念，把各类课程看成一个“思想政治教育共同体”，共同担负起立德树人的重大使命。要努力克服教学与育人、知识传授与价值观引领相脱离的现象，切实把育人工作落实在所有课程之中。针对高校思想政治教育的复杂性和育人目标要求，高校所有课程的教师要形成一个共同体，专业教师和思想政治理论课教师要加强交流与合作，从而形成一致的育人目标和统一的育人思想和行动。

二、加强教师队伍综合素质和协同能力建设

一支高素质的师资队伍是课程协同育人的保障，加强课程协同育人，必须进一步强化各类课程教师的课程思政能力和责任担当意识。教师是课程协同育人的关键因素，高校铸魂育人课程协同必须提升高校教师的课程思政素养，提高教师育德意识和育德能力，打造一支高素质的课程思政教师队伍，培育教师的课程思政意识和责任担当，加强教师的思想政治教育理论素养，从而提高课程教师的思想政治教育能力素养。教师应严格要求自己，不断提高自身的综合素养，立足育人使命，构建完善的思想政治教育课程体系。特别是对于专业课教师而言，要树立“专业知识传授与价值观引领同等重要”的教育教学理念，要成为塑造学生品格、品行、品味的“大先生”。与思想政治理论课程相比，专业课程课时更多，教师与学生相处的时间也较多。所以，专业课教师和学生的关系更为密切，对学生的个

人发展影响作用也更大，这就需要专业课教师了解、掌握思想政治教育的特征、规律和话语，以便将思想政治教育的原则和要求内化到专业课程的设计与教学活动中。因此，在课程协同育人过程中，专业课教师除了要具备扎实的专业知识和技能外，还应该全面提升“思政育人”的意识和能力。在师资队伍建设方面，需要培养一支高水平的课程协同教师队伍。

加强课程协同教师队伍建设，还可以打造思政课教师和非思政课教师横向融合的育人体系，一是组织思政课教师对非思政课教师进行思政素质培训，二是思政课教师对非思政课教师的教学进行分类指导，三是思政课教师和非思政课教师共同承担非思政课程教学任务，四是共同提炼课程的思政元素，五是共同研究思政元素融入教学过程的方法和技巧。

三、发挥思想政治理论课主渠道的主导作用

强调课程协同，主要是针对有些课程忽视育人导向而言的。现在，许多高校正在积极探讨加强“课程育人”的途径与方法，对落实全国高校思想政治工作会议精神起了积极的推动作用。“05方案”中明确指出，高等学校思想政治理论课承担着对大学生进行系统的马克思主义理论教育的任务，是对大学生进行思想政治教育的主渠道。只有首先建设好思想政治理论课主渠道，增强思想政治理论课的主导力，同向同行的社会主义性质和方向才会更加明确，才会真正起到加强思想政治教育的作用。

那么，在新的形势下如何加强高校思想政治理论课的育人功能呢？习近平总书记在2016年全国高校思想政治工作会议上指出，思想政治理论课要坚持在改进中加强，提升思想政治教育亲和力和针对性，满足学生成长发展需求和期待。这实际上对思想政治理论课提出了三点新的要求：一是要在改进中加强。在新形势新环境下，思想政治理论课要根据因事而化、因时而进、因势而新的要求，在教育理念、教学方式、教育方法等方面不断进行改革创新，推进思想政治理论课教学科学化、时代化。二是要提升思想政治教育亲和力和针对性。提升亲和力最主要的是要增强以人为本的

理念，既要坚持教育人、引导人、鼓舞人、鞭策人，又要做到尊重人、理解人、关心人、帮助人，要善于与学生进行沟通和交流，做学生的知心朋友。同时要注重人文关怀和心理疏导，用正确方式处理人际关系。只有具有亲和力，才能拉近与学生的感情和距离，更加全面准确地了解学生的内心世界和存在的思想问题，从而有针对性地开展工作，提高思想政治教育的引导力和实效性。三是要满足学生成长发展需求和期待。只有遵循学生成长规律，贴近学生实际，增强学生在思想政治理论课上的获得感，才能激发学生的学习动力，提高学生的学习兴趣。

四、发挥各类课程的思想政治教育协同作用

各类课程要与思想政治理论课同向同行，这个“行”就是进行思想政治教育。各类课程与思想政治理论课同向同行，就是要发挥好各类课程的思想政治教育作用。虽然德育和智育课程体系是相对区分的，但各类课程在这两方面所蕴含的内容和所发挥的作用是不能割裂的。因此，在发挥思想政治理论课主渠道作用的基础上，各类课程都要根据课程特点发挥好思想政治教育方面的作用。

同向同行是一个整体，必须全面理解和贯彻各类课程与思想政治理论课同向同行的要求，同向同行主要是在办学本质和育人目标上的同向同行，并不是要把各门课程都变成思想政治教育课程。正如邓小平所言：“毫无疑问，学校应该永远把坚定正确的政治方向放在第一位。但这并不是说要把大量的课时用于思想政治教育。学生把坚定正确的政治方向放在第一位，这不仅不排斥学习科学文化，相反，政治觉悟越是高，为革命学习科学文化就应该越加自觉，越加刻苦。”[①]这一方面，上海高校的课程改革和课程思政建设值得学习和借鉴，他们把所有课程划分为显性思政教育课程和隐性思政教育课程，由显性思政教育课程领航隐性思政教育课程，从课程设置到课程教学，从教学内容到授课教师、从课前备课到课堂授课，完全实

① 邓小平.邓小平文选：第二卷[M].北京：人民出版社，1994：104.

现全课程、全过程、全员协同育人。

五、构建各类课程与思想政治理论课协同育人机制

实现各类课程与思想政治理论课同向同行，必须加强两者在思想政治教育方面的合作与配合，构建各类课程与思想政治理论课协同育人机制。

首先，要加强教师队伍的协同。课程是由教师来组织的，课程协同必须通过教师协同来完成。要鼓励专家教授进入思想政治理论课课堂。思想政治理论课可以吸收专业课程的专家学者对有关市场经济、依法治国、生态环境等内容进行深入讲解。比如，上海大学的“项链模式”就在思想政治理论课上实现了思想政治理论课教师与专业课教师的协同教学。在有些专业课程的价值引领、社会实践等育人环节，可以邀请思想政治理论课教师参与指导。同时，也可以利用通识课程平台，开设“专家协同育人大讲堂”或协同育人通识课程等，通过专家教授的敬业精神、爱国情怀、价值追求、人格魅力等，引导学生在学习知识的过程中坚定正确的理想信念①。

其次，要加强育人方式的协同。思想政治理论课可以鼓励学生在课堂上进行“专业表现”，也就是让学生以各自的专业特点参与教学，或开展将思想政治理论课内容与专业知识点相结合的热点研讨、专题演讲，或注重结合与学生专业相关的案例开展教学等，激发学生对思想政治理论课的学习兴趣，调动学生学习的积极性。在其他课程中，教师要善于挖掘课程的思想政治教育素材，在传授知识的同时给予学生正确的思想价值引领。比如，文科类课程可以开展与思想政治理论课内容相关的专题讨论，理工科类课程可以围绕科技创新、生态文明等思想政治教育相关内容加强社会责任感教育；艺术类课程可以举办以实现中国梦、培育践行社会主义核心价值观、“四个自信”等为主题的专题汇报演出等，积极探索和创新各类课程与思想政治理论课协同育人的方式方法，从而提高同向同行的实效性。

---

① 石书臣．同向同行：高校思想政治教育协同创新的课程着力点[J]．思想理论教育，2017(7)：15-20.

最后，要加强课程协同育人制度建设。育人是所有课程的固有职责，同向同行、协同育人是实现立德树人根本任务的重要保证，因而要让各类课程与思想政治理论课同向同行和协同育人制度化、常态化。只有制度化、常态化，才能使同向同行行稳致远。要建立高校课程协同育人领导机构，统一协调课程育人工作，强化育人导向，加强育人考核，严格各类课程教学纪律，制定有关政策，纳入评优和职称评聘等环节，鼓励和增强教师教书育人的责任担当，从而使育人成为各类课程的一种目标、一种习惯、一种风尚和一种信仰，让同向同行成为高校思想政治教育协同创新的课程着力点。

六、构建课程协同的教学合作机制

构建思想政治理论课与其他学科间的教学合作机制是课程协同育人长效发展的重要保证。一要用好课堂教学主渠道，改进课程教学的课堂建设，不断增强课程思政教学的感染力与吸引力；二要准确把握不同性质课程特点，处理好学科政治性与科学性的关系，充分发挥通识课程和专业课程的育人价值，把思想政治工作贯穿教育教学全过程；三要抓好课堂育人、实践育人、网络育人的改革创新。在教学平台建设上，提高职能部门和其他专业课程对课程协同的主动融合意识，促进工作合力的真正形成。在教学团队建设上，为思政课教师与专业课教师建立共建、共享、共惠的教学平台，联合教务处、团委等职能部门开展多领域、多维度的课程思政建设，形成课程协同工作机制。

第十章　新时代高校铸魂育人线上线下协同机制的构建

近年来，随着互联网和信息通信技术的蓬勃发展，手机、笔记本、平板电脑等移动智能终端的普及，“互联网+”跨界融合思维和慕课等在线课程的流行，高校思想政治教育改革创新迎来了新的机遇，也带来了新的挑战，互联网开始与高校思想政治教育深度融合，促进传统思想政治教育发展形成以互联网为基础设施和实现工具的新生态。各种形态的线上思想政治教育异军突起，既给传统思想政治教育带来了极大冲击，也带来了无限的生机和活力。

第一节　新时代高校铸魂育人线上线下协同机制构建的必要性

一、我国互联网络的快速发展与普及

2017年中国互联网络信息中心发布的第39次《中国互联网络发展状况统计报告》显示，截至2016年12月，我国网民规模达7.31亿，普及率达到53.2%，较2015年底提升2.9个百分点，超过全球平均水平3.1个百分点，超过亚洲平均水平7.6个百分点。全年共计新增网民4299万人，增长率为6.2%。中国网民规模已经相当于欧洲人口总量。我国手机网民规模达6.95亿，增长率连续三年超过10%。手机网民占比达95.1%。网民手机上网比

例在高基数基础上进一步攀升，其中，20—29岁年龄段的网民达30.3%，网民中学生群体占比为25.0%规模最大。在线教育用户规模达1.38亿，较2015年底增加2750万人，年增长率为25.0%，在线教育用户使用率为18.8%，在2015年基础上增加2.7个百分点。其中，手机在线教育用户规模为9798万人，与2015年底相比增长4495万人，增长率为84.8%；手机在线教育用户使用率14.1%，相比2015年底增长5.5个百分点①。从这些数字中不难看出，一方面我国互联网络的发展整体上在世界的领先水平；另一方面国内互联网络发展呈现的一些新特征，一是手机网民发展快、占比非常高、手机上网占比高，二是青少年学生是网民的主体。为了进一步看出我国互联网络发展的趋势和对高校思想政治教育铸魂育人工作的影响，现将第43次和第45次统计报告进行比较分析，以确保比较结果的科学性。

2019年中国互联网信息中心发布的第43次《中国互联网络发展状况统计报告》显示，截至2018年12月，网民规模达8.29亿，全年新增网民5653万，互联网普及率为59.6%，较2017年底，提升3.8个百分点。手机网民规模达8.17亿，全年新增手机网民6433万。网民使用手机上网的比例由2017年底的97.5%提升至2018年底的98.6%，2018年我国网民的人均周上网时长为27.6小时，较2017年底提高0.6个小时。网络新闻用户规模达6.75亿，较2017年底增长4.3%，网民使用比例为81.4%，手机网络新闻用户规模达6.53亿，占手机网民的79.9%，年增长率为5.4%。其中，20—29岁年龄段的网民占比最高，达26.8%。学生群体最多，占比达25.4%；在线教育用户规模达2.01亿，较2017年底增加4605万，用户规模年增长率达29.7%，在线教育用户使用率为24.3%，较2017年底增加4.2个百分点。手机在线教育用户规模达1.94亿，较2017年底增长7526万，增长率为63.3%；手机在线教育用户使用率为23.8，较2017年底增长8.0个百分点。在线教育移动化程度进一步加深，微信成为移动端学习的重要工具。通过手机接触在线教育的用户占整体在线教育用户的96.5%，较2017年底增长

① 第39次中国互联网络发展状况统计报告[EB/OL].(2017-01-22)[2020-04-18].http://www.cac.gov.cn/2017-01/22/c_1120352022.htm.

19.9个百分点[①]。

2020年中国互联网络信息中心发布的第45次《中国互联网络发展状况统计报告》显示，截至2020年3月，我国网民规模为9.04亿，较2018年底增长7508万，互联网普及率达64.5%，较2018年底提升4.9个百分点。我国手机网民规模达8.97亿，较2018年底增长7992万，我国网民使用手机上网的比例达99.3%，较2018年底提升0.7个百分点。在我国网民群体中，学生最多，占比为26.9%。我国网民使用手机上网的比例达99.3%。我国网民的人均每周上网时长为30.8个小时，较2018年底增加3.2个小时。20—29岁手机网民群体，人均手机App数量为65个。

2019年，我国已建成全球最大规模光纤和移动通信网络，行政村通光纤和4G比例均超过98%，固定互联网宽带用户接入超过4.5亿户。2020年初，受新冠肺炎疫情影响，大部分网络应用的用户规模呈现较大幅度增长。在线教育呈现爆发式增长。截至2020年3月，我国在线教育用户规模达4.23亿，较2018年底增长110.2%，占网民整体的46.8%。手机在线教育用户规模达4.20亿，较2018年底增长2.26亿，占手机网民的46.9%。2020年初，全国大中小学校推迟开学，2.65亿在校生普遍转向线上课程，用户需求得到充分释放，在线教育应用呈现爆发式增长态势[②]。

以上三次数据统计报告，时间跨度三年多，从2016年到2020年3月，不管是网民、手机网民的规模还是在线教育用户规模、手机网络新闻用户规模、短视频用户规模等都在快速增长。在网民群体中青年学生始终是占比最大的人群。全民网民化和各行各业与网络融合发展已经是一个不争的事实，互联网的跨界融合驱动创新是各行业无法回避的一个课题。互联网之所以能够在30多年时间里迅速改变了人类的生存方式，是因为互联网具有使用的平等性、互动的隐蔽性、自由的开放性、信息的丰富性等特点。如今大学生的学习和生活已经与互联网密不可分而且深受其影响。因此，

① 第43次中国互联网络发展状况统计报告[EB/OL].(2019-02-28)[2020-04-18].http://www.cac.gov.cn/2019-02/28/c_1124175677.htm.

② 第45次中国互联网络发展状况统计报告[EB/OL].(2020-04-28)[2020-04-18].http://www.cac.gov.cn/2020-04/27/c_1589535470378587.htm

高校铸魂育人工作必须要适应当前我国互联网络的快速发展与普及，必须与互联网融合发展，才能有一个更加广阔的前景。

二、以移动互联网为代表的新兴媒体对大学生的深刻影响

从前文的统计报告可以看出，当今高校中的“95后”“00后”大学生是互联网使用频率以及网络普及率最高的群体，他们在网络上生活的时间最长，对网络运用最熟且受网络影响深刻，是伴随着网络新媒体发展而成长起来的年轻一代，他们是网络原住民，日常学习、生活、工作都留存在网络上，衣食住行方方面面都离不开互联网。例如，外卖订餐服务、网上打车业务、手机购物与支付、观看网上电影、网络交友等，还可以足不出户就在网络上为自己充话费、更改流量套餐，甚至可以通过网络和远方的父母进行即时通信。

大学生可以利用网络获取更多的信息，充实自己的生活，为学习和生活增添更多便利和趣味，如学习资料的搜集和学习生活个性化小物品的购买。可以说，一方面，网络已经深深地融入高校大学生的学习和生活之中，成为不可或缺的重要组成部分。在网络平台上，大学生的个性化需求得到满足，互联网平等且开放的环境为大学生快速接触新事物提供了便利条件，大学生可以凭借文字、声音、图影等各种新方式接受来自世界各地的信息。互联网的全球性也打破了国际与地域的限制，让不同国家的人能领略到他国风景，极大地开拓了大学生的眼界。另一方面，网络也会给大学生的学习和生活带来某些消极影响。比如，一些学生对网络产生了依赖性，沉迷于虚假的网络而减少了和父母、亲朋好友面对面的交流，网络成瘾不仅影响学习，还会对个性的形成和价值取向产生深刻影响；网络使大学生进入“人—机—人”的封闭式环境当中，使人失去了与他人、社会接触的机会。对大学生来说，长时间接触虚拟的网络，与亲属、同学之间的感情会随之淡化，与现实产生极大距离感，因此，当从网络中走出来后，会对社会现实感到悲观失望，极易导致情绪偏激、孤傲、冷漠以及其他心理问题。

当代大学生学习和生活的校园环境、身处的社会环境、面临的舆论环境，随着互联网的发展也发生了翻天覆地的变化，网络已成为当代大学生学习和生活的常态，网络信息对大学生思想和行为的影响是巨大的，他们的思想和价值观念呈现多元、多样、多变的特点。网络生活化和生活网络化给高校大学生思想政治教育工作带来了极大的冲击和挑战。

三、大学生"网络化生存"对思想政治教育实效性的影响

"网络化生存"是当代大学生的一种生活方式，体现在大学生以网络活动作为生活方式的重要组成部分，是当代青年人的生活特点。"网络化生存"已经成为包括大学生在内的青年人生活方式甚至是更广泛人群生活方式的一个重要特征，是一种客观存在。

大学生"网络化生存"对思想政治教育实效性产生了很大的影响。从积极的方面看，"网络化生存"可以为大学生提供观点交流的平台，网络的自由性和平等性也为大学生获得更多平等的自由交往提供了可能，有利于大学生的健康人格形成，网络的虚拟性和娱乐性也给大学生提供了释放压力的空间，有利于大学生形成健康的心理。大学生思想政治教育者可以通过网络渠道，发挥网络的影响力。从消极的方面看，网络信息的丰富性为大学生的诚信缺失提供了条件和可能，网络的隐蔽性为大学生滥用自由提供了条件和可能，一些大学生往往把网络当成了情绪垃圾场，削弱了自身的道德责任感和社会责任感。

四、"互联网+"思想政治教育的发展

"互联网+"的基本特征是"万物万联，共同共享；跨界融合，创新驱动，重塑结构；尊重人性；开放生态；连接一切。"[①]随着"互联网+"时

① 马化腾等.互联网+国家战略行动路线图——李克强总理互联网+国家战略腾讯官方解读[M].北京：中信出版社，2015：46-59.

代的全面来临，以教师为知识中心的单向知识灌输的传统课堂教育模式逐渐朝着以教师、学生双向互动模式转变，依托互联网思维构建全新的高校思想政治教育机制，以帮助实现高校思政教育工作的针对性与时效性。

高校思想政治教育是以“互联网+”本身的特征为出发点，融合思想政治教育，从而凸显独特优势；结合了先进的信息技术、大数据等互联网思维与手段，打破原有传统思想政治教育的时空限制，以及解决落后的技术手段的问题；同时更加注重受众主导型的教育模式，将学生的诉求与差异考虑其中，从而进行差异化且个性化的思想政治教育；拓展高校思想政治教育的渠道，促进新型师生关系角色地位的转换，打破传统思想政治教育模式桎梏，更好地满足学生认知需求等特点。线上线下勾连发展的无阻碍学习方式，正是“互联网+”思想政治教育所要采用的新形式。高校不仅可以利用微信、QQ、邮箱等网络软件进行信息传播，还可以利用多种先进教学手段为思想政治教育提供更多的选择，扩大思想政治教育的辐射力，让学生真正地感受思想政治教育带来的精神指引和实践乐趣。移动式教育从操作上实现手机、笔记本、平板电脑等移动终端对校园里的移动教务、移动图书馆、移动政务、移动信息查询和移动选课等都提供了帮助；碎片化的学习方式也逐渐成了学生一种新型的获取知识和能力的手段。在“互联网+”的背景下，在线教育发展迅猛，不仅机构数量庞大，而且品种繁多，自主性学习将更符合当代大学生的网络学习特点。

五、线下传统思想政治教育的困境

随着全球化和互联网的快速发展，高校思想政治教育面临的冲击和挑战空前。西方发达国家凭借其强大的媒体和文化产业实力，进行系统的文化渗透和控制，对当代大学生的世界观、人生观和价值观产生了巨大的影响。广泛使用的互联网、蔓延的文化自卑心理以及各种社会负面现象等冲击着大学生的思想和心理。在思想政治教育宏观层面上，一些高校存在着诸如管理单向性、教学灌输性等问题；在思想政治教学层面上，部分思想政治理论课教师教育任务化、教学程序化、模式简单化，教师教学积极性不高，学生学习积极性不强；此外，一些高校还存在辅导员“管得多、导得少”，深陷管理性事务性工作中，部分团干部重务虚、轻务实等问题。高校思想政治教育工作者要高度重视互联网给思想政治教育带来的变化和影响，积极转变观念，让思想政治教育不断顺应信息技术高速发展的趋势和大学生成长的需求，把网络作为思想政治工作的重要阵地和渠道，在教育方法方式上不断创新，形成线上线下思想政治教育协同育人机制，构建互联网时代高校铸魂育人新格局。

第二节　高校思想政治教育线上线下协同育人的现状

一、互联网与高校思想政治教育融合发展的历程

我国互联网发展较晚，但发展速度是十分惊人的，1994年互联网开始进入中国，网民由1995年的不足6000人，迅速发展壮大到2020年3月9.04亿人规模。中国是互联网“超级大国”，人们每天迫不及待地涌向网络世界，在网络中寻找自身的存在价值。网络与高校思想政治教育的融合发展，伴随着互联网的发展经历了四个阶段。

第一阶段，1994年到1998年被称为“触网”阶段，主要是高校思想政治教育工作者开始正视网络发展对大学生思想及行为的影响，尝试接触网络，并对如何进行应对进行关注和探索；网络引入大学校园，一些高校学子开始自发组织建设BBS站点。如1995年，清华大学成立“水木清华”BBS、南开大学成立“我爱南开”BBS、中山大学成立“逸仙时空”BBS、西安交通大学成立“兵马俑”BBS等，网络发展所引发的各种问题，也引起了一些高校教育者的思考。

第二阶段，1998年到2004年被称为“探网”阶段，积极占领和探索建

设互联网宣传新阵地是这一阶段的总体特征，高校思想政治教育工作者已经从最初对网络思想政治教育的观望、质疑转变为积极利用与建设开发上来，并取得了积极的效果。国家开始加强了对大学生网络思想政治教育的宏观指导。1999年《中共中央关于加强和改进思想政治工作的若干意见》，提出要用马克思主义的思想去占领学生们的头脑，要加大网络宣传的力度。2000年《关于加强高等学校思想政治教育进网络工作的若干意见》明确指出，要加大网络思政教育工作的研究力度，大力发展网络思政教育。同年，时任国家主席江泽民同志在中央思想政治工作会议上指出，互联网已经成为思想政治工作的一个新的重要阵地。在一系列国家政策指引下，吹起了思想政治工作“进网络”的号角。高校思想政治教育工作者们开始通过思想政治教育主题网站、电子邮件收发等手段和渠道，深入网络，对大学生们进行积极的教育和引导。

建设思想政治教育主题类的“红色网站”，是这一阶段一个重要的教育宣传手段。2000年，教育部明确要求各高校都要重点规划几个在师生中有吸引力、有影响力的网站，据教育部2005年5月统计，全国创办有“红色网站”的院校达到250多所，占全国高校的1/5①。大学生在“红色网站”上接受教育信息具有更高的自由度和自主性，可以更加自主选择所需要接受的教育内容和表现形式，提高了大学生的学习兴趣。各高校在积极建立“红色网站”的同时，也开始探索基于电子邮件收发的网络思想政治教育。根据中国互联网中心发布的权威数据报告显示，1999—2000年，利用电子邮件收发邮件在互联网用户的使用率达到了85%以上，成了用户最常用的网络服务之一。正是基于这样一个背景，各高校开始尝试使用电子邮件收发开展思想政治教育。2001年3月，天津大学在其网站上开通了“校长信箱”，之后华东师范大学、上海交通大学等高校也纷纷效仿，之后，“校长信箱”“书记信箱”“辅导员信箱”等如雨后春笋般的纷纷出现②。

第三阶段，2004年到2010年被称为“用网”阶段，是对上一阶段的不

① 史铁杰.高校思想政治教育网站的现状与发展[J].思想政治教育研究,2005(2):55.

② 王丽君.大学生网络思想政治教育研究[D].西安:陕西师范大学,2018.

断总结和完善，是将教育与网络技术相结合的理念和思路创新。2007年10月，党的十七大报告中明确提出，要加强网络文化建设和管理，营造良好的网络氛围。在高校BBS中设立学生服务型板块，“红色网站”在经历了一轮爆发式的增长之后，进入了发展的瓶颈期。由于一些高校的“红色网站”宣传不足和内容缺乏吸引力等原因，造成了部分思想政治教育主题网站名存实亡。电子邮件收发在这一阶段的发展良好，网络用户的使用率进一步增加。在这一背景下，高校思想政治教育工作者继续积极利用电子邮件收发开展思想政治教育活动，并将这一沟通方式趋于常态化。然而，由于电子邮件收发技术特征所限，这种交流沟通方式虽然针对性强，但效率普遍偏低，只适用于个别学生。

从2005年以后，互联网进入了即时通信时代，博客、微博、QQ、飞信、社交网站等的使用率在不断提高，于是越来越多的高校思想政治教育工作者开始尝试探索开辟新的教育阵地。首先，通过博客和微博进行教育宣传。2002年后，博客迅速在大学生群体中普及开来，一些高校思想政治教育工作者开始尝试使用博客和微信进行思想政治教育。他们纷纷开通博客和微博，加强具有教育和宣传，并积极探索以即时通信工具为手段的交流宣传平台。利用即时通信工具进行思想政治教育宣传成了这一时期重要的形式。

这一时期的社交平台主要包括“校内网”和“QQ校友录”等，是以校园人际关系网络为核心建立的网络社交平台，使用者主要为在校大学生群体。随着社交网站的普及，一些高校开始尝试探索以社交平台为依托的思想政治教育宣传。这种新型的教育宣传方式由于依托真实的人际关系，所以具有更强的可信度和有效性，更容易被受教育者所接受。

第四阶段，2010年至今被称为“融网”阶段，主要是在不断完善前几个阶段的基础上，充分将思想政治教育与互联网发展融为一体，利用移动多媒体和大数据技术进行宣传教育。

网民人数继续保持高速增长，并随着5G时代的来临，手机因其具有的携带方便、操作简单等优势，迅速成为人们学习和生活的重要伙伴。正是基于手机的广泛使用，高校思想政治教育工作者开始探索依靠在手机上运行的微信开展教育活动。一方面，利用微信既可以进行一对一的沟通，也可以通过群聊功能实现多向互动，极大地提高了沟通的效率和针对性；另一方面，建立微信公众号平台，定期有针对性地对订阅者进行信息推送，增强了思想政治教育宣传的实效性和影响力①。2020年初，一场突如其来的极具传染性的新冠肺炎疫情，使网上购物、交流、学习、工作等互联网应用得到了突飞猛进的发展。2020年春季学期全国大中小学生全面线上教学，各种形式的线上思想政治教育别开生面。

二、网络思想政治教育的现状

为了能够更加真实地了解当前“互联网+”时代背景下大学生思想政治教育对于网络的使用状况，我们在高校铸魂育人协同机制现状调查问卷中，设计了部分关于大学生思想政治教育对于网络的使用状况的问题，在此对部分调查数据进行统计分析，得出如下结论：

第一，思想政治理论课教学，依然是传统教学方法为主，网络教学方法的使用主要是辅助传统教学模式，是传统教学方法的补充和优化。

调查显示，当被问到思想政治理论课课堂教学主要是哪种方式时，有56.49%的人反映还是“传统的黑板+多媒体的方式”为主进行教学活动，92.79%的大学生表示“有用多媒体进行教学”，23.8%的学生反映“有课程网站的教学”，另外分别有30.77%和8.65%的学生表示有部分教师“通过QQ群和微信来进行思想政治理论课的教学”，8.65%的大学生表示有的教师还会“通过微博来进行课程的教学”。

第二，日常思想政治教育中，尤其是在辅导员的日常管理中，网络教育使用还是比较少的。

当被问到辅导员对大学生进行管理教育时，是否有利用手机App等形式进行网上的点名、查课或者查寝等行为时，有46%的人表示“有过App

① 王丽君.大学生网络思想政治教育研究[D].西安:陕西师范大学,2018.

但是很少用”，有33.6%的大学生表示“没有开展过这种形式的管理”，17.7%的同学表示“有这样的管理形式并且经常使用”，另有2.7%的同学表示“没有听说过有这种形式”。

第三，网络思想政治教育资源平台的建设与学习状况不是很好，只有1/3的学生反映高校有进行资源库建设，在资源库的资源使用上呈现多元化趋势。

在被问到学校是否有网络思想政治教育资源库的建设时，有45.9%的大学生表示“不太了解”，有24%的学生表示“没有进行高校资源库的建设”，只有30.1%的大学生反映“有网络资源库的建设”。在资源库的资源使用上，45.7%的大学生表示“愿意选择慕课的形式来学习”，有57%的大学生表示“更愿意有一个移动的思想政治教育手机App”，有36%的大学生选择了“利用思想政治教育网站”，只有18.3%的大学生“选择图书馆思想政治教育资源库”。

以上数据表明，当前大学生思想政治教育中对于网络资源的使用存在以下不足。首先，思想政治理论课网络教学方法运用程度较低。这可能与部分教师并不能熟练掌握智能信息化的客户端、不能真正理解和掌握网络资源，忽略了网络的互动性有关，也或许是信息化建设缺乏网络资源和相关平台的支撑，导致网络思想政治教育难以为继。其次，大学生日常管理中网络教育方法使用不广。辅导员在进行日常管理的过程中忽视网络手段和工具，思想政治教育工作者进行思想政治教育行动时，忽视微博、微信在大学生群体中的影响力。在高校管理者方面，运用微信公众号、微博官微和短视频平台来进行大学生的日常思想文化宣传手段仍然不足。再次，网络思想政治教育资源平台内容有待丰富。大多数高校都具备了网络思想政治教育资源平台的建设，但在网络思想政治教育资源内容上过于单一和守旧，没有抓住网络新媒体的实质，只是将网络思想政治教育资源内容作泛化的理解。最后，思想政治教育队伍的网络素养有待提升。“互联网+”对思想政治教育队伍的网络素养提出了新的挑战。当前大部分高校教师习惯传统的教育思维模式，对于教龄比较长的教师而言，尽快掌握网络技术成了教育活动开展中面临的一大难题。

总之，网络思想政治教育的现状可以概括为：思想政治教育网络平台建设不足，思想政治教育教师队伍网络素养有所滞后，“互联网+”思想政治教育模式运用不够，“互联网+”思想政治教育管理机制不健全四个方面。

第三节　新时代高校铸魂育人线上线下协同机制构建的策略

一、强化“互联网+”思维和线上线下协同育人理念

“互联网+”思维是一种意识层面的思想，是指导行动的指南针与风向标。“互联网+”高校思想政治教育是大势所趋。从当前高校网络思想政治教育存在的不足可以看出，从思想政治教育的领导者和管理者到一线实践教育者普遍存在对传统思想政治教育模式的习惯和依赖，对于“互联网+”时代的来临还有很多不适应的地方，“互联网+”时代影响下的网络意识的觉醒度不够，对于网络思想政治教育的一些手段和方法知之甚少，利用网络手段丰富大学生思想政治教育的内容和手段，思想上还不够重视。因此，要加强对高校思想政治教育师资队伍的学习和培训，强化“互联网+”思想政治教育思维和线上线下协同育人理念，领导者和管理者首先要带头学习党和国家一系列关于高校思想政治教育网络化的文献，以提高思想认识，带头运用互联网手段和资源，从而加强思想政治教育领导和管理的线上线下协同创新；做到真正“以学生为中心”，坚决摒弃那种坚持传统教学模式，故步自封、停滞不前，甚至是不屑于学习先进信息技术，认为只要将教学内容准确地讲授给学生的课堂就是“金课”的错误想法；加强对“互联网+”思想政治教育模式的宣传，充分挖掘线上线下协同育人优势及其效果的宣传，让线上线下协同育人理念不仅深入到每一位教师的内心，并

化为外在的教育行动。

二、加强线上线下协同育人队伍“互联网+”素质和能力培养

“互联网+”思想政治教育模式和线上线下协同育人机制对教师队伍的建设提出了更高的技术要求，需要教师能够熟练掌握网络技术和即时通信技术，具备渊博的教学知识储备，较强的教学能力和沟通交流能力，敏锐的警觉性和发现力，良好的心理素质和抗压能力等。拥有一支高素质的线上线下协同教育教学团队，是真正实现网上网下协同育人目标的关键。

在“互联网+”思想政治教育中，不仅要求教师队伍具有过硬的理论功底，对教师队伍的专业知识与技能水平以及运用信息技术的能力都有很高的要求。面对复杂的网络环境，要加强思想政治教育队伍的技术化培养与引导，以达到“互联网+”时代下从事高校思想政治教育应有的专业与能力要求。首先，引导教师具备“互联网+”意识与思维，在“互联网+”意识与思维的指导下，进行“互联网+”技术的学习与运用，真正在实践层面进行试炼与熟悉，从而将思想政治教育与先进信息技术融为一体，真正意义上促成“互联网+”思想政治教育的新样态。其次，培育教师拥有高水准“互联网+”媒介素养。教师面对海量信息时对信息运用的意识、对网络信息的辨别能力、对新闻讯息的敏锐度、对网上互动的反馈以及面对信息的心理状态，考验着他们的“互联网+”媒介素养。最后，教师要有高水平的网络媒介意识和运用网络媒体多种功能，包括信息访问获取功能、集成功能、筛选功能、处理功能和通讯功能的能力①。

习近平总书记在2016年全国高校思想政治工作会议上强调，要运用新媒体信息技术使工作活起来，推动思想政治工作传统优势同信息技术高度融合，增强时代感和吸引力。其一，教师要充分运用“互联网+”带来的新技术与新手段，在日常思想政治工作中，自觉地融合进信息化先进技术。其二，教师要发挥“互联网+”的信息传输及时性、讯息影响广泛性，传

① 张馨予.“互联网+”大学生思想政治教育的路径建构研究[D].长春：东北师范大学，2019.

输过程打破时空壁垒的这些优势，从中找到适合“互联网+”思想政治教育的新模式与新方法，提升自己的教学能力，拉近教师与学生的距离，提升教师的人格魅力，最终形成“互联网+”思想政治教育线上线下育人合力。

三、加强线上线下育人基础设施和平台建设

要确保学生主要的活动地点的互联网覆盖力度，如教室、宿舍、图书馆等领域，要确保学生上网的条件。对于网络运行当中存在网络运行速度慢、网络不良信息的传播等问题，应及时有效地予以解决，要确保给在校大学生提供一个安全稳定的网络教育环境。学校要组建线上线下思想政治教育平台，通过网络、课堂和实践来开展思想政治教育，同时实现线上线下的同步教育，进一步扩大思想政治教育的影响力；主动搭建网上思想政治教育学习、交流的平台，建立专业化吸引力强的高校思想政治教育主题网站；要利用方便快捷的QQ和微信等即时通信平台，建立思想政治教育社交平台，如微博、博客等开展思想政治教育工作；形成线上线下一体化且没有时空阻拦的平台，打破课堂教学客观条件中的壁垒，实现高校所有相关教学资源在全覆盖的网络之下互通互融的愿景，让学生真正不受时空约束，可以在任何时间、地点查找资料；开设大学生思想政治教育在线课堂，如网络视频公开课和幕课等，更好地对大学生进行正确观念的引导和知识的传播。微博、微信、微电影、微小说、微电台等为代表的“微”事物而形成的传播媒介受到学生的热烈欢迎，通过微媒体途径了解大学生群体的生活和学习状态，以便在教育活动中开展更加具有针对性的教育引导。高校要不断扩大校园网络舆论的监控面和辐射面，及时维护微博、微信平台中的信息，营造文明、健康的网络交流氛围[①]。

高校相关部门要协同构建网络教学的多维“新媒体矩阵”：一要实现工作共融、资源共享，构建多个协同学习的新媒体网络；二要深入学生，积

① 王丽君.大学生网络思想政治教育研究[D].西安:陕西师范大学,2018.

极发现、开发并推广深受学生喜爱和追捧的网络新媒体产品，多管齐下，构建学习习近平新时代中国特色社会主义思想的多维新媒体网络渠道，从而覆盖更多的受众，让学生在更为广泛的渠道上得到潜移默化的思想熏陶；三要利用新媒体网络技术，开展“网上团课”“学习天天见”“青年线上大学习”App等学习，从而采取学生喜闻乐见的方式进行思想引导和学习引领的过程。其三，教师要充分利用各种网络学习平台进行网络教学的答疑解难。通过“新媒体矩阵”的构建，促使学生真正将习近平新时代中国特色社会主义思想学深悟透、融会贯通，引导学生进一步领悟这一思想为解决人类问题贡献的中国智慧和中国方案及其对人类社会发展的重大意义，真正实现用学习最新理论成果指导今后的学习和工作实践①。

四、建立健全线上线下协同育人管理机制

高校思想政治教育管理就是对思想政治教育进行科学的计划、调控、评估，从而保障思想政治教育的教育目标的实现。充分发挥“互联网+”的作用，创新线上线下协同育人模式，推进“课堂+网络平台”教学，加深线上平台与实践活动的融合与创新、借鉴O2O商业营销模式，探索新的实践活动形式，形成线上支持、线下践行的新教学实践活动，将线上平台和线下实践活动深度融合，让高校思想政治教育活动像微博热门上的火热话题活动、抖音小视频一样，大家不仅仅关注，还会进行线下的模仿和录像，主动发布视频和信息。在直播课程中，高校教师可以从社会热点入手，或者在解释理论时多用身边的事件让学生能够尽快理解晦涩的理论，然后再进行深层次的解释与阐述，这样才会将学生带入课堂之中，引导学生进行课下的实践活动，或者在直播课中通过小组辩论等形式，提高学生的学习兴趣，激发学生的自主学习能力与独立思考能力。加强对网络载体和移动终端的使用，将随处可见的移动通信设备进行更加高效且高能的运用。

① 李玲，刘锐腾.习近平新时代中国特色社会主义思想全方位融入大学生思想政治教育的路径研究[J].学校党建与思想教育，2019(6)：16-19.

加强引导学会通过手机、平板电脑等设备登录网课、微课、慕课等课程平台和链接，进行自主学习[①]，从而展现出理论知识的时尚感，让学生能够真正发自内心地热爱思想政治教育。

科技是一把双刃剑，“互联网+”也给高校思想政治教育带来了风险和挑战，如不良网络信息存在、大学生网络行为失范现象等。所以，必须确立严格规范的教育督导机制，确立思想政治教育网络监管机制，明确监管部门的职责。确立网络舆论引导机制，对于校园网络的舆情人员进行定期的专业培训，请业界的舆情专家进行宣讲与培训，加强舆情队伍的专业化与科学化，加强网络舆论主导权和主动权。引进先进网络技术对大学生网络行为与思想观念进行督导。建设全面完整的教育保障机制，为教育提供丰富的资源保障，加强各部门的通联合作，达成多方位力量保障。建立高效精简的教育评估机制，充分调动和结合优质教育教学资源，对教育工作进行全方位的评估，运用简约思维进行考评，考评形式要既准又快。进行高效且精简的教育评估是提高教育实效性与有效性、提升教育水平、加速教育发展的根本需求。

① 张馨予.“互联网+”大学生思想政治教育的路径建构研究[D].长春:东北师范大学,2019.

第十一章　新时代高校铸魂育人协同运行的监督、评价与考核机制

第一节　新时代高校铸魂育人协同运行的监督机制

一、高校铸魂育人协同运行监督机制的内在机理

高校铸魂育人协同机制的运行主要是指在高校铸魂育人系统内各要素协同联动，以及各子系统内部各要素、各环节同向同行，对教育客体进行一系列思想政治教育的实践活动。高校铸魂育人协同机制运行的监督机制，是指建立科学完善的规章制度和质量管理体系，以确保铸魂育人系统以及内部各子系统高效运行，监督机制是保证高校铸魂育人工作的执行力有效推行的重要手段，有助于提高铸魂育人工作的实效性。

在高校铸魂育人系统的运行过程中，围绕立德树人目标，各子系统以及子系统内部的不同环节、不同内容、不同主体等相互协同，与此同时，与之相适应的监督机制在同步运行。一方面，高校铸魂育人系统以及各子系统各育人要素如育人主体、育人客体、育人介体之间相互联系，相互制约，共同实现思想政治工作合力最大化。高校铸魂育人协同机制的运行仅学校内部系统运行就包括众多主体、客体和介体。如大学生作为铸魂育人的客体，那么育人主体就有基层学生党支部、思想政治理论课教师、其他

课程教师、辅导员、各职能部门、其他思想政治工作者。基层学生党支部以党组织生活会、培训、学习为介体，对大学生进行思想政治建设；思想政治理论课教师和其他专业课教师以课堂教学、课外实践为介体，提高大学生的思想政治素养和科学理论水平。辅导员以日常管理工作为介体，充分掌握大学生的思想政治动态，并有针对性地开展引导教育。各职能部门以各种社会实践活动为介体，进一步强化铸魂育人效果；其他思想政治工作者以与大学生的日常沟通、开展大学生服务与事务性工作为介体，引导大学生树立正确的思想意识和政治取向。

另一方面，高校铸魂育人系统以及各子系统各要素协同育人运行过程中，要对整个运行过程的各个环节、内容、主体开展同步且紧密联系的监督活动。因为高校铸魂育人协同机制运行过程中，在不同因素的影响下可能会出现运行偏差，为了规避运行中所出现的各种问题，就需要对运行过程进行同步监督，在此基础上辅助提升铸魂育人协同机制运行的科学性。当然，监督活动本身也需要协同。因为任何部门或组织或某一运行环节内部都需要外部监督与自我监督相结合，将外部监督与内部自我监督相协同，能够极大地提升组织运行的稳定性与高效性。

在高校铸魂育人协同机制运行监督体系中，同样包括众多监督主体、客体、介体要素。其运行的内在机理是，校党委督导检查思想政治工作管理职能部门，监督思想政治管理工作的规范开展（包括校园文化建设、社会实践活动、宣传思想和意识形态工作、大学生就业指导等）；思想政治工作管理职能部门监督检查各院教研室、辅导员，各教学工作完成思想政治教育内容；辅导员完成各项思想政治工作；院党委监督检查辅导员日常思想政治工作的开展；大学生可以监督、检举大学生党支部各种活动开展的公平公正性（包括发展党员和评优评先），监督检举辅导员日常工作的规范性和对待学生的尽职尽责性，监督思想政治理论课教师和其他专业课程教师以立德树人为标准开展日常的教育教学工作；等等[①]。

---

① 肖薇薇.高校思想政治工作协同机制研究[D].武汉:华中师范大学,2017.

二、高校铸魂育人协同运行的监督机制的意义

（一）有助于确保高校铸魂育人协同机制的良好运行和育人质量

监督是权力正确运行、目标得以实现的根本保证。监督的根本出发点和落脚点是确保铸魂育人工作的质量，即确保培养和造就全面发展的社会主义合格建设者和可靠接班人的质量。高校铸魂育人系统以及各子系统内部各要素协同育人运行过程中涉及众多的育人主体和环节。无论是课堂教学、社会实践，还是志愿者服务、校园文化建设，都是高校思想政治教育众多育人主体通过具体运行环节开展的铸魂育人工作，是铸魂育人客体和铸魂育人主体参与高校铸魂育人工作的阵地和渠道。系统内部如何实现协同运行，运行与监督如何协同，直接关系高校铸魂育人工作开展的质量与水平，直接关系到大学生思想政治素质的提高。

（二）有助于实现高校铸魂育人工作系统的自我完善与自我优化

监督是以纠错防弊、改善与促进为目的的导向活动。在高校铸魂育人系统以及各子系统内部各要素协同育人运行过程中，同时进行协同监督，及时、准确地发现铸魂育人协同机制运行中遇到的现实困境、潜在的问题，通过信息反馈与多部门、多环节的协同运行，及时化解困难和问题，从而实现系统的自我完善与自我优化，避免更严重问题的出现。如通过大学生监督检举基层党支部内部发展党员和评优评先等各种活动开展的公平公正性，可以避免基层党支部的一些违规行为。高校党委督导检查职能部门校园文化建设、社会实践活动、宣传思想和意识形态工作、大学生就业指导等工作的落实情况，可以提高职能部门的工作执行力。高校铸魂育人协同机制运行中配以监督机制协同运行，不仅可以使机制运行更加科学规范，而且使系统能够不断进行自我完善与自我优化，从而实现良性运行。

三、高校铸魂育人协同运行的监督机制构建的策略

(一)加强高校党委的统领地位,构建纵横交错的监督网络体系

高校党委不仅在办学和育人中统领一切，在铸魂育人协同机制运行与监督中同样要发挥统领作用。高校思想政治铸魂育人工作关系到各部门、各育人主体等多个方面，任何一个方面出现问题，都会对高校铸魂育人的实际效果产生影响。因此，从党委监督到职能部门监督、各院系监督、各基层党支部监督、各育人主体监督、育人客体监督层层落实，从纵向监督到横向监督，构建一个科学完备的监督机制体系，是确保高校铸魂育人协同机制、监督机制良好运行的前提条件。协同育人机制和监督机制运行的具体内容之间、环节之间、主体之间、载体之间、资源之间要有效、有机与科学协同，切不可简单地拼接和叠加，要根据外界环境或协同的状态不断进行沟通和调整。横向与纵向的工作并不是相对独立运行的，他们之间是相互交织在一起的，在交织的工作网络中，找到各自能够相互联结的点，形成更加有序且更为科学的协同运行网络，从而提高高校铸魂育人工作的科学性、针对性、规范性和实效性。

(二)加强监督制度建设和监督队伍建设

高校铸魂育人协同机制的运行离不开监管与调控手段的配合，相关职能部门要定期或不定期地对各学院的铸魂育人工作情况进行督导和检查。还要完善不同类别的思想政治教育监督机制。教育主管部门应加强对学生行为及纪律的监督，检查学生工作部门是否根据国家的有关规章、条例和规范对大学生的行为进行了合理管理，对学生违纪行为的处理是否进行了适当监督；高校主管思想政治教育的校领导应做好对思想政治教育职能部门的监督，检查各相关部门工作权责履行情况；学生思想政治教育工作相关职能部门应加强对各学院的监督，监督各学院学生思想政治教育工作部

门是否按照规则、制度和程序开展工作等。

高校要从制度层面做好思想政治教育监督工作，使铸魂育人工作系统中各部门工作人员按岗位职责、制度完成相关任务；通过定期或不定期地组织工作人员对规章制度进行学习，不断强化法制意识和责任观念，使他们能够以学生的成长成才和全面发展为依据来学好制度、遵守好制度、运行好制度；建构立体化的监督制度，不但要完善目标规划、教学活动、学生事务管理三类监督制度，还要完善思想政治教育效果、激励效果督查等。

高校铸魂育人协同运行监督机制最终落实的是执行者，因此，高校要通过各项学习活动和监督检查活动，加强铸魂育人主体的监督意识和能力。学校要对各部门开展铸魂育人工作的情况开展监督和评估，对思想政治理论课教师、辅导员等工作队伍的工作情况进行监督和检查，并通过监督检查对结果的分析和评价来督促教育主体增强监督意识。发挥学生的监督作用可以扩大监督范围、细化监督内容，并能充分发挥他们的主体作用和参与意识。在高校铸魂育人协同运行监督机制中，学生既是监督的客体又是监督的主体，既要接受教师、辅导员、家长等对自身学习情况和思想政治素养和心理素质的监督检查，又可以发挥自身的监督职责，监督检举授课教师、辅导员、基层党支部的工作是否公平公正和规范有序等。

第二节　新时代高校铸魂育人协同运行的评价与考核机制

一、高校铸魂育人协同运行的评价与考核机制的构成要素与运行原理

(一)高校铸魂育人协同运行的评价与考核机制的构成要素

在任何一个工作系统中，系统的科学高效运行离不开评价与考核的工作机制。一方面能够直观地掌握系统自身的运转结果，一方面有助于系统内部对各项具体工作机制进行优化与完善，这种具备考察与反馈功能的工作机制就是评价与考核机制。任何系统内部的评价与考核工作，必须适用于该系统的具体实际，这是因为评价与考核都需要针对具体的对象，而不能独立于系统运转。评价与考核机制的构建必须紧密结合系统运行的基本特点，符合系统的具体实际与发展趋势。

评价与考核机制的构成要素是指高校铸魂育人工作中开展评价、考核工作时的基本范畴和基础环节。依据系统学的基本理论，结合高校铸魂育人工作的特点与实际，评价与考核机制的构成要素主要包括工作实效、评价标准与考核标准。工作实效是高校铸魂育人工作评价与考核机制的基础性要素，主要包括铸魂育人工作的实际效果，即大学生的思想政治素养发展情况与德智体美劳等个人素养全面发展的情况，大学生对中国特色社会主义的制度认同、政治认同和文化认同情况等。评价标准是高校评价考核协同机制的核心要素之一，任何系统中的评价都需要确立明确的评价标准，科学的评价标准既能够为系统运行明确方向，也能够有效促进系统的良性运行。高校铸魂育人工作的评价标准主要包括立德树人的评价标准，即工

作对象群体能否认知、认同和践行社会主义核心价值观，是否以为共产主义奋斗终生为理想信念，是否认同党和国家的路线方针政策，能否用科学的世界观和方法论认识和判断国际政治经济格局和我国国内的经济、政治、文化、社会、生态发展的现状，是否具备了较高的道德素养，是否具备了较完善的法治素养，能够主动维护我国主流意识形态安全等。考核标准是高校评价考核协同机制的核心要素之一，高校铸魂育人工作的考核标准主要包括岗位职责、师德师风、科研教学能力、思想政治素养等。

（二）高校铸魂育人协同运行的评价与考核机制的运行原理

要以科学合理的育人评价模式，带动教师工作积极性，进而实现思想政治理论课课程教育的有效性。首先构建评价的目标和考核的目标。高校铸魂育人工作评价的目标，主要是指在高校铸魂育人工作系统中开展评价工作的主要目的和预期要达成的工作效果，主要包括对工作实际成效进行评价和工作的协同质量进行评价。高校铸魂育人工作考核的目标，主要是指在高校铸魂育人工作系统中开展考核工作的主要目的和预期要达成的工作效果，主要包括考核岗位职责履行情况、考核师德师风、考核科研教学能力、考核思想政治素养等。高校要做到评价与考核机制协同运转，在评价与考核的协同中科学树立职业要求，在评价与考核的协同中有效提高工作的实际成效，在评价与考核的协同中积极推动工作的创新发展，将评价与考核融入高校铸魂育人工作的全过程。其次，评价与考核机制的构建要遵循的基本原则是，要始终明确其服务于高校铸魂育人工作协同创新的定位，最终的价值归宿是提高高校铸魂育人工作实际成效。在高校铸魂育人工作协同机制构建与创新的视角下展开的评价与考核，需要与高校铸魂育人工作系统内部的其他子系统之间实现协同创新。评价与考核机制协同运转将促进其他子系统共同实现“1+1 > 2”的协同效应。

二、高校铸魂育人协同运行的评价与考核机制的意义

（一）有助于提升高校思想政治工作队伍的建设质量

队伍是开展具体工作的主体群体，无论是领导、管理、决策，还是基层党建、课堂教学、实践教学、心理咨询、谈心家访、校园文化活动的组织安排工作，都需要思想政治教育队伍的全身心投入，这支队伍的工作理念是否科学，工作方式是否符合信息时代的特征，工作态度是否真诚认真，工作程序是否符合思想政治工作的基本规律，直接影响高校铸魂育人工作的实际成效。评价与考核机制，能够对高校思想政治工作队伍的实际工作成效、工作态度、工作方式、工作程序等进行有效的调控，或发挥促进的作用，或起到监管的功能，从而有效提升高校思想政治教育队伍的建设质量。

（二）有助于高校铸魂育人目标的实现和协同机制的良好运行

评价与考核只是实现目标的一种手段，要以铸魂育人目标为出发点和最终落脚点。教育资源的优化配置有利于推动铸魂育人协同机制整体目标的早日实现，有利于促进铸魂育人协同机制职能的高效发挥。要以实现大学生的全面发展为依据，以立德树人目标为准绳，进行全面系统的评价与考核。评价与考核能够促进高校铸魂育人协同机制的运转更加合理、科学、规范，从而有效增强高校铸魂育人工作的实效性。评价与考核要协同高校铸魂育人工作同步进行，要融入高校铸魂育人工作的全过程，即在高校铸魂育人工作的领导、管理、运行等全过程中，植入每个环节、每个角落，进而积极推动高校铸魂育人工作的领导决策优化、管理优化和运行优化。

三、高校铸魂育人协同运行的评价与考核机制构建的策略

（一）强化理念，明确标准

强化理念，主要是指应以协同育人理念指导评价与考核机制的构建与创新。评价与考核两者有机协同，不可割裂开来。高校铸魂育人协同机制的构建，需要教育工作者具有较高的评价意识，以立德树人为导向，根据大学生实际发展需要，给予针对性的评价，以评价促进大学生学习能力的提升，让大学生在评价中进行反思，意识到自身的不足，培养大学生的上进意识，通过学习更好地提升自己。

为了能够将评价考核融入高校铸魂育人工作的全过程，实现通过评价与考核的过程进一步提高铸魂育人工作的科学化和精细化水平，就需要制定一系列科学完善的评价与考核标准。评价与考核标准的制定要坚持精神成果与物质成果相结合、近期效益与长期效益相结合、个体效益与群体效益相结合等原则。

（二）遵循原则，切忌随意

高校铸魂育人协同机制运行的评价与考核，除了要遵循客观、公开、公平、公正的基本原则，还要遵循政治性原则，坚决杜绝一切削弱、歪曲、否定党的领导和我国社会主义制度的言行，坚决杜绝违背党和国家大政方针、违背宪法法律、危害国家安全、破坏民族团结的言行。如有发现政治立场问题，无论是教师还是学生，都必须严肃处理。此外，要做到自评和他评相结合。如教育主体自评，是指教育主体对自己铸魂育人工作的自我评价，它是教育主体自我诊断、自我调节和自我完善的过程，有利于激发和推动教育主体总结经验、发现问题和解决问题。学生自评是指学生评估学校铸魂育人工作是否对自己产生了积极影响以及影响的大小，它有助于督促学生思考和总结铸魂育人工作中出现的积极变化以及存在的问

题。学生自评应该在平时的课程学习、课外活动等各项铸魂育人过程中进行，强调学生的实际感受，只要学生觉得在思想上受到了教育，就可以随时记录下来。这样的记录可长可短，哪怕是只言片语，但要实事求是，不得弄虚作假。自评要避免空泛言词，要有相应的具体内容。他评包括育人主体之间的评价和育人客体对育人主体的评价两方面。

（三）实行结果评价与过程评价相结合

高校铸魂育人协同机制运行的评价与考核，说到底，是要看是否提高了学生的思想政治素质；是否教育引导学生形成了正确的世界观、人生观和价值观；是否教育引导学生正确认识世界和中国发展大势、正确认识中国特色和国际比较、正确认识时代责任和历史使命、正确认识远大抱负和脚踏实地；学生是否树立了正确的信仰，形成了健康的专业伦理以及良好的行为习惯等。高校铸魂育人工作是一个漫长的系统的复杂的综合性工程，在短时间内很难立竿见影，因此，对铸魂育人实效以及协同机制运行效果的评价不能单凭一时一事。为了提升评价对提高高校铸魂育人工作实效性的推动作用，可以将工作实效评价与工作过程评价相结合，对工作过程中的主体、内容、载体和资源要素进行分解评价。如对教师师德师风与思想政治素养的考核与评价就是要将结果评价与过程评价相结合，不是通过具体明确的标准进行量化考核与评价，而是通过具体的实践活动反映出来。

第十二章　新时代高校铸魂育人协同运行的激励与保障机制

美国哈佛大学教授威廉·詹姆士研究发现，在缺乏有效激励的情况下，人的潜能只能发挥出20%—30%，科学有效的激励机制能够让员工把另外70%—80%的潜能也发挥出来[①]。在高校铸魂育人协同机制运行的大系统中，如果说评价与考核机制是协同的“逆向”评判与考察，那么激励保障机制就是协同的“平行”促进与维护。

第一节　新时代高校铸魂育人协同运行的激励机制

一、高校铸魂育人协同运行的激励机制的内涵与目标

现代社会的组织、事业单位等在系统管理中都十分注重激励机制，这是源于激励机制对员工工作积极性的强有力促进。在高校铸魂育人工作系统中，更加注重精神激励，充分激发和调动思想政治教育主体的积极性和创造性，以促进高校铸魂育人工作系统高质量、高水平的运行。

激励的理念与方式是激励机制的主要构成要素。激励的理念主要是指开展激励工作时所持有的基本思想和理性认识，即如何看待激励的内涵、作用和价值；激励的方式主要是指开展激励工作时所采用的具体工作方式，

① 戴剑，罗清亮. 集团管理之道[M]. 上海：上海财经大学出版社，2015：111.

主要包括物质激励和精神激励。既要充分重视物质激励的作用与价值，又要充分发挥精神激励的作用与潜力，充分调动思想政治教育主体的积极性与创造性，充分激发大学生和教职工的精神动力；既要注重表彰、奖励、荣誉等正向激励的工作开展，又要勇于开展批评、惩罚等负向激励的相关工作。

激励机制的构建与运行中都必须围绕相应的目标，遵循一定的原则。激励目标主要包括激发育人主体的工作热情、工作积极性与创造性，激发工作对象群体积极配合各项工作，主动提升思想政治素质的精神动力，营造良好的精神文化环境。

二、高校铸魂育人协同运行的激励机制的意义

(一)有助于充分调动育人主体的积极性与创造性

高校铸魂育人主体是各项具体工作的决策者、管理者、执行者，铸魂育人工作素养固然重要，但是育人主体的工作态度、积极性与创造性等深刻影响着高校铸魂育人工作的实际效果。通过以绩效工资、奖金、物质性奖品等物质激励，或者以公开表彰、树立典型、荣誉性表彰等精神激励，或者物质激励和精神激励相结合，可以很好地促进育人主体工作的积极性和创造性，推动铸魂育人协同机制的有效运行，使铸魂育人目标得到有效落实。

(二)有助于进一步优化育人环境，凝聚育人合力

人是环境的产物，人的思想、立场、观点和行为的形成过程，实际上是环境作用于人的过程和人在改造环境的同时改造自己的过程的统一。优化环境对教育目标的实现具有重要作用。优化教育环境是提升思想政治教育效果的重要环节。激励机制能够激发育人主体的积极性与创造性，切实提升育人对象主动培养自身思想政治素质的内在动力，切实维护好、优化

好高校铸魂育人环境。激励机制能够激发育人主体的精神动能，其他育人环节与内容就能获得更为主动和积极的推动与创新，从而激活了高校铸魂育人协同合力的精神动力源泉，为实现立德树人的宗旨提供源源不断的精神文化之力。

三、高校铸魂育人协同运行的激励机制构建的策略

（一）物质激励与精神激励有机结合

物质激励主要是以关心个体的切身利益，通过运用物质手段来调动个体向上的积极性。而精神激励主要是以满足个体的精神需求为最终目标，通过有效的手段影响和激发个体的精神动力，从而影响个体的行为选择。将物质激励与精神激励的有机结合可以起到良好的激励作用。在将物质激励与精神激励有机结合运用的过程中，要以物质激励为基础，强化精神力量对个体的启发作用，塑造个体内部优秀精神文明的高效、科学的有机激励模式，这样才能培养出当代社会所需要的集物质满足、精神强大、道德荣誉与责任并重的新型人才。要充分了解激励对象的实际需求，在激励方式和手段的选取上既要注重激励效益最大化，还要注重文化环境和舆论氛围的激励作用。

（二）个体激励与团队激励相结合

激励是激发人的思想状态、调整人的行为的一种有效方法。高校铸魂育人工作是一项复杂的系统工程，很多工作是需要团队合作才能完成的，所以要将个体激励和团体激励相结合，不仅要打造先进个人还要树立先进集体。激励机制有助于激发个体潜力的发挥，有助于个体事业目标的实现，团队协作和优势互补能使团队形成凝聚力和向心力。激励机制应以协同育人为指导，也就是要把激励机制建立在思想政治教育协同育人目标的实现上，激励教育者提升协同育人意识、加强彼此间的互动和合作，可以将协

同育人的工作绩效作为职称评定、评奖评优、科研立项的重要依据。在干部任命、职称评定和职务提拔上，可以把协同育人的工作经历、工作表现或突出贡献作为重要的参考条件。对于热心于高校思想政治工作以及对育人事业有突出贡献的教师可以在评奖评优、职称评定、职务提升上予以倾斜和奖励。对于在思想政治理论课教学活动中表现优异的辅导员要进行表扬和激励；对于在协同育人上有突出贡献的教育工作者都应予以奖励，并树立典型、表扬先进、宣传事迹，研究总结他们的事迹并推广。要做到既有约束又有奖励，明确奖惩机制；要处理好高校各部门各要素之间的激励问题，最终形成良好的协同效应；要以培养大学生的主体性为目的，从正反两个方面对大学生进行激励，充分调动大学生的积极性。

第二节　新时代高校铸魂育人协同运行的保障机制

一、高校铸魂育人协同运行的保障机制的内涵

保障机制是随着高校思想政治教育机制的成熟而不断创新和优化的。早在2004年，中共中央、国务院颁布的《关于进一步加强和改进大学生思想政治教育的意见》明确提出，要不断完善大学生思想政治教育的保障机制。关于保障机制的概念内涵，张耀灿在《思想政治教育前沿》中认为，思想政治教育保障机制是指通过提高思想政治教育队伍的工作水平和整体素质，增加必要的经费投入，从而更好地发挥思想政治教育的服务保证作用，具体内容包括组织保障、制度保障、队伍保障、物质保障等。后来有学者进一步补充了环境保障、资源保障、政策保障等。依据管理学和社会学的理论，我们可以把保障机制看作是为一切社会领域的实践活动提供物质、制度、精神、组织、人力、技术等方面条件的机制。

高校铸魂育人协同运行构建的保障机制，首先是保障高校铸魂育人协

同机制的构建和正常运行并增强实效性，从而实现铸魂育人的目标。因此，保障机制的焦点是系统要素间的相互作用、协调运行。保障机制具有系统性、整合性、动态性等特点。也就是说，高校铸魂育人协同运行的保障机制是一个相对独立的有机整体，通过一定的有规律的作用方式和调节方式，使机制内部各有机组成部分之间相互联系、互动配合、协调运转，通过不断充实和完善内外部因素实现机制整体性功能的发挥。高校铸魂育人协同运行的保障机制是高校铸魂育人系统的一个组成部分，高校铸魂育人系统是不断运动变化的，保障机制也是动态变化的，以便确保铸魂育人协同机制的运行效果。

二、高校铸魂育人协同运行的保障机制的目标

高校铸魂育人运行的保障机制的目标，主要是指高校铸魂育人工作中开展各项保障工作的主要目标与工作预期，主要包括组织保障、物质保障、队伍保障、制度保障、环境保障等几个方面。

(一)组织保障

组织保障是维持高校铸魂育人协同机制正常运行的基本手段之一，通过坚持党委的统一领导、设立协同育人专门机构等，增强各育人主体之间的联系，从而保障铸魂育人协同机制的正常运行。党委的统一领导，正确把握铸魂育人协同机制运行的大方向。专门机构，施行一贯式统筹管理，站在全局的高度对机制进行科学的管理，分别从高校内部、校际和高校外部三个层面制定协同育人的方法、主体、目标及内容。学生处、教务处、校团委、组织部及宣传部等思想政治教育职能部门，平时除了负责学生事务及管理工作，还负责学生实践活动的组织，这些部门应通力合作。构建育人信息交流平台，可以使高校之间，高校、家庭、各社会机构等处于平行互通的状态，使校际校外协同育人真正发挥功能。

(二)物质保障

物质保障是指保障高校铸魂育人工作所需要的各类物质材料、经费等。高校铸魂育人工作的开展需要一系列的物质保障，无论是办公场地的各类配置、宣传文化活动所需的各类设备，还是开展座谈、基层党组织活动的场地配置，都离不开办公桌椅、电脑、打印机等物质材料的保障。新媒体时代的专门网站和相关的多媒体客户端也是物质保障。物质材料的保障是高校铸魂育人工作正常开展的必要条件，是高校铸魂育人协同机制运行保障的基础目标。经费保障，一是大学生思想政治教育工作的专项经费保障，主要用来保障教师的学习进修、能力培训、社会考察、表彰奖励及组织思想政治教育理论研究、课程建设、实践调查、聘请专家学者参与教育活动等所需的经费，学校要加大专项经费的保障力度，用于教师培训、暑期备课、学术交流和实践教学等；二是针对高校贫困生的资助经费保障，主要包括对贫困大学生提供奖励、资助、补贴、减免等所需要的经费；三是学生思想政治教育各项实践活动所需要的经费保障，比如支持大学生开展军训军事训练、生产劳动、社会调研、志愿服务等项目所需要的经费等，充足的物质经费保障，能激发教师的工作热情，使得他们能够安心工作，各司其职，保证团队的稳定性，促进高校铸魂育人任务的有序顺畅完成。

(三)队伍保障

队伍保障是指为加强和改进大学生思想政治教育的需要而建设的一批高素质、高水平的思想政治工作队伍及师资力量。高校思想政治工作队伍的主体，狭义上是指学校的党政干部、共青团干部、思想政治理论课和其他课教师、辅导员等，广义上是指高校所有教职员工。思想政治工作队伍是高校德育工作、政治宣传工作、思想教育工作等的主要参与者，运用灌输、激励等手段，通过系统宣讲、日常教育、辅导治学、指导实践等途径，有计划、有组织地对大学生进行理论教育和思想疏导。工作队伍是协调高校思想政治教育各种关系的主要力量。要完善选拔机制，选择培养优秀人才，加强培训，不断提高他们的政治的素质和专业化水平，建立健全激励机制。

（四）制度保障

制度是工作系统中为了工作目标与任务的实现所制定的所有工作人员共同遵守的约定与规范。思想政治教育制度规范大致可分为三类：一是从制度规范的制定者角度划分，可分为国家层面出台的法规政策，思想政治教育主管部门制定的制度规范及地方单位和高校依据上级文件要求制定的规章条例；二是从制度规范与约束的对象角度划分，可分为思想政治教育的工作制度、评估制度、奖惩制度、管理制度等；从制度规范的内容结构角度划分，可分为专门性和综合性的思想政治教育制度规范。思想政治教育制度规范具有长期性、固定性、强制性和预见性的特征，制度规范不仅可以约束教育主客体的行为，还可以提高思想政治教育的工作效率，使高校思想政治教育有据可依、有章可循①。

高校要健全铸魂育人工作的集中管理制度，做到分工负责，责任明确，专兼协调，统筹规划。在机构与人员的落实方面，高校党委要统一领导经常分析大学生思想状况和铸魂育人工作状况，制定铸魂育人工作的总体规划，对大学生思想政治教育统筹安排，避免重复工作，浪费时间。

高校要建立舆情监管制度，营造正面的舆论氛围。要制定掌握舆情的程序，保证最快了解到出现的问题，为后续的思想政治课教学和研究提供目标。舆情监管可以从几种途径获得：校园网、校长信箱、思想政治课教师、辅导员、学生座谈等。党组织要加强对校园文化的思想领导，警惕错误思潮对学生思想观念的误导。

（五）环境保障

环境对高校师生思想道德的意识具有感染和熏陶的作用，对高校师生思想道德的行为具有塑造打磨的效用。环境的好坏直接影响教育主体工作

① 雷倩.大学生思想政治教育保障机制研究[D].武汉：华中师范大学，2016.

的素质、态度以及实施的教育实践活动效果。高校要加强校园环境建设，形成良好的育人环境。

环境保障是指通过加强和改进学校、家庭、社会环境及通过建立者之间的协调互动机制，为高校铸魂育人工作营造良好的育人氛围和环境。学校环境保障，即保证大学生思想政治教育进行的校园条件，可分为学校的物质环境和文化环境。学校物质环境主要包括是学校里的建筑、设施、绿化、雕塑等可直观的硬性条件，学校文化环境特指学校的精神环境和文化氛围，主要包括学校长期办学形成的历史文化积淀和被全体师生所认可和践行的价值观念、生活观念等意识形态，它是一所学校的灵魂，是一所大学体现出来的活力、创新力、凝聚力的全方位展现。家庭环境保障，即保证大学生思想政治教育进行的家庭条件，主要包括家庭的物质环境和文化环境，家庭的物质环境指的是家长为子女创造的客观物质条件的总和，家庭的文化环境指的是单个家庭的成员之间形成的共同价值观，标志为每个家庭独有的家风、家教、家训等。社会环境保障，即保证大学生思想教育、道德教育等进行的社会条件，包括社会的政治、经济、文化环境等。政治环境主要包括政治制度与现实的政治状况，经济环境主要包括社会经济制度和经济状况，文化环境是社会经济、政治状况在意识形态上的表现和反映①。

高校要展现最美的校园文化环境，塑造适宜的校园文化氛围，重点梳理学校的发展历史，宣扬在发展过程中展现出来的人物事迹和重大事件等，让这些特色校园标志给学生以精神寄托，激发他们以校为荣的自豪感，增强建设校园的历史使命感。依托校园景观和礼仪风尚，提高学生的审美能力。校园里一株历史悠久的大树、一种有特色的植物群、一坛自己动手修剪的花圃，都可以带来无尽的美。校园里的人们穿衣戴帽是否干净整齐，说话是否文明，上课、娱乐是否严肃活泼，处处体现着审美，由此而形成的良好风尚自然会影响校园学子。

① 邵妍.大学生思想政治教育环境研究[D].锦州:渤海大学,2012.

三、高校铸魂育人协同运行的保障机制构建的策略

为了迎接信息时代挑战，适应高等教育改革发展和人才成长的需要，满足素质教育的基本要求，构建高校铸魂育人协同运行的保障机制非常有必要。

(一)把立德树人作为中心环节

保障机制是为高校铸魂育人工作保驾护航的，所以要与高校改革发展结合起来。高校办学理念、育人理念和思想政治教育保障理念是一体的。1939年7月毛泽东在《关于整理抗大问题的指示》中强调“学校一切工作都是为了转变学生的思想”①。邓小平曾指出，“学校应该永远把坚定正确的政治方向放在第一位”②。江泽民同志明确指出，“各级各类学校不仅要建立完备的文化知识传授体系，而且要把德育放在首位确立正确的政治方向”③。21世纪以来，高校大学生思想政治教育发展有了明确的文件指导，“育人为本，德育为先”的理念逐渐深入人心，高校以人才培养为根本，把培养学生、促进学生全面发展作为根本出发点和归宿点。高校教育管理者和教育教学实践者都在意识上把思想政治教育放在一切教育工作的首位，思想道德素质和科学文化素质同时抓。党的十八大以来，习近平总书记高度重视高校的思想政治教育工作，明确提出用新时代中国特色社会主义思想铸魂育人，坚持把立德树人作为高校各项工作的中心环节。高校思想政治教育工作得到空前的重视，各项保障措施不断加强。因此，高校铸魂育人协同运行的保障机制的构建，要坚持“育人为本，德育为先”的理念，强调高校铸魂育人工作在各项工作中的突出地位和重要性。

---

① 郑永廷.毛泽东思想政治教育的理论与实践[M].武汉:武汉大学出版社,1993:263.

② 邓小平.邓小平文选:第二卷[M].北京:人民出版社,1994:104.

③ 共青团中央,中央文献研究室.毛泽东邓小平江泽民论青少年和青少年工作[M].北京:中央文献出版社,中国青年出版社,2000:222.

（二）完善领导体制，明确工作职责

领导体制的完善是高校铸魂育人工作落实的首要因素。高校党委责任重大，在高校始终成为培养社会主义事业建设者和接班人的坚强阵地方面要掌好舵把好关，做到政治引领工作。领导机制的完善、学校党委的重视，不仅使高校铸魂育人工作有了可靠的组织保障，而且使物质保障、队伍保障、制度保障和校园环境保障有了强有力的支撑。党委的核心作用主要体现在组织、监督、支持、领导和“党管干部”上围绕学校教育教学的中心工作和实际，制定思想政治教育的总体规划并组织实施，监督党和国家方针政策在学校的贯彻执行，支持行政领导行使职权。各职能部门要明确各自的育人职责，加强沟通，密切协作，努力实现“三全育人”的“大思政”格局。

（三）加强队伍建设，健全和完善工作制度

一支强有力的思想政治工作队伍，是完成铸魂育人任务的关键。高校要加强队伍建设，建立健全制度化管理，完善职务评聘机制，激励育人主体积极性；按国家要求配备高校思想政治理论教师与大学生人数之间的配比、辅导员与大学生之间的人数配比；明确规定所有工作队伍的思想政治道德素养水平和业务水平的基本要求，不断提升他们的生存和职业发展的基本条件，诸如工资福利待遇，各项保险缴纳，各项培训、学习、交流、晋升机会等的保障。

在高校铸魂育人工作中，要建立健全各种规章制度，严格照章办事。加强制度建设，就是要完善原来制度的不足和缺陷，减少人为因素的影响，减少随意性，做到严格照章办事。让高校铸魂育人的物资保障、经费投入、育人环境的营造都有制度保障。

高校所有教职工都要带头遵守本岗位的职业道德，提高工作技能，热情为学生服务，为学生做好敬业爱岗的表率，并通过为学生提供优质服务，为学生创造良好的学习和生活环境，帮助学生解决思想、学习和生活中遇到的问题，从而发挥服务育人的作用。

附录一：高校铸魂育人协同机制现状的调查问卷

亲爱的同学：

您好！非常感谢您能抽出宝贵时间参加本次问卷调查。为了深入了解高校思想政治教育及其协同育人机制现状，进一步采取有效措施增强思想政治教育实效性，特制作了此问卷并进行抽样调查。此问卷所得数据将用于高校铸魂育人协同机制构建研究，请您按照您的真实想法填写，您的意见和参与对我们开展本项研究具有十分重要的意义！

问卷采取不记名方式，答案不涉及对错。多选题已在题目后面标注，未标注的均为单选题。衷心感谢您的支持与合作！

1.您的性别是（　　）

A.男　　　　B.女

2.您的户籍地是（　　）

A.农村　　　　B.城市或城镇

3.您的学历是（　　）

A.专科　　　　B.本科　　　　C.研究生

4.您的政治面貌是（　　）

A.中共党员　　　　B.共青团员　　　　C.群众

5.您的专业是（　　）

A.理工类　　　　B.文史类　　　　C.财经类

D.艺术类　　　　E.其他

6.您对思想政治理论课堂的教学内容是否感兴趣？（　　）

A.非常感兴趣　　　　B.一般感兴趣　　　　C.不感兴趣

7.您学习思想政治理论课的主要目的？（　　）

A.应付考试

B.考研和考公务员需要

C.为了提高思想政治素养

D.拓展知识

8.您对习近平新时代中国特色社会主义思想了解吗？（　　）

A.有一点了解　　B.非常了解　　C.完全不了解

9.您是通过哪些途径了解、学习习近平新时代中国特色社会主义思想的？（　　）

A.思想政治理论课学习

B.校园里宣传栏等的宣传

C.通过网络传媒的宣传

D.通过社会上各种传媒的宣传

10.结合思想政治理论课堂的教学内容，学校是否有开展与之紧密联系的课外实践活动（如：参观革命英雄纪念馆、红色革命纪念地等）？（　　）

A.经常开展　　B.偶尔开展　　C.完全没有

11.除了思想政治理论课堂教学外，学校是否开设了思想政治理论网络课程（如：慕课、云课堂、网络教学互动平台等）？（　　）

A.有开设　　B.正在建设　　C.没有

12.思想政治理论课的教师，是否在课堂上出现过过激的言行（如：质疑马克思主义、质疑党的工作路线、质疑改革开放、质疑中国特色社会主义道路、违背社会主义核心价值观、有崇洋媚外的倾向、鼓吹西方资本主义价值观等）？（　　）

A.从未有过　　B.偶尔有　　C.经常有

13.除了思想政治理论课的专职教师外，是否有学校的党政领导干部和行政管理人员参与思想政治理论课的教学（如：各级党委书记、校长、院长、各级团委书记、系主任、辅导员等，其中参与教学的内容包括“形势与政策”等）？（　　）

A.经常有　　　　　B.偶尔有　　　　　C.从没有

14.除了思想政治理论课程以外，其他专业课程教师（即除公共政治课以外的其他所有学科的专业课教师）在开展课堂教学与课外实践时，是否有积极主动结合党的十九大精神和习近平新时代中国特色社会主义思想来开展教育和教学活动？（　　）

A.经常有　　　　　B.偶尔有　　　　　C.从没有

15.您的辅导员在开展日常工作时（如：班会、个别谈心、家访、查寝、领导管理学生会和学生团体）时，是否有紧密结合大学生实际开展思想政治教育？（　　）

A.经常有　　　　　B.偶尔有　　　　　C.从没有

16.学校是否有组织开展与思想政治工作相关的学术报告、名家讲座活动（如：关于党的十九大精神和习近平新时代中国特色社会主义思想、党和国家领导人最新讲话精神的宣讲、国际国内的形势与政策等相关内容）？（　　）

A.经常有　　　　　B.偶尔有　　　　　C.从没有

17.学校是否邀请过杰出的校友返校开展思想政治相关的交流活动（如：先进模范事迹宣讲、企业家述说民族品牌故事、文体名人弘扬民族精神、党政干部宣讲时政前沿等）？（　　）

A.经常有　　　　　B.偶尔有　　　　　C.从没有

18.学校是否开展过以学习宣传贯彻党的十九大精神和习近平新时代中国特色社会主义思想为主题的形式多样的校园文化活动（如：辩论赛、知识竞赛、征文比赛、文艺汇演等）？（　　）

A.经常有　　　　　B.偶尔有　　　　　C.从没有

19.学校开设的校园文化网络推广平台（如：以“学校名”“学院名”“团委”“学生会”“学生团体”为名的微信公众号，以“马克思主义”“社会主义核心价值观”“校园文化”为主题的BBS或网络互动平台），能否及时更新和推送党和国家时政的最新动态和新闻？（　　）

A.能及时更新和推送

B.偶尔更新和推送

C.几乎不更新和推送

20.学生基层党、团组织开展的组织生活会，是否紧密结合了党和国家的最新时政动态、思想政治理论课的教学内容？（　　）

A.结合得很紧密　　B.结合得一般　　C.很少结合

21.学生基层党、团组织的日常工作开展与建设，是否能与您的生活、学习实际相结合，积极有效地帮助您避免或解决在成长成才过程中遇到的实际困惑或困难（如：家庭经济困难相关的助学贷款、勤工俭学问题，个人家庭和感情生活中的情感问题，个人成长成才的学习规划和职业规划问题，个人思想政治观念的政治信仰、理想信念问题等）？（　　）

A.能积极有效解决

B.很少能积极有效解决

C.不能积极有效解决

22.学校行政人员与后勤服务人员（包括辅导员、学院行政人员、学校各职能部门的行政人员、食堂工作人员、宿舍管理人员、物业管理人员、校园保安等），在工作的过程中是否有过激的言行（如：质疑马克思主义、质疑党的工作路线、质疑改革开放、质疑中国特色社会主义道路、违背社会主义核心价值观、有崇洋媚外的倾向、鼓吹西方资本主义价值观等）？（　　）

A.从未有过　　B.偶尔有　　C.经常有

23.关于学校开展的各项思想政治工作，有没有便捷的途径可以将您的感受、体会、意见和建议，向思想政治理论课教师、辅导员或学校其他职能部门进行反馈（如：教师或辅导员发放的问卷或者评分表、意见箱、教师午餐会、网络反馈平台）？（　　）

A.有丰富的反馈途径　　B.反馈途径很少　　C.没有反馈途径

24.结合学校开展的各项思想政治工作，您认为，您目前的思想政治状况是否符合学校和老师的要求（主要包括：有坚定的共产主义理想，对党和国家的工作路线与方针很认同，对社会主义核心价值观认知、认同，并愿意践行，毕业后的职业规划与人生规划希望既能体现自身价值，同时又能投身中国特色社会主义建设事业，为全面建成小康社会添砖加瓦）？（　　）

A.非常符合　　B.一般符合　　C.差距很远

25.您所在学校是否有校企协同举行的思想政治教育活动？（　　）

A.有　　B.没有　　C.不清楚

26.您认为各高校之间优质教育资源共享机制是否有利于提升思想政治教育效果（可以从学生的学习、生活和思想上是否受益考虑）？（　　）

A.是　　B.否　　C.不清楚

27.您认为网络对高校思想政治教育的影响前景如何？（可以从网络思想政治教育课程、网络思想政治教育途径或平台等方面考虑）（　　）

A.影响力很大　　B.影响力一般　　C.影响力很小

28. 您接受思想政治教育的途径是？（可多选）（　　）

A.学校理论课程学习

B.社会实践活动

C.家庭相关教育

D.网络新闻媒体等

29. 您认为哪种教育方式的效果最好？（　　）

A.学校教育　　B.家庭教育

C.社会教育　　D.学校、家庭、社会三者协同教育

30.你们学校的思想政治理论课课堂教学主要是哪种方式？（可多选）（　　）

A.传统的黑板+多媒体的方式

B.有用多媒体进行教学

C.有课程网站的教学

D.通过QQ群来进行思想政治理论课的教学

E.通过微信来进行思想政治理论课的教学

F.通过微博来进行课程的教学

31. 辅导员在日常思想政治教育中，尤其是日常管理中，是否有利用手机App等形式进行网上的点名、查课或者查寝等行为？（　　）

A. 有过App但是很少用

B. 没有开展过这种形式的管理

C. 有这样的管理形式并且经常使用

D. 没有听说过有这种形式

32. 你们学校是否有网络思想政治教育资源库的建设？（　　）

A. 不太了解

B. 没有进行高校资源库建设

C. 有网络资源库建设

33. 在平时的学习过程中，你是怎么使用资源库的资源的？（可多选）（　　）

A. 愿意选择慕课的形式来学习

B. 更愿意有一个移动的思想政治教育手机App

C. 利用思想政治教育网站

D. 选择图书馆思想政治教育资源库

附录二：高校铸魂育人协同机制现状的访谈提纲

尊敬的老师：

您好！为了解当前高校铸魂育人协同机制方面的状况，推进相关研究，我们进行了这次抽样访谈，希望得到您的支持。本次访谈不记名，答案不涉及对错。我们承诺访谈资料仅用于课题研究，并予以保密。请按照您的真实情况和想法回答我们的提问。衷心感谢您对本次访谈的大力支持！

题目1：您如何看待当前高校“用习近平新时代中国特色社会主义思想铸魂育人”的意义和价值以及一些具体做法的？

题目2：您是如何理解高校“用习近平新时代中国特色社会主义思想铸魂育人”的目标和任务的？

题目3：您认为高校思想政治教育系统有哪些部分构成？

题目4：您认为高校思想政治教育的对象群体包括哪些？工作群体包括哪些？工作群体之间是否存在协同？

题目5：您认为协同机制的探索和构建对于当前高校“用习近平新时代中国特色社会主义思想铸魂育人”工作而言有何意义？

题目6：结合您的工作实际谈谈目前高校大学生思想政治教育已有的协同机制有哪些？

题目7：结合您的工作实际谈谈当前高校“用习近平新时代中国特色社会主义思想铸魂育人”应构建怎样的协同机制？

题目8：结合您的工作实际谈谈当前高校“用习近平新时代中国特色社会主义思想铸魂育人”应如何构建协同机制？

主要参考文献

一、经典著作和文献

[1]马克思，恩格斯.马克思恩格斯选集：1-4卷[M].北京：人民出版社，1995.

[2]列宁.列宁选集：1-4卷[M].北京：人民出版社，1995.

[3]毛泽东.毛泽东选集：1-4卷[M].北京：人民出版社，1991.

[4]邓小平.邓小平文选：第一卷[M].北京：人民出版社，1994.

[5]邓小平.邓小平文选：第二卷[M].北京：人民出版社，1994.

[6]邓小平.邓小平文选：第三卷[M].北京：人民出版社，1993.

[7]习近平.习近平谈治国理政：第一卷[M].北京：外文出版社，2014.

[8]习近平.习近平谈治国理政：第二卷[M].北京：外文出版社，2017.

[9]习近平.习近平谈治国理政：第三卷[M].北京：外文出版社，2020.

[10]胡锦涛.坚定不移沿着中国特色社会主义道路前进　为全面建成小康社会而奋斗[M].北京：人民出版社，2012.

[11]中共中央宣传部.习近平总书记系列重要讲话读本[M]，北京：学习出版社，人民出版社，2016.

[12]习近平.决胜全面建成小康社会　夺取新时代中国特色社会主义伟大胜利——在中国共产党第十九次全国代表大会上的报告[M].北京：人民出版社，2017.

[13]教育部思想政治工作司组.加强和改进大学生思想政治教育重要文

献选编:1978—2014[M].北京:知识产权出版社,2015.

[14]中共中央宣传部.毛泽东邓小平江泽民论思想政治工作[M].北京:学习出版社,2000.

[15]中共中央宣传部宣传教育局,教育部社会科学研究与思想政治工作司,共青团中央学校部.《中共中央　国务院关于进一步加强和改进大学生思想政治教育的意见》学习辅导读本[M].北京:中国人民大学出版社,2005.

[16]《〈关于进一步加强和改进新形势下高校宣传思想工作的意见〉辅导读本》编写组.《关于进一步加强和改进新形势下高校宣传思想工作的意见》辅导读本[M].北京:中国人民大学出版社,2015.

二、学术著作

[1]邱伟光,张耀灿.思想政治教育学原理[M].北京:高等教育出版社,1999.

[2]郑永廷.思想政治教育学原理[M].北京:高等教育出版社,2016.

[3]刘社欣.思想政治教育合力研究[M].北京:人民出版社,2013.

[4]董娅.当代思想政治教育方法发展新论[M].北京:中国社会科学出版社,2012.

[5]陈万柏.思想政治教育载体论[M].武汉:湖北人民出版社,2003.

[6]沈壮海.思想政治教育有效性研究[M].武汉:武汉大学出版社,2001.

[7]胡涵锦.高校思想政治理论课教师队伍建设与发展[M].上海:上海交通大学出版社,2013.

[8]赵新峰.协同育人论[M].北京:人民出版社,2013.

[9]林晶.高校思想政治教育立体化模式构建研究[M].北京:人民出版社,2017.

[10]赫尔曼·哈肯.协同学——大自然构成的奥秘[M].凌复华,译.上海:上海译文出版社,2001.

[11]魏宏森.曾国屏.系统论[M].北京:清华大学出版社,1995.

三、报纸

[1]中共中央　国务院.《关于进一步加强和改进大学生思想政治教育的意见》[N].人民日报,2004-10-15(1).

[2]习近平.在文艺工作座谈会上的讲话[N].人民日报,2015-10-15(2).

[3]中共中央　国务院.《关于加强和改进新形势下高校思想政治工作的意见》[N].人民日报,2017-02-28(1).

[4]习近平.把思想政治工作贯穿教育教学全过程　开创我国高等教育事业发展新局面[N].人民日报,2016-12-09(1).

[5]习近平.坚持中国特色社会主义教育发展道路　培养德智体美劳全面发展的社会主义建设者和接班人[N].人民日报,2018-09-11(1).

[6]习近平.举旗帜聚民心育新人兴文化展形象　更好完成新形势下宣传思想工作使命任务[N].人民日报,2018-08-23(1).

[7]习近平.用新时代中国特色社会主义思想铸魂育人　贯彻党的教育方针落实立德树人根本任务[N].人民日报,2019-03-19(1).

[8]陈宝生.扎实推进党的理论创新成果进头脑[N].光明日报,2018-07-24(13).

四、论文

[1]李忠军."铸魂育人"是思想政治教育本质核心内涵的探讨[J].思想理论教育导刊,2015(10):104-108.

[2]陈占安.用习近平新时代中国特色社会主义思想铸魂育人——论新时代高校思想政治理论课的历史使命[J].思想理论教育,2019(5):4-9.

[3]严亚梅,梁保国.教育范式与教育共同体[J].洛阳工学院学报(社会科学版),2000(4):82-87.

[4]林上洪."教育共同体"刍议[J].教育学术月刊,2009(10):20-21.

[5]何红娟,"思政课程"到"课程思政"发展的内在逻辑及建构策略[J].思想政治教育研究,2017(5):60-64.

[6]戴锐.思想政治教育共同体的可能、现实与前景——以场域为基本视角的研究[J].思想理论教育,2012(17):40-45.

[7]徐建飞.习近平新时代中国特色社会主义思想"三进"的评估体系研究[J].渭南师范学院学报,2018(22):31-36.

[8]王殿文.推动习近平新时代中国特色社会主义思想"三进"工作的若干思考[J].长春理工大学学报(社会科学版),2019(1):6-10.

[9]周良发,余蕾,杨娜.习近平新时代中国特色社会主义思想"三进"工作的困境与出路[J].昆明理工大学学报(社会科学版),2018(4):47-53.

[10]吴爱萍.推进习近平新时代中国特色社会主义思想"三进"的思考——以"概论"课为例[J].学校党建与思想教育,2018(3):62-64.

[11]唐小芹.论习近平新时代中国特色社会主义思想"三进"的多维路径[J].湖南省社会主义学院学报,2018(4):11-14.

[12]何文校,陈亚敏.习近平新时代中国特色社会主义思想"三进"研究[J].常州大学学报(社会科学版),2018(5):1-8.

[13]肖旻.对习近平新时代中国特色社会主义思想"三进"的几点思考[J].湖南省社会主义学院学报,2018(3):81-83.

[14]王建国.扎实推进习近平新时代中国特色社会主义思想"三进"的思考[J].国家教育行政学院学报,2017(12):3-8.

[15]庞晶,韩喜平,徐凤江.习近平新时代中国特色社会主义思想在"概论"课中的供给理论与实施路径[J].学校党建与思想教育,2018(21):59-62.

[16]杨晓军.基于"三维协同"视角的习近平新时代中国特色社会主义思想"三进"研究[J].黑河学刊,2018(6):80-82.

[17]姜琳琳,周盼盼.用习近平新时代中国特色社会主义思想铸魂育人的三维向度[J].长春理工大学学报(社会科学版),2019(6):1-4.

[18]沈千帆,杨蕾.引导学生扣好人生第一粒扣子——用习近平新时代

中国特色社会主义思想铸魂育人[J].前线,2019(8):74-76.

[19]狄涛.牢牢抓住新时代学校思想政治理论课改革创新的纲　坚持不懈以习近平新时代中国特色社会主义思想铸魂育人[J].思想教育研究,2020(3):88-91.

[20]钟启东.习近平铸魂育人思想研究[D].长春:东北师范大学,2017.

[21]徐平利.试论高职教育"协同育人"的价值理念[J].职教论坛,2013(1):21-23.

[22]袁小平.高校思想政治教育与创新创业教育的协同育人模式研究[J].教育评论,2014(6):100-102.

[23]蔡志奇.应用型本科协同育人模式多样化刍议[J].教学研究,2014(4):5-15.

[24]陈淑丽,罗洪铁.思想政治教育机制及相关概念辨析[J].思想理论教育导刊,2012(2):79-82.

[25]马奇柯.思想政治教育机制的内涵研究[J].理论探讨,2006(4):174-176.

[26]赵浚.思想政治教育机制的发展进程和现状评述[J].湖北社会科学,2018(5):158-166.

[27]张玥,张露青,王锦帆.医学院校专业课"课程思政"的逻辑解释与实现路径[J].南京医科大学学报(社会科学版),2019(5):411-414.

[28]王学俭,石岩.新时代课程思政的内涵、特点、难点及应对策略[J].新疆师范大学学报(哲学社会科学版),2020(2):50-58.

[29]杨涵.从"思政课程"到"课程思政"——论上海高校思想政治理论课改革的切入点[J].扬州大学学报(高教研究版),2018(2):98-104.

[30]董勇.论从思政课程到课程思政的价值内涵[J].思想政治教育研究,2018(5):90-92.

[31]高德毅,宗爱东.从思政课程到课程思政:从战略高度构建高校思想政治教育课程体系[J].中国高等教育,2017(1):43-46.

[32]刘绍龙.关于德育与思想政治教育、思想政治工作的思辨[J].江西

师范大学学报(哲学社会科学版),1990(4):151-155.

[33]刘建璋.新时代铸魂育人的要素构成、现实表征与实践理路——基于习近平关于铸魂育人重要论述的探析[J].广西社会科学,2019(12):14-19.

[34]沈壮海,王迎迎.2016年度大学生思想政治教育状况调查分析——基于全国35所高校的调查[J].中国高等教育,2017(11):45-50.

[35]肖薇薇.高校思想政治工作协同机制研究[D].武汉:华中师范大学,2017.

[36]徐冶琼.大学生日常思想政治教育调查分析[J].思想教育研究,2017(11):76-81.

[37]王敏,徐露璐.大学生日常思想政治教育与思想政治理论课教学的协同性思考[J].大学教育,2016(2):56-58.

[38]万明龙.大学生思想政治教育主渠道主阵地协同育人研究[D].成都:西华大学,2019.

[39]范芹.大学生思想政治教育协同育人机制研究[D].天津:天津工业大学,2017.

[40]谢安国.习近平立德树人思想的科学内涵和重大意义[J].国家教育行政学院学报,2018(8):9-14.

[41]李力,金昕.新时代高校立德树人的内涵、难点及实现路径[J].东北师大学报(哲学社会科学版),2019(2):149-154.

[42]冯刚,严帅.新中国成立70年来高校思想政治教育的成就、经验与展望[J].教育与研究,2019(9):4-12.

[43]石云霞.高校思想政治理论课建设和改革60年回顾与思考[J].思想理论教育,2009(19):12-24.

[44]岳建军.高等学校教育资源共享问题研究[D].大连:辽宁师范大学,2012.

[45]张艳国,凌日飞.论新时代高校思想政治教育铸魂育人的理论意蕴与实践路径——学习习近平关于高校思想政治教育的重要论述[J].社会主义研究,2019(4):17-24.

[46]李国栋，朱灿平.坚持“三全”育人注重思想政治工作实效[J].中国高等教育，1999(24)：14-15.

[47]潘开灵，白列湖.管理协同机制研究[J].系统科学学报，2006(1)：45-48.

[48]王海华.国内高校合作培养学生研究——以山东大学“第二校园经历”为例[D].济南：山东大学，2008.

[49]董志惠.战略联盟：研究型大学群体发展之路[D].武汉：华中科技大学，2006.

[50]王丽君，大学生网络思想政治教育研究[D].西安：陕西师范大学，2018.

[51]邵妍.大学生思想政治教育环境研究[D].锦州：渤海大学，2012.